Geulen – Frühe Endzeit

Hans Geulen

# Frühe Endzeit

Königshausen & Neumann

*Bibliografische Information der Deutschen Bibliothek*

Die Deutsche Bibliothek verzeichnet diese Publikation in der Deutschen
Nationalbibliografie; detaillierte bibliografische Daten sind im Internet
über <http://dnb.ddb.de> abrufbar.

© Verlag Königshausen & Neumann GmbH, Würzburg 2005
Gedruckt auf säurefreiem, alterungsbeständigem Papier
Umschlag: Hummel / Lang, Würzburg
Bindung: Buchbinderei Diehl+Co. GmbH, Wiesbaden
Printed in Germany
ISBN 3-8260-3048-6
www.koenigshausen-neumann.de
www.buchhandel.de

*Über Anfänge vor und nach '45. Ein Erzählversuch.*

# Inhaltsverzeichnis

1. Kapitel: *Zwei Epitaphien. Die Eltern* ........................................................ 9

2. Kapitel: *Von ersten und letzten Dingen* ................................................... 15

3. Kapitel: *Von letzten und ersten* ............................................................... 73

4. Kapitel: *Was endlich wurde, was nicht* ................................................. 117

# 1.

*Zwei Epitaphien. Die Eltern*

Der Vater wurde 1895 in „Aquis villa", wie er aufblickend gern angab, geboren. Genauer: er mußte „geholt" werden. Eine Anomalie der Beine, die im zweiten Lebensjahr durch einen Eingriff behoben wurde. Brillenträger sehr früh. Kopfschmerzen, so lange er denken kann. Von klein an appetitlos. Dampfend Aufgetischtes war ihm ein Greuel. Bevorzugte Milch, Schwarzbrot, Birnen. Sehr gerne zur Schule gegangen. „Fleißig", „strebsam", „tadellos im Betragen". Lieblingsfächer: Deutsch und, der historischen Gedichte wegen, die er (besonders zu Kaisers Geburtstag) mit Begeisterung aufsagte, Geschichte. Ferner Rechnen und was dazu gehört. Sehr strenge Erziehung durch den Vater. Vier Brüder, eine Schwester. Erwähnte nie Freunde. Verbot des mundartlichen Sprechens zu Hause. Patriarchalisch-hierarchisch bestimmtes Familienleben. Peinlich überwachte Verhaltens- und Kleiderordnung. Beruf des Vaters: Straßenbahnkontrolleur. Für den oft kränkelnden Sohn wenig äußere Abwechslung. Meist mit sich selber beschäftigt. Einmal ein Schulausflug in den Stadtwald und an den Bismarckturm. Über Felder gesehen.

Schulentlassung 1909. Sehr gutes Zeugnis. Katastertechnikerlehre. Berufswahl zufällig. Privates Dienstverhältnis bei einem Königl.-Preuß. Katasterkontrolleur. Lohn „nach Ermessen" des Kontrolleurs. Ermessen wurden im zweiten Lehrjahr: 10 Mark. Status: „Zögling". Anrede: „Junge". Abends, wenn er denn nicht bei der Mutter daheim blieb und „Lotto" spielte mit ihr, Besuch im „Jünglingsverein". Statt des Turnens, wie zunächst geplant, aber rasch wieder aufgegeben, Theaterspielen. An den Sonntagen mit anderen ab und zu vor der Stadt. Wandern, Singen, Mandolinespielen. Beendigung der Lehre 1913. Status: „Gehülfe". Ermessen: monatlich 60 Mark.

Bei Kriegsausbruch 1914 zunächst nicht einberufen, da im Büro Personalmangel. Jetzt endlich Verantwortung und ausgedehntere Tätigkeit. Beginn autodidaktischer Studien, die er immer wieder einmal betrieb. Damals: die Weltreligionen. 1915 Einberufung zum Heer. Ausbildung in Straßburg. Danach wieder Entlassung, weil körperlich untauglich. Fortsetzung der Arbeit als Vermessungsgehülfe.

Die Brüder alle im Krieg. Auch der jüngste, Anton, eben achtzehnjährig. 1917 erneute Einberufung und Ausbildung. Erhalten ist eine Ansichtskarte aus dieser Zeit, darauf steht: „Geliebter Vater! Die herzlichsten Glücks- und Segenswünsche zu Deinem gestrigen Namenstage sendet Dir Dein dankbarer Sohn Albert. Anbei ein Bild vom Fronleichnamstage, beim Appell im Besichtigungsanzug". Nach Abschluß der Ausbildung Ernennung zum Schreiber. Begegnung mit seiner späteren Frau. Abtransport nach Rußland, nicht ohne Hoffnung auf ein Verlöbnis. Einquartierung in Pleskau. Nach Beendigung des Feldzugs Entlassung in die Heimat.

Zwei Brüder in Frankreich gefallen. Der Jüngere schrieb wenige Tage vor seinem Tod noch nach Hause, bedankte sich für glücklich eingetroffene Post und Päckchen der Mutter und fragte: „Was macht denn unser lieber Vater? Kann denn der nicht mehr schreiben? Ich hätte manchmal gern einen Brief von ihm. – Auf ein frohes Wiedersehen! Euer dankbarer Sohn und Bruder. – Bitte sofort Antwort !!!" Zwei weitere Brüder überlebten den Krieg. Der eine allerdings nur um Tage, dann verunglückte er tödlich bei einem Straßenbahnunfall. Über den anderen, eine Art Todfeind des Vaters und wie dieser gelernter Katastertechniker (wenn auch nicht „staatlich geprüfter"), ist einerseits Anstößiges bekannt, weil er so etwas wie ein Frauenheld war und seine vielköpfige Familie in großer Armut hatte „sitzen lassen". Andererseits machte er von sich reden, weil er „Genie hatte" und mit mehreren Erfindungen erfolgreich war. Freilich brachte er alles rasch wieder durch und trieb sich in allerlei Berufen herum, unter anderem mit einer abgedankten Sängerin vom Theater als Schausteller auf Kirmesveranstaltungen. Er soll auch, so der Vater und alles erklärend, Kommunist gewesen sein.

Nach Kriegsende bestand für den Vater zunächst keine Möglichkeit, im erlernten Beruf wieder tätig zu werden. 1919 Tod seiner verehrten Mutter innerhalb weniger Tage an der sogenannten Lungenpest.

Heirat im Mai 1920 zu Aachen in Sankt Maria. Keine Hochzeitsfeierlichkeiten. Anstellung in der Markscheiderei einer Zeche im Aachener Kohlerevier. Beruflicher Ehrgeiz. Erneutes Selbststudium. Diesmal auf Anregung der Firma: Finanzwesen, Wirtschaftsführung, Statistik, Industriebau. Tätigkeit in entsprechenden Projekten. Berufsglück und gutes Auskommen. Einmal eine bald sehr bereute Beteiligung am Streik der Belegschaft mit halbjährigem Gehaltsausfall. Das Nötigste wurde reihum bei der Verwandtschaft erbettelt. Seitdem Gewerkschaftsgegner. 1922 Geburt des ersten Kindes: Hans.

1925 Erschöpfung und Nervenzusammenbruch nach beruflicher Überlastung. Zunächst Verdacht einer Lungenerkrankung, dann Überweisung in eine Nervenheilanstalt. Nach Wiederherstellung und Rückkehr noch höher gesteckte berufliche Ziele, doch der Zechenbetrieb wurde eingestellt. Industriekrise. Zwar anschließende Übernahme in den Staatsdienst bei der Katasterregierung in Aachen, aber drastische finanzielle Rückstufung. Erhebliche Einschränkungen. Versetzung nach Düren. 1927 Ablegen der neu eingerichteten staatlichen Technikerprüfung. Danach Einstellung bei der Katasterregierung in Aachen. Keine wesentliche Verbesserung. Am Christkönigsonntag im Oktober 1930 verstirbt der Sohn an einer zu spät diagnostizierten Diphtherie. Eingreifend leidvolle Verstörung und Erkrankung der Eltern, vor allem der Mutter.

1932 die (schwere) Geburt des zweiten Kindes: Hans. Allmähliche Besserstellung der Familie. Die nationalsozialistische Bewegung auf ihrem Höhepunkt. 1933 Machtübernahme durch Adolf Hitler. Bei der Behörde fortan politischer Druck. Mai 1933 Eintritt in die NSDAP. Umzug aufs Land in die Nachbarschaft eines Schwagers. 1935 weiterer Umzug in eine größere Wohnung. Aufnahme des erkrankten Vaters bei sich, der 1937 verstirbt.

Seit 1935 ehrenamtliche Mitarbeit in sozialen Hilfsorganisationen der NSDAP: Arbeitsfront und Winterhilfswerk. Wiederum Aneignung neuer Kenntnisse und Durchführung bisher unbekannter Aufgaben, so als Sachwalter in den sozialen und finanziellen Angelegenheiten einer Bergarbeitersiedlung.

1937 wegen Überarbeitung und Nervenerkrankung Umzug nach Aachen. Dort zunächst die vielleicht ruhigste und glücklichste Zeit trotz politischer An- und Nachfragen. Darunter eine heiklere über Wohnort und Verbleib des jüdischen Hausbesitzers, den der Vater nicht verriet. Erweiterung der beruflichen Tätigkeiten und Leistungen. Mitarbeit bei der mechanisch erleichterten Umwandlung Gauß-Krügerscher Koordinaten in Polygonalkoordinaten. Auch ein Vortrag hierüber vor Vermessungsleuten in Düsseldorf. Bei alle dem jedoch keine gehaltliche Höhergruppierung, da politisch inaktiv.

1939 Anmietung einer größeren Wohnung, zusammen mit einer Patentochter, die geheiratet hatte und ein Kind erwartete. Bei Kriegsausbruch von der Einberufung in den Heeresdienst befreit. Erneut angemahnte, aber vermiedene Mitarbeit in der NSDAP. Nervenzusammenbruch und sechswöchige Arbeitsunfähigkeit. 1941 Erkrankungen seiner Frau und Umzug in eine kleinere Wohnung. Für einen schwer kranken, dann bald verstorbenen Bekannten die zunächst in Vertretung übernommene Verwaltung der Kassengeschäfte in der zuständigen Ortsgruppe. Tätigkeit im Luftschutz.

Nach einem der schwersten Luftangriffe auf Aachen, im April 1944, erneut Umzug der Familie in das Haus des Schwagers auf dem Lande. Juli 1944 Abreise des Sohns in den „Sudetengau", eine Maßnahme im Rahmen der Kinderlandverschickung.

Wegen der näherrückenden Front im Westen mit der Evakuierung von Archiv- und Katasterbeständen betraut. Ende September mit seiner Frau und Teilen ihrer Verwandtschaft ins Rechtsrheinische evakuiert. Unterkunft von zwölf bis vierzehn Personen in zwei Räumen unterm Dach eines auch von der örtlichen Katasterverwaltung genutzten Hauses. Tätigkeit dort, dann auswärts bei der Hauptverwaltungsbehörde. Wegen der fortwährenden Fahrtunterbrechungen durch Alarm und Bombenangriffe oft zwölf Stunden täglich unterwegs. Februar 1945 Heimkehr des Sohnes, der vor der näherrückenden russischen Front im Osten von der Mutter nach Hause geholt wurde.

März 1945 freiwillige Meldung zum Heer, die nicht mehr berücksichtigt wird. Anschließend scheiternder Versuch, mit der Familie noch weiter ins Landesinnere oder nach Süden zu fliehen. April 1945 Einmarsch der Amerikaner. Sofortige Selbstanzeige bei der US-Kommandantur, wo er registriert wird, aber weiter keine Maßnahmen gegen ihn erfolgen. Wiederaufnahme der beruflichen Tätigkeit an der Katasterbehörde.

Zeit wachsender Belastungen und Unterversorgungen der Familie als „Normalverbraucher". Nach der Einteilung Deutschlands in Besatzungszonen, Einzug der britischen Militärregierung und sofortige Entlassung des Vaters aus dem öffentlichen Dienst. Aushilfsarbeit beim Caritas-Verband der katholischen Kirche.

Nach den mehrfach scheiternden Bemühungen um Wiedereinstellung erfolgt die Entnazifizierung und Einordnung des Vaters in die Kategorie IV („Mitläufer"). Vergebliche Bemühungen um eine Rückkehr nach Aachen, da die entsprechenden beruflichen Positionen durch „Nicht-PGs" besetzt sind. Außerdem Verleumdungen, als deren Urheber der Bruder vermutet wird.

1950 Versetzung an einen kleineren Ort. Mitarbeit beim Ausbau der dortigen Katasterbehörde. Zunehmende Erkrankungen, zeitweilige Depressionen, längere Kuraufenthalte in Wörrishofen. Vorzeitiger Ruhestand.

1956 Um- und Rückzug in die ‚alte Heimat', das Aachener Land. Wachsende Niedergeschlagenheit und Vereinsamung. 1959 Herzinfarkt seiner Frau, 1961 ihr Tod. Unterkunft und Versorgung bei der Familie seiner Patentochter. – 1962 Tod auf dem Weg ins Krankenhaus. Todesursache: Herzinfarkt nach längerer Erkrankung an angina pectoris.

(Als ich, am Tag danach angereist, seinen Leichnam noch einmal sehen wollte im Krankenhaus, fand man ihn nicht in der Leichenhalle. Man telephonierte einen Arzt herbei, und ich wartete draußen. Endlich wieder hereingeholt, sah ich meinen Vater auf der Totenbahre, zwei Kandelaber zur Seite. Er lag eigentümlich erhöht wie die Liegebilder Verstorbener auf den Sarkophagen und war in den Morgenmantel der Mutter gehüllt. Sein Kinn hatte man hochgebunden. Ich bemerkte von der Seite die hohe Stirn und das merkwürdig Erhabene ihres Ausdrucks. Dann ging ich hinaus und draußen in ungekannter Verlassenheit lange umher: einen „bessern", fand ich, gab es nicht.)

Der Vater traf in vielen seiner Berichte den Ton der Chronik. Die Mutter aber verwies oft auf Geschichten, bis ihr Leben mit dem ihres Mannes zusammenfiel.

Geboren 1893 in einem kleinen Ort unweit Aachens. Kinderreiche Familie. Vier Mädchen und vier Jungen kamen durch. Als sie geboren wurde, war der älteste Bruder schon über zwanzig. Zusammenleben in einer Großfamilie: der Großvater, eine unverheiratet gebliebene Tante, ein Onkel, ebenfalls ledig, lebten mit im Hause. Geschichten.

Ihr Vater, ein Grubenschreiner, verstarb 1903 an Kehlkopfkrebs. Seine Frau überlebte ihn um dreißig Jahre. Die älteren, schon berufstätigen Söhne, Bäcker und Gärtner, übernahmen zunächst die Versorgung der Familie. Sehr strenges Regiment der Witwe. Geschichten. Der leidlich vermögende Großvater vermachte alles der Kirche. Geblieben war nur das Haus, in dem sie lebten. Geschichten.

Nachhaltig erinnerte Kinderspiele. Entschiedenes Schulglück. Schöne Feste, „richtige" Jahreszeiten, Preisung der ländlichen Natur. Geschichten. Alle Kinder sehr musikalisch, gesellig, redselig, gestenreich. Rasch aufkommender Lachreiz, rasch fließende Tränen. Geschichten. Die jüngsten Geschwister wollten auf immer zusammenbleiben, nicht heiraten. Was blieb, war in der Tat ihre enge Beziehung. Die Dunkelhaarigen in der Familie, mittelgroß, rasch bräunend, den mehrfachen französischen Okkupanten, vielleicht Spaniern gar sich verdankend. Die Helleren, mit blauen, rasch zwinkernden Augen, jähzornig oft, stammten wohl von Hiesigen ab oder solchen, die aus Holland herübergekommen waren.

Die Mutter schien eine Mischung von allem zu sein. Jeder bezeugte ihre freundliche, hilfreiche, dabei abwägend-betrachtsame Art, die ähnlich nur ihr ältester Bruder habe erkennen lassen. Denn die anderen, ob nun schwarz oder blond, hatten eines gemeinsam: den Hang zur theatralischen Übertreibung. Entweder gingen sie niedergeschlagenen Blicks, ja zerknirscht, oder sie kamen sehr selbstbewußt und weit sich herauslassend daher. Geschichten.

Vierzehnjährig der harte und mit Tränen vollzogene Abschied von der geliebten Dorfschule, die heute noch steht. Kaufmännische Lehre. Voller Heimweh und verkannt an entfernten Orten tätig, bis ihre Mutter, auffällig nachsichtig im Umgang mit diesem, ihrem jüngsten Kind, sie bald wieder heimholte.

Dann aber der Glücksfall. Eine zweite Heimat. Voreifel und glückliches Leben im alten Haus an der Inde, die rasch vorbeifloß und oft über die Ufer trat. Gelobte Jahre. Weitgehende Selbständigkeit im Geschäft einer alteingesessenen Familie. Gehalten „wie die Tochter im Hause", dem „Herrn", der „Frau" wie Eltern ergeben.

Dazu umworben von den Studierenden eines nahe gelegenen Lehrerseminars. Geschichten. Aufbewahrtes. Von daher auch einige Kenntnisse der Literatur und Poetik, die sie gern anzubringen wußte (was das „ganz Lyrische", das „ganz Epische", das „ganz Dramatische" sei). Gefühlvolle Leserin. Der Seminaristenlyrik zuerst, dann der Droste, die sie zeitlebens verehrte, ferner Rückerts, Lenaus und Geibels, die sich in Geschenkbänden einfanden. Vor allem aber nannte sie Paul Kellers „Waldwinter" immer wieder, ihr liebstes Buch überhaupt.

Von den Verehrern zunächst einer, zwar kein Seminarist, aber dichtend auch er (in lila Tinte), von guter Herkunft und „wohlversorgt", mit dem schon alles besprochen schien. Dann plötzlich ein anderer, ihr späterer Mann, den sie bald vorzog, was niemand begriff, auch sie selber wohl kaum. Soll sich ihm vollends am Sterbebett seiner Mutter versprochen haben. Sie litt wahrscheinlich ihr Leben lang unter dem Widerspruch, redete andeutend von Schuldgefühlen, die ähnlich auch der frühe Tod ihres ersten Kindes ihr aufzubürden schien. Ihrem Mann aber, dessen unermüdliche Sorge, Anhänglichkeit sie ebenso einschnürten wie jähzornige Eifersucht, blieb sie wohl treu.

Nach allem gab es nun keine Geschichten mehr. Ihr Leben wurde im stillen das ihres Mannes, das ihr leicht, das ihr schwer fiel in dem Maße, in dem beide so anders, aber auch wieder ähnlich waren und aneinander hingen.

Ganz zuletzt saß sie schweigsam und schwach in ihrem Krankenstuhl. Kinderkopf. Die Hände im Schoß zusammengelegt, erschöpft. „Wie liegt so weit ..." hörten wir eines Sonntags, als ich zu Besuch war, im Radio singen. Später weinte sie gehorsam, als die herbeigeholte, etwas ungehaltene Notärztin ihr bedeutete, daß diese vortretende Embolie da am Hals eben das sei, was auch jungen Müttern im Kindbett so oft den Tod bringe.

(Als sie mit multipler Embolie im Sterben lag – ich war gerade erst eingetroffen –, erkannte sie mich nicht mehr. Nachdem sie noch einmal kurz zu Bewußtsein zu kommen schien und mit weit geöffneten Augen wie suchend um sich blickte, stand ihr Atem still. Sie wurde rasch gelb, dann fahl bis unter die Haarwurzeln. Der Vater kniete am Bett. Eine anwesende Schwester sprach die Sterbegebete. Ich lehnte mich weit aus dem offenen Fenster in den sehr schönen, warmen Tag und empfand mit einer großen, ganz fraglosen Freude ihre Heimkehr und Unverlierbarkeit. Wenige Tage später trafen wir am Grab eine uralte Greisin. Es war ihre „gute Frau" aus der glücklichen Lehrzeit, die, mich am Arm haltend, bewegt davon sprach, wie froh, freundlich und liebenswert diese Frau einst gelebt habe mit ihr, ihrer Familie und allen, die sie damals gekannt hätten.)

# 2.

## *Von ersten und letzten Dingen*

Orte und Szenen, ganz früh. Obstwiesen des Onkels. Die „Vier Jahreszeiten", sein Gasthaus mit anschließendem Saalgebäude. Daneben ein weiteres Haus, unsere Wohnung. Rundum Rosengewächse, rankendes Weinlaub.

In den Wiesen hörte ich zum ersten Mal meinen Namen rufen. Lief da zwischen Kleinvieh umher und versteckte mich im höheren Gras. Über mir Wipfel, Wolken, Tauben. Und immer der Onkel irgendwo, alles besorgend, wissend, tröstend.

Viel krank. Manchmal schwer. Wir fuhren nach Norddeich der Seeluft wegen. An der Mole, wo die Züge ankommen und enden, gespielt. Nach wenigen Tagen schon krank wieder zurück.

Hinter den „Vier Jahreszeiten", am Ende der Wiesen, eine mannshohe Hekke, wo in der Stille der Wind pfiff. Die Zweige im Winter schwarz und starr. Im Sommer bog sie der Onkel sacht auseinander, um mir zu zeigen, wer „gebaut" hatte darin.

Die Eltern verzogen 1935 in einen Nachbarort. Hübsches neues Haus mit großer Veranda und Blick über Gärten und Felder. Hell alles. Der Sohn der Eigentümerin, die unten im Haus wohnte, nahm mich einmal mit auf den Friedhof, an das Grab seines Vaters. Steinerne Ruhe. Zierliche Blumen und Stauden, etwas stickig alle, nicht von hier.

Särge sah ich, fünfjährig, zum ersten Mal bei der Beerdigung meines Großvaters väterlicherseits, dann meines Patenonkels, Bruder der Mutter. Soll eine Art Familienoberhaupt und sehr klug gewesen sein. Dennoch war mein Rufname nicht wie der seine, sondern Hans wie der meines verstorbenen Bruders. Dessen Pate war Onkel Johann gewesen, ebenfalls Bruder der Mutter und Regent der „Vier Jahreszeiten".

Der Vater kam meist sehr spät nach Hause und saß auch dann noch über allerlei Arbeiten bis in die Nacht. Einmal sah ich ihn sonntags von ferne bei Männern stehen, die Uniformen trugen, und jemand sprach dort sehr laut.

Für einige Zeit durfte ich in den NS-Kindergarten. Schon bei der feierlichen Eröffnung blieb ich nicht lange, wußte mich hinauszustehlen und geriet in die Nähe der Küche, wo man Pfannkuchen buk. Eine ganz junge und freundliche Köchin rief mich herein, nahm mich auf ihren Schoß, ließ mich kosten. Wieder im Saal, hörte ich lautes Rufen und Antworten, dann Lieder singen, darunter eines: „Deutsch ist die Saar". Auch unsere Kindergärtnerin, erklärte man mir, komme von da.

Was ich gern beobachtete, in Gedanken ausmalte, war das Spiel und Treiben der anderen Kinder. Auch unterschied und belauschte ich Sprechen und Tonfall der Kindergärtnerin sehr genau, wenn sie uns morgens einzeln begrüßte, später für ein Spiel einteilte oder sonstwie heranzog. Ich war jedoch selten dabei und wenn, dann gewiß ohne Nachdruck berufen worden.

Eines Tages kamen Leute in den Kindergarten und schlugen ein Gerüst auf: das Puppentheater. Bewohner einer anderen Weltgegend. Mein grenzenloses Erstaunen darüber.

Wenig später, an einem Sonntag einmal, fand ich die Tür zum Kindergarten nur angelehnt und gelangte unbemerkt in einen Raum mit Schränken und Fächern. Darin sah ich die Puppen über- und nebeneinander liegen. Jemand schien damit beschäftigt, sie durchzusehen, indem er die eine oder andere von ihnen wie prüfend aufnahm, schwenkte und wieder zurücklegte.

Dann gab es und hörte ich öfter die Trommeln, mal so und so, dann wieder so geschlagen. Manche waren rot, andere schwarz geflammt. Das Trommeln klapperte ich so genau nach, daß der Vater mir eines Tages von Nürnberg eine Trommel mitbrachte, mit der ich täglich herumlief. Zwar war sie kleiner als die gewöhnlichen der großen Jungen in Uniform, aber sonst in allem gleich, schwarz geflammt, mit Trommelleinen und zwei Stöcken im Gurt. Auch beim sommerlichen Wiesenfest des Kindergartens trug ich und schlug ich sie.

Als ich dann wegblieb dort, spielte ich mit Kindern in unserer Nachbarschaft, die nicht in den Kindergarten gingen. Unter ihnen war Lilo, ein hübsches Mädchen, wie mir schien, aber älter und nicht gut zu sprechen auf mich, da ich sie wider ihren Willen und gegen alle Regeln des Spiels aus einem Hundezwinger einmal befreit hatte, in dem sie eingesperrt leiden sollte und wollte. In dieser Art irrte ich öfter.

Hinter Lilos Haus gab es im Garten eine Laube, in der allerlei vorging, das ich nicht sehen durfte. Nur einmal konnte ich mit hinein. Es war an einem Herbstabend, und wir schauten auf die Felder hinaus, wo in der Ferne ein Kartoffelfeuer loderte, um das sich von Zeit zu Zeit Gestalten bewegten. Es mochten jene flüchtigen Kindesentführer wohl sein, von denen wir neulich hatten reden hören.

Eines Tages gab es unten im Dorf an der Kreuzung, was sie ein „Unglück" nannten. Das Wort bewegte mich lange, bis ich endlich den Mut fand, den Ort zu besehen. Ich entdeckte im Straßengraben eine Fahrradpedale, die ich nach langem Zögern mit dem Fuß noch ein wenig tiefer ins Gras schob.

Manches klang seltsam, gab Rätsel auf. Zum Beispiel: „der Staat", hatte jemand gesagt. War dies wohl ein Vogel, sehr hoch im Blauen und schwarz? Oder rot, so „hoch" gestiegen, wie Onkel Johann davon zu singen schien? Unbegreiflich auch, was sie im Kindergarten feierlich sangen: „Unsere Fahne bleibe rein". Nur das Lied von Herrn „Lenz" ging leicht, jedenfalls ganz am Anfang. Denn Herr Lenz aus der Nachbarschaft, mit Uniform und breitem Gürtel, war tatsächlich einmal in den Kindergarten gekommen, uns und die Kindergärtnerin von der Saar zu „grüßen". Nur, das nächste wieder – „von Mittag weht es lau" – und später eine Stelle – „die Reis' ist Goldes wert" – waren wieder etwas schwierig, wenn auch sehr schön vielleicht. Schön und spaßig aber war ohne langes Grübeln das Liedchen mit „Widele, wedele ... schlägt das Igele Trumme". Es war mir so lieb wie das umfassend belehrende „Im Märzen der Bauer", das Onkel Johann mir umherzeigend erklärte. „Und im Märzen, nicht zuletzt", schloß er, „bist du geboren! Denk das dazu."

Durch den Straßenverkehr damals, den es immerhin gab, bewegte ich mich ganz achtlos. Ich fuhr mit dem Dreirad auf den „Fahrdamm" hinaus und zwängte mich wichtig darunter, so wie ich es bei den Großen gesehen hatte, die oft rücklings unter Fahrzeugen lagen, hantierten. Es kam mehrfach vor, daß der Postbus anhalten und der Fahrer mich mitsamt Dreirad an den Straßenrand zurücktragen mußte. So aber entstand eine Bekanntschaft, die bis in die Schulzeit währte, wenn ich später von der Stadt aufs Land in Ferien fuhr.

Manchmal nahm mich mein Großvater, der eine Zeit bei uns lebte, zum Einkaufen mit. Er schwieg hier wie zu Hause hartnäckig und verbarg sich überhaupt meist hinter Zeitungen. Außerdem hatte er, was mich nun wirklich entsetzte, ein „offenes Bein". Er starb im Krankenhaus. Ich sah meinen Vater zum ersten Mal weinen und seine Brille abnehmen dabei.

An einem Herbstabend, als es rasch dunkelte in unserer Wohnung, aber kein Licht gemacht wurde, standen die Eltern lange still voreinander, und ich hörte die Mutter sagen: „Die oder ich". „Die", das wußte ich inzwischen schon ungefähr, waren andere, draußen, immerfort Beredete, die auch „die Partei" genannt wurden und in Rundfunksendungen so laut sprachen und riefen, daß der Vater das Gerät leiser stellen mußte oder die Mutter es abschaltete.

Dann zogen die Eltern in die Stadt und hier gab es „Die" wohl nicht mehr. Ich durfte im Möbelwagen neben dem Fahrer sitzen, bis wir ankamen und ausgeladen wurde.

Die am Stadtrand gelegene Straße, in der wir nun wohnten, war freundlich und ruhig. Zurückliegende Häuser mit Gärten davor und dahinter. In der Nähe ein großer Stadtpark.

Unten im Haus eine geräumige Diele, von der aus man rundum in die Zimmer und ins Bad gelangte. Treppauf eine zweite Wohnung, in der eine jüngere Frau wohnte. Noch weiter oben, unter dem Dach, lebten die Kinder Jakob und Judith mit ihrer Mutter. Ihr Vater wohnte nicht dort, kam immer nur kurz und sehr leise zu Besuch.

Zum Garten hin hatten wir eine große überdachte Veranda, von der aus man weit ins Land und bis in die Gegend von Onkel Johann hinausschauen konnte. Dort stand ein Wasserturm, der bei klarer Sicht gut zu sehen war. Manchmal lag er im Sonnenlicht, während über der Stadt Wolken zogen, oder es war wolkig dort, wenn bei uns Sonne schien.

Auch der nahe gelegene Park war sehr schön. Er hatte eine große abfallende Wiese, auf der man im Sommer Segelspielzeug fliegen ließ und im Winter Schlitten fuhr. Weiter oben gab es die Wetterwarte, von wo aus große Blumenterrassen in den zur Stadt hin gelegenen Teil des Parks abstiegen. Die Mutter erzählte, daß wir bald nach meiner Geburt schon einmal in der Nähe dieses Parks gewohnt hätten und sie mich täglich darin spazieren gefahren habe. Ich lief gern hier umher und besah, was auf der Wiese, was um die Wetterwarte, auf den Blumenterassen sich abspielte. Es gab viele Bänke, auf denen alte Leute saßen, deren Gespräche man belauschen konnte. Manchmal, wenn ich allein war, sang ich auch etwas. Ausgedachtes und Aufgegriffenes. Ein öfter und gedehnt gesungenes Wort war „Volk", das ich mit anderen Wörtern kreuz und quer in Verbindung brachte.

Außer Jakob und Judith, die jedoch viel zu tun hatten und ihrer Mutter helfen mußten, besuchte ich die junge Frau in der kleinen Wohnung über uns. Sie hatte hellblondes Haar, und ich durfte sie Retia nennen. Immer, wenn ich ihre Wohnung betrat, stockte mein Atem, weil sie viel rauchte und ein starker Parfumgeruch im Raum stand, der noch an ihren Katzen zu haften schien. Sonntags durfte ich nicht nach oben, weil dann Retias Freund zu Besuch war, „Herr Rechsanwalt Keutmann", ein „überaus liebenswerter, korrekter und höflicher Mann", wie ich hörte.

Jakob, älter als ich, sagte nie wie die meisten: „der Führer", sondern auf eine verschluckende Weise „A'fhitler". Ich begriff nicht ganz, wer oder was ein „Führer" eigentlich sei und hielt mich da lieber an Herrn „Rechtsanwalt Keutmann". Er nämlich, so hatte man mir erklärt, tue dies und das sehr „verantwortungsvoll von berufs-, dann auch von rechtswegen". Der „Führer" aber, „A'f Hitler"? „Nun", sagte der Vater, „auch er tut etwas ‚von berufswegen', wie man sagt. Er ist Reichskanzler und steht an der Spitze des deutschen Volkes". Große Schwierigkeiten. Vor allem das letzte.

Auf eine andere Art sehr schwierig auch Judith, paar Jahre älter als ich. Sie war sehr schön (sagte auch die Mutter), hatte braunes Haar und tat alles langsam, fast schläfrig. So auch, wenn sie leise und ohne Aufschauen die Treppe herabkam und dicht vorbeistrich an mir. Man sah sie nur selten.

Auch beim Kasperletheater, das der Sohn des Lebensmittelhändlers bei sich unterm Dach aufführte, war Judith nicht zugegen. Vielleicht mit Recht, denn das Spiel setzte sich aus endlosen Prügeleien zusammen, wenn Teufel, Räuber und Krokodil zwar alle in den Tod und Abgrund hinabgestoßen wurden, aber mit jähem Schwung von hinten her wieder auftraten und obenauf waren. Einmal kam zu allem Lärm noch der eines Gewitters hinzu, bei dem der Sohn des Lebensmittelhändlers ängstlich hinter dem Theater hervorkroch, um bei uns, den Zuschauern, Schutz zu suchen.

Es gab Kinder in unserer Nachbarschaft, die spielten und sprachen kaum einmal mit mir. Ihre älteren Geschwister trugen das, was die Mutter als „Trachtenkleidung" bezeichnete. Auch hatten sie schöne, blau lackierte „Wipproller", die aber ausverkauft waren, als ich selbst einen bekommen sollte. So erhielt ich nur einen einfachen, wenn auch ebenfalls blau lackierten Roller, der als „Sauser" angepriesen wurde. In die bunten Roller- und Fahrradgeschäfte mit ihrem unvergleichlichen Gummi- und Metallgeruch stahl ich mich oft hinein. Was da in

Reihen stand, hing, lehnte, war so neu und funkelnd, daß ich kaum wegzubringen war. Auch mein „Sauser", den ich pflegte und ölte, roch an ein paar Stellen lange noch so wie das Geschäft, aus dem er kam.

Und eines Tages war ganz einfach Schule. Wir hatten vorher nicht viel gesprochen darüber und schon am zweiten Tag blieb ich weg, ließ singend im Park die Zeit verstreichen. Ich hatte mich verspätet, den Lehrer hinter verschlossener Tür bereits reden hören und kehrte wieder um. Eine Entschuldigung am anderen Tag hatte ich nicht. Was ich vorbrachte, war keine.

Zwar begriff ich leicht, am raschesten das Lesen, auch leidlich das Rechnen. Tadel und Mißtrauen des Lehrers aber ließen mich bald verstummen und irgendwann auch gleichgültig werden. Ich vernachlässigte die Hausarbeiten, „paßte nicht auf". Es hing wohl alles auch damit zusammen, daß die anfangs erfolgte Aufteilung der Klasse in rechts Sitzende (solche, die mit der Zunge ein rollendes ‚R‘ zustande brachten) und links Sitzende (solche, die es nicht zustande brachten) unverändert blieb, obwohl einige, darunter auch ich, den Buchstaben bald zu rollen verstanden und auf die Beachtung des Erfolgs durch überlautes Rollen auch drängten. Als dies nicht geschah, fragte ich ohne Meldung nach und mußte bis zum Ende der Stunde stehen. Auffällig und ärgerlich offenbar auch meine Neigung zum „Wegdösen". Sehr lange über eine von wem auch immer erzählte Geschichte, zum Beispiel, in der von einem Jungen die Rede war, der eines Tages während des Unterrichts feststellt, daß er das Gesicht seiner Mutter vergessen hat und deshalb nach Hause will und darf.

Zu Hause sagte ich nichts über Schulsachen, weil die Eltern so freundlich vertrauten, mich ganz so zu erwarten schienen wie der verstorbene Bruder gewesen war: tadellos. Jedenfalls fragten sie kaum, und wenn, dann nur obenhin, über mein Schweigen hinweg.

Endlich führten die Ferien mich für eine Weile aus allem heraus, und ich wurde, wie von jetzt an fast jeden Sommer, aufs Land zu den Verwandten geschickt.

Als der erste Schulsommer 1938 zu Ende ging, schien alles stiller zu werden im Haus. Retia war oft weg, Jakob und Judith waren fortgezogen nach Holland, und der Sohn des Lebensmittelhändlers lud nur noch selten zum Kasperletheater. Einzig die Schulwege, eigentlich Umwege, die ich nahm, blieben beständig die alten. Ausgerechnet ein Straßenkehrer – da ich doch nicht einmal d a s werden könne, wie der Lehrer prophezeit hatte – fragte, als er mich zur Schulzeit im Park umherschlendern sah: „Mußt du denn gar nicht zur Schule?"

Dann aber ging alles stoßweise anders. Das war an dem Tag, als die Mutter wie entgeistert vor mir stand und fragte, was an Unfaßlichem in der Schulpost da stehe, die sie mir wies. Alles war an den Tag gekommen und würde nun Folgen haben. Aber bevor sie eintraten, hatte am gleichen Tag noch anderes Folgen. Die Allee, auf die wir, versöhnlicher wieder, hinausspaziert waren, zog sich still und frühherbstlich an uns vorbei. Die Mutter stand plaudernd bei Bekannten, und ich müßig am Straßenrand. Als ein Auto heranfuhr, beschloß ich, noch schnell die

Straßenseite zu wechseln. Das war mir schon öfter gelungen, nur diesmal nicht ganz. Ich wurde angefahren und kam bei Passanten, die mich umstanden, erst wieder halb zu Bewußtsein, vollends unter den Händen des scharf riechenden Arztes, in dessen Praxis man mich getragen hatte. Die Mutter aber war selbst hier nicht aus einer merkwürdigen Starre zu lösen, so daß sie vom Arzt und seiner Helferin fast wie ich selber getragen werden mußte, als das Taxi vorfuhr. Der Vater später schritt stumm vor meinem Bett auf und ab, in dem ich wochenlang liegen mußte.

Als ich endlich ohne Hilfe wieder aufstehen und langsam umhergehen konnte, war es fast Winter geworden. Es hatte mich niemand besucht in der Zeit. Auch einer der Klassenkameraden nicht, mit dem ich doch glaubte, ein wenig befreundet zu sein. Ich hatte ihn einmal von der Schule aus mittags zum Essen mit nach Hause genommen, weil er „mir leid tat", vielleicht „arm" war. Indes begriff er nicht viel bei der Sache, nahm die Mahlzeit mit uns schweigend ein und verließ anschließend fast grußlos das Haus. Die Mutter hatte, als sie etwas Kuchen in seinen Ranzen legen wollte, alles sehr ordentlich darin gefunden, „gute Sachen", auch das wohl verpackte, noch unangebrochene Pausenbrot. Ich sah ihn nie wieder, denn wir zogen um.

Es verstrichen sehr schöne Weihnachtstage in der neuen Wohnung, wo die vertrauten Möbel an anderer Stelle, in anderem Licht standen, überhaupt etwas Neues dämmerte. Noch während des Umzugs aber hatte ich erzählen hören, daß auf einem „verlassenen" Speicher irgendwo in der Stadt die Leiche eines schon länger vermißten Kindes gefunden worden sei. Ich musterte wiederholt die Speicherfenster an den Häusern in unserer Nachbarschaft und besah auch den Speicher in unserem Haus, da ich bisher nie bewußt einen Speicher gesehen hatte. Was ich erblickte aber, waren fast wohnliche, gut beleuchtete Zimmer und ordentliche Abstellplätze ohne Verlassenheit. Später erst sah ich einen sehr „verlassenen" Speicher. Es war der hintere, offenbar kaum betretene, finstere, durch allerlei Gebälk verstellte Teil unseres Schulspeichers, vor dem alte Kartenrollen, große, vergilbte Schautafeln und vor allem ausgestopftes Getier herumstanden. Ich war mit meinem Bankgenossen nach oben geschickt worden, um einen Adler mit ausgebreiteten Schwingen herbeizuschaffen, den wir zuerst nicht anfassen mochten, dann aber endlich hinunterschleppten.

Nach den Weihnachtsferien ging ich in eine andere Schule und traf vor der Haustür mit meinem künftigen Klassenlehrer zusammen, der mich freundlich angesprochen hatte. Wir gingen den Schulweg gemeinsam, und er stellte mich später in der Klasse den anderen vor. Das tat er überaus freundlich, und so blieb er auch in der folgenden Zeit. Das Meine fand seinen Beifall.

Wir besuchten nun immer öfter unsere Verwandten auf dem Land, wo der Wasserturm und die „Vier Jahreszeiten" auf mich warteten, umgeben von Feldern, Fördertürmen und Zechen. Morgens und dann mehrfach am Tag, von „Anna Drei" und anderswoher, riefen die Sirenen zur Schicht oder beendeten sie.

Und nachts, vor dem Einschlafen, hörte ich in der Ferne die Züge rollen und pfeifen.

Einmal, an einem Karnevalssamstag, holte mich der Vater von der Schule ab. Wir wollten bei trockenem, fast warmem Wetter zu Fuß über Land gehen, die Verwandten besuchen und am anderen Tag mit Bus oder Tram wieder zurückfahren. So ging ich denn mit den Eltern einen Weg, der, gut zu denken, irgendwann zwischen den Feldern die Häuser des Onkels erreichen würde. Wir würden zudem auf dem Giebel des Gasthauses die Gruppe der Jahreszeitenfiguren schon von weitem erkennen, unter denen der Sommer, mit Hut und gelassen ausschreitend, die auffälligste war. Vielleicht, meinte der Vater, werde Onkel Johann selber am Fenster stehen und mit dem Fernglas Ausschau halten nach uns, weshalb wir denn lachend etwas schneller gingen. Als wir die Stadtgrenze überschritten hatten und mehr ins Freie geraten waren, stimmte die Mutter einige Lieder an, und ich bemerkte, wie langsam und still uns die Felder, Waldstücke, Häuser im Wandern begegneten. Lange schon in der Ferne ein Kirchturm, der eine Art Zwiesprache mit mir unterhielt, die beim Zusammentreffen sinnvoll sich schloß. Dann endlich, nach drei oder vier Stunden, der Wasserturm, schon recht nah. Und etwas weiter, vor hellem Horizont, der Giebel mit den vier Jahreszeiten. Es lag alles sehr still. Im rascheren Näherkommen suchte ich die Häusergruppe mit meinen Augen ab, bis sich tatsächlich etwas zu rühren schien an den Fenstern. Wir winkten. Ich rief. Ein Tuch flatterte und winkte zurück. Endlich der Onkel an einem der oberen Fenster, ganz deutlich.

In den Sommerferien wohnte ich meist bei meiner Patentante im Haus neben den „Vier Jahreszeiten", wo auch wir einst gelebt hatten, und war in der Regel an drei Orten beschäftigt. Entweder im Garten, auf einem alten, sperrigen Fliederbaum mit niedrig ansetzendem Geäst. Dann in den Obstwiesen, inmitten von allem, was darin lief und flog. Oder schließlich im „Bühnenkeller". So nannten sie einen unterirdischen Raum, vom Garten aus zu betreten. Hier gab eine Lampe nur wenig Licht, in dem nacheinander einige Fahrräder, ein halb verhängtes Motorrad, eine Werkbank, dann unzählige Kisten und Kasten zu erkennen waren. Von der noch weiter dahinter liegenden und immer nur zögernd betretenen Gegend des Raums führte eine Treppe hinauf in das anstoßende Saalgebäude und hier tatsächlich auf den hinteren Bühnenboden, wo im staubigen Dämmerlicht die Umrisse von Kulissen und wirr stehenden Requisiten einen Weg nach vorn, auf den Bühnenraum hinaus frei ließen, dessen Vorhang schwer und unbeweglich hing. Um wieder ins Freie zu gelangen, mußte ich zurück durch den Bühnenkeller gehen. An diese Ferienwelt ringsum grenzten Felder, und eine leicht ansteigende Chaussee ging vorbei, auf der spätabends, wenn ich zu Bett gegangen war, der Schein der Fahrräder heranglitt, die mit singendem Dynamo langsam vorbeifuhren. Es gab reichlich Weinlaub am Haus, in dem der Wind spielte, und manchmal, sehr spät, wenn ich endlich einschlafen konnte, sprach draußen eine vertraute Stimme, wurden Gutenachtwünsche ausgesprochen und erwidert, dann Türen verschlossen.

Vor den Sommerferien des zweiten Schuljahrs aber versprach der Vater: „Diesmal fahren wir an die Mosel". Und wir fuhren. Ich saß mit den Eltern in einem Zugabteil, das wir eine Weile ganz allein für uns hatten, und sagte Gedichte auf. Darunter eines von der Roggenmuhme, das ich im Lärm beim Durchfahren der Tunnel mit Schaudern fast schrie. Bald nach der Ankunft bei schönstem Wetter kaufte der Vater mir ein kleines Segelboot, das ich in einer Bucht an der Schnur vorsichtig auslaufen ließ, während die Eltern im Gras aneinanderlehnten und rauchten. Eine Fähre mit Menschen, Wagen und Tieren beladen, glitt hinüber und herüber. Die Weinberge lagen im hellsten Licht, manche oben mit kleinen Wäldchen und gelben Feldern, und auf einem der Berge war eine Kapelle zu sehen, deren Läuten herabwehte morgens und mittags und abends besonders klar, wenn ich noch einmal ans Ufer durfte.

Wir wohnten in einer kleinen Pension und saßen bei Tisch mit einer jungen Frau und einem freundlichen jungen Mann zusammen, die „auf Hochzeitsreise" waren und uns auf dem einen oder anderen Spaziergang begleiteten. Am Nachbartisch speisten mit jungen Damen zwei Offiziere, die, wie man sagte, der „Legion Condor" angehört hatten und nun hier, an der Mosel, so erklärten sie selbst, eine Pause einlegten, bevor es „wieder losgehe". Denn Krieg komme mit Sicherheit und bald. Nach dem Abendessen ging man meist in den Garten, wo es Wein und Musik gab und oft auch gesungen wurde. Ich sah in die dunkel gewordenen Weinberge hinauf, bis es ganz still wurde, die Gäste auseinandergegangen waren, der Vater im Dunkeln nach mir rief und ich mit den Eltern noch einmal hinabdurfte ans Ufer, wo manchmal sehr spät noch und fast geräuschlos die Fähre anlegte.

An einem der Tage füllte sich der kleine Bahnhof im Ort mit Menschen aus der Pension und anderswoher. Es war offenbar ein Abreisetag, an dem auch die Offiziere von den jungen Damen Abschied nahmen, die sie umarmt hielten, während ein kleiner Akkordeonspieler eifrig musizierend umherging und Lieder anstimmte. Gesang, Lachen, manchmal auch Tränen beim Einsteigen, Abteilebelegen, Gepäckverstauen, bis der Zug mit herabgelassenen Fenstern, in denen Winkende sich drängten, langsam anfuhr, in Stößen dampfte und wenig später anhaltend pfiff. Das Wetter blieb schön. Aber bald fuhren auch wir wieder nach Hause.

Unsere Wohnung hatte einen langen Flur, an dem viele Zimmer lagen mit Aussichten nach Süden und Norden. Auch einen Dachgarten gab es, mit weißem Kies und Blick über die Giebel der Nachbarhäuser. Wir wohnten in einem Eckhaus, am Ende einer Reihe ähnlich gestalteter Häuser mit vielen Zieraten, Vorsprüngen, Nischen, Erkern und kleinen Balkonen. Gegenüber erhob sich in einigem Abstand das rot geziegelte Gerichtsgebäude mit spitzem Giebel und hohen Fenstern, die mit einem dunklen, immer wie durchnäßt aussehenden Stein umrandet waren. Eine breite Treppe führte nach oben, an der unten die anwohnenden Kinder oft spielten oder herumsaßen. Hier begegnete ich auch Karl zum ersten Mal, einem dunkelhaarigen Jungen in meinem Alter, der im Nachbarhaus wohnte, oft seine kleine Schwester an der Hand führte und immerfort wie vergraben schien in Nachdenklichkeit. Er war es auch, von dem ich zuerst erfuhr, daß jetzt Krieg sei. Dann sagte die Mutter es leise, als ich mit Karl von der Mansarde herunterkam, wo wir gesessen und gerätselt hatten darüber.

Es gab auch andere Kinder, die in den weiter straßab gelegenen Häusern wohnten, unaufhörlich lärmten und zankten, manchmal auch tuschelten, und in ihrer Wohnung, wo ich einmal war, hinter vorgehängten Decken in Unterzeug herumliefen.

Straßauf, neben Karl, wohnte noch ein sehr kräftiger Junge mit rundem Schädel, kurz geschnittenen Haaren und fast geschlossenen Augen, wenn er lachte. Er hieß Heinz und galt als der Stärkste weit und breit, obwohl er sich kaum prügelte, bei Streichen nur selten dabei war und wenn, dann nicht weglief, sondern gelassen zurückblieb und den Erwachsenen gegenüber sich ruhig erklärte. Sein Vater, so hörte ich, sei bei der „Gestapo", bei solchen also, die alles „sehen", „melden" und „anzeigen".

Der Vater wurde rasch eingezogen, aber nur vorübergehend, zum „Westwall", ganz in der Nähe. Dort sah ich ihn einmal, als er mit vielen anderen im „Drillichzeug" von der Arbeit zurück in die Wohnbaracken und später zu uns herauskam. Er sagte, sie seien bald fertig hier. Dann mußte er wieder hinein.

Krieg, das waren jetzt vor allem und pausenlos Nachrichten, die in der Schule erläutert und durch Landkarten verdeutlicht wurden. Tagaus, tagein wurde berichtet, was die Panzer in Polen „überrollten", was das mächtig" eröffnete Feuer der deutschen Geschütze" völlig zerstört, die Schlacht „bei" diesem oder jenem Ort „entschieden", den feindlichen „Vormarsch gestoppt" und viele „Einheiten vernichtet" oder zur „Kapitulation gezwungen" habe. Zeitungen und Illustrierte gingen von Hand zu Hand, ihre Leser bei schönstem Wetter spazieren damit. Bilder wurden aufgeschlagen, auf denen Soldaten durch Rauch und Trümmer „sich vorarbeiten", Panzer und Fahrzeuge „auf dem Vormarsch in feindlichem Gebiet" sich befinden und deutsche Flugzeuge „tief über den feindlichen Linien" dahinjagen. Offiziere waren zu sehen, die über Karten sich beugen, dann lächelnde, „frisch" ausgezeichnete Soldaten, Kanonen, die „wachsam" in den „stimmungsvollen Abendhimmel ragen", und wieder Soldaten, „leicht verwundete", lachend auch sie und „voller Erwartung", daß es bald „wieder losgehe". Dann aber, beim Umschlagen, plötzlich: der Führer. Er selbst, an der polnischen Front zu Besuch, wo er ganz überraschend auftauchte, mit langem Schritt und grüßend. Einzelne Soldaten grüßen lächelnd zurück, barhäuptig, den Helm am Koppel. Hier und da auch Gefangene und Abgeführte. Schließlich gefallene polnische Soldaten, die entweder wie Schlafende da liegen oder vermummt und schief in seltsam verschobenen Uniformen. Danach noch einmal der Führer. Jetzt wieder in Berlin und hinter einem Rednerpult, mit scharf geschlossenem Mund.

Einmal, am hellichten Samstagnachmittag, war ein französisches Flugzeug über der Stadt und wurde etwas beschossen. Dann drehte es ab. Wir standen vor dem Gerichtsgebäude und sahen ins Blaue hinauf. In den Fenstern lagen Menschen und reckten die Hälse. Die Mutter rief nach mir. Auf dem Dachgarten war gedeckt. Kakao und Kuchen standen bereit.

Später, im Herbst, vor Allerheiligen, suchten wir die Gräber auf, auch das des Bruders, dicht an einer Hecke in der Nähe des Kirchturms gelegen. Hier war es sehr still, bis der Glockenschlag losrasselte, an der Mauer herabdröhnte, dann nachklang und eine neue Stille entstand. Wie schon im Jahr davor suchte ich auf dem Heimweg ein Gespräch über den frühen Tod des Bruders herbeizuführen, die genaueren Umstände an jenem Morgen des Christkönigtags wiederholt zu erfahren, um mich schweren Herzens der Sterbegeschichte erneut stellen zu können.

Inzwischen war es fast Winter. Wind und Laub fuhren zum Dachgarten herauf, und die Dächer der Nachbarhäuser lagen im Regenschleier. Abends wurden die Verdunkelungen herabgelassen.

Eines Sonntags begleitete ich meine Mutter zu Bekannten, wo ich von Mädchen zu einem Pfänderspiel eingeladen wurde. Bei dieser Gelegenheit muß ein winziger Fächer, ich weiß nicht wie, an mich gelangt sein, den die Mutter abends in meiner Tasche entdeckte. Ich wurde mißtrauisch verhört, sehr bald verdächtigt und damit gestraft, den Fächer persönlich zurückzubringen und mich wie auch immer zu rechtfertigen dabei. Ich tat es und wurde freundlich entlassen, wenn auch nie wieder eingeladen.

Auch die Eltern, so hatte ich seit längerem schon bemerkt, schenkten mir in vielem kein „rechtes Vertrauen" oder beargwöhnten mich oft, so daß ich, in einiger Verwirrung manchmal, die Wahrheit tatsächlich kaum noch zu sagen glaubte und stets auf der Hut war, meine Antworten überscharf zu bedenken, was mich erst recht verstrickte in sie. Trostlosester der Sprüche: „Wer einmal lügt, dem glaubt man nicht, und wenn er auch die Wahrheit spricht".

Eines Tages beschloß ich, meinen Lehrer zu befragen deshalb. Es war im frühen Winter ein Samstagnachmittag, als ich zur Schule ging, wo er um diese Zeit überwachte und verzeichnete, was für das Winterhilfswerk in Büchsen gesammelt worden war und nun abgeliefert wurde. Er schien aber recht verdrießlich zu sein und bemerkte mich nicht. So blieb alles ungesagt, und ich ging wieder nach Hause, wo ich einen Bildband hervorsuchte, den ich in letzter Zeit öfter durchsah. Darin gab es ein großes, doppelseitiges Foto, das aus der Sicht des Piloten in der Kanzel einer Me 109 gemacht worden war. Aus solcher Perspektive tat sich ein so tiefer, unermeßlicher Abgrund auf, daß ich, schwindlig geworden, rasch umblätterte, doch nach wenigen Augenblicken auch langsam wieder zurück.

Bald aber kehrte zu Hause dann doch wieder Frieden ein. Es kam zu kleineren Gesprächen und Lesungen nach dem Abendbrot, bei dem neuerdings blaue Kerzen angezündet wurden. Auch das Weihnachtsfest verlief freundlich. Und so blieb es bis zum Frühjahr, als die Türen zu Balkon und Dachgarten schon wieder etwas offen standen am Tag und die Ostertage schön genug waren, um zu Fuß aufs Land hinaus zu wandern und die Verwandten zu besuchen. Vettern gab es da, die jetzt in Marineuniform umhergingen, darunter einer, der am Klavier bis in die Nacht hinein vorspielte, als ich schon lange zu Bett geschickt worden war und glaubte, in der von Tönen durchzogenen Stille tief unter mir die auffahrenden Loren von „Anna Drei" hören zu können.

Wenig später erkrankte die Mutter, die von nun an öfter unter Koliken litt, was mich in den Stunden oder Tagen danach, wenn sie sich zu erholen anfing, ans Vorlesen brachte, das ihr offenbar gut gefiel. Ich hätte, sagte sie wiederholt, sehr richtig betont und vor allem nichts übertrieben. Denn sie spüre sofort, ob etwas „wahr" oder „falsch" betont werde. Wie denn überhaupt alles von der Betonung abhänge. Das „schlichte und bescheidene Sprechen" sei das „gewinnendste". „Achte einmal darauf". Ich dachte darüber nach, sah mich aber auch hier wieder in die Nähe der heiklen Begriffe des Wahren und Unwahren gebracht. Hinzu kam, daß in einer dunkleren Nische unseres langen Flurs kürzlich ein kleines Bild angebracht worden war, auf dem ein alter Bauer zu sehen war, dessen Linke dem Pflug anlag, die Rechte aber der Schulter eines neben ihm stehenden Jungen, der aufblickte zu ihm. Darunter stand geschrieben: „Deutscher Rat", und weiter: „Vor allem eins, mein Kind, sei treu und wahr".

An einem warmen und sonnigen Maimorgen fand ich den Schulhof sehr verändert. Er war voller Soldaten und Wehrmachtswagen, und in der locker umherliegenden Streu scharrten Pferde. Was der Lehrer am Eingang der wachsenden Gruppe von Schülern um ihn verkündete, war schlecht zu hören. Aber so viel verstanden wir, daß dies nun der Krieg im Westen sei, und die Schule ein paar Tage geschlossen bleibe. Es hallten Rufe und Befehle über den Schulhof, einige Soldaten standen um ein Funkgerät, Lastwagen wurden angeworfen, und der Lehrer leitete uns eilig hinaus. Zu Hause hörte ich mit der Mutter Nachrichten von Ein- und Vormärschen ganz in der Nähe, und der Vater erzählte abends, daß man von höher gelegenen Stadtteilen aus im Westen Geschützfeuer hören und Einschläge beobachten könne. Auch deutsche Flugzeuge flogen in Staffeln über die Stadt, und im Radio ertönte wie schon seit längerem, aber nun viel öfter das „Englandlied". Schulunterricht gab es bald wieder nachmittags in einer anderen Schule, aber um die Hausarbeiten kümmerten wir uns jetzt wenig, weil wir alle von der Betriebsamkeit dieser Tage voll eingenommen waren. Dazu gehörte auch, daß Retia uns mit einem kleinen, aufgeregten Hund plötzlich besuchte und alles ganz „fabelhaft" fand, was „unsere Jungs" jetzt zustande brächten. Von Rechtsanwalt Keutmann war nicht die Rede.

Bald kam der Tag, als auf der nahe gelegenen Hauptstraße in langer, nicht enden wollender Kolonne die Kriegsgefangenen fast leise dahinzogen. Die Menschen standen schweigend am Straßenrand, darunter viele Kinder.

Auch die Nachbarkinder liefen später herbei und schwenkten Dinge in ihren Händen, die von jetzt ab zur begehrten Tausch- und Handelsware unter ihnen wurden. Es waren Helme, „Schiffchen", irgendwelche Abzeichen und Geräte von belgischen, französischen oder gar englischen Soldaten, wobei das Begehrteste überhaupt ein englischer Stahlhelm war, den die Besitzer aber nicht hergaben.

Dann, eines Tages, verbreitete sich das Gerücht, „der Führer" selbst weile in der Stadt, sei in dem bekanntesten ihrer Hotels abgestiegen und werde sich morgen, vor der Weiterfahrt nach Westen, der Bevölkerung zeigen. So versammelten sich viele Menschen vor dem Hotel. Aber niemand erschien, und man zerstreute sich wieder. Auch Karl war dort gewesen, erklärte aber finster, „der Führer" sei bereits gestern mit dem Zug durchgefahren, und sein Vater kenne jemanden, der ihn am Fenster gesehen habe. Das war nun kaum auszudenken. Aber dann sah ich ihn doch, wenn auch nur in der Wochenschau, inmitten seiner Generäle auf der Stelle tanzend in Frankreich, und alle im Kinosaal starrten und lauschten dorthin, ins Helle da vorne, wo die Bilder rasch wechselnd flimmerten und jemand überlaut sprach, alles erklärte, bis schmetternde Musik einsetzte und einige der Zuschauer klatschten und „Heil" riefen.

Überhaupt das Kino. Ich mochte es und mochte es nicht, da mir meist schlecht darin wurde. Die Schulfilme dagegen, in denen jene nachdenklich starrenden, immer ruckartig bewegten Puppen erschienen, fand ich ganz unvergleichlich. Interessanter noch als das Theater, in dem ich bei einer Aufführung von „Peterchens Mondfahrt" einmal war und mich viel ablenkte und störte, das Gekreische der anderen Kinder besonders.

Deshalb spielte ich neuerdings jedesmal, wenn ich auf dem Land bei meinen Verwandten war, selber Theater, kam von hinten durch den Bühnenkeller herauf und blieb im trüben Licht des Bühnenraums schön ungesehen und unbemerkt. Der riesige Vorhang hing schwer und dämpfte jedes Geräusch. Ich kam jeweils mit Lust, aber nur vagem Plan hierher, suchte unschlüssig in den Kulissen und Requisiten herum und wurde mir allmählich erst klarer. Die Kulissen waren prächtig und zahlreich. Es gab einige große und hohe, an denen ich hinaufschauen mußte, und kleinere, gut verschiebbare, die im hinteren Bühnenraum lehnten. Manche waren auf beiden Seiten bemalt. Es gab solche mit Bäumen darauf, andere mit Ortschaft und Kirchturm im Hintergrund, dazu eine Straße, die ins Ferne lief. Ganz nahe und wohl immer gebraucht, lehnte die hohe, schwankende Front eines Amtsgebäudes mit einer großen Tür, die zu öffnen war. Daneben zeigten sich andere Bauten, eckig verlaufende Zimmerwände mit gemalten Fenstern, und überall standen Stühle, kleinere Tische und andere Möbel gestapelt, lagen Tücher und bunte Lappen umher. Nur Kostüme fanden sich nicht. Sie ersetzte mir ein hoher, oben spitz zulaufender Hut, unter dem mein Kopf fast verschwand. Hatte ich dann alles gemustert, und mein Plan stand endlich fest ungefähr, so hantierte ich zwar nach Vermögen, stand aber bald wieder gehemmt. Denn in der Stille, die das letzte Nachdenken über den Plan der Sache plötzlich umfing, war etwas Finsteres und Einschüchterndes, so daß ich fast wieder wegwollte. Das aber ging vorbei, und ich begann endlich jeden und alles zu spielen, einmal hier, einmal dort agierend, schreiend oder flüsternd, tot, wenn es sein mußte, aber meist sehr lebendig und immerfort ändernd an meinem Plan, so daß ein großartiges Chaos entstand, aus dem mir zwei Schlüsse heraushalfen. Das war einmal das Ende des Wettlaufs zwischen Hase und Igel, bei dem ich wie der Hase im Schulfilm, den ich mehrfach gesehen hatte, in größter Erschöpfung umfiel. Zum anderen war es der Schluß des Dramas „Zriny", von Theodor Körner, das ich bei einer Freilichtaufführung einmal gesehen hatte. Dabei waren zwei Sätze hängen geblieben. Der eine lautete: „Zriny! Zriny! Das ist auch deine Stunde." Der andere: „Mir nach! Mir nach! Dort finden wir uns wieder!". Die Szenen, in denen diese Sätze gesprochen wurden, so erinnerte ich mich, waren von abschließendem Tumult begleitet. Dann Vorhang. Der meine hing ja schon. Von Anfang an.

Das mit einer Plane verdeckte Motorrad im Bühnenkeller gehörte einem Mann, der im Haus der Tante oben bei einem Ehepaar als „Kostgänger" wohnte, auf „Anna Drei" arbeitete und Brieftauben hielt. Er verbrachte seine Freizeit fast ganz im Taubenschlag, wo er seine „Lieblinge" immerfort umsorgte, Feder, Auge und Kralle mit der Lupe prüfte. An vielen Wochenenden im Jahr ließ er sie reisen, das „Scheckchen", den „Blauen", den „Fünfziger", der es auf fünfzig Reisen gebracht und schon oft einen Preis erflogen hatte. Der Taubenschlag schien mustergültig und wurde häufig sauber gekratzt, was überall im Haus zu hören war. Ebenso das Prasseln der Futterkörner beim Ausschütten, das Gehämmer der Schnäbel beim Picken und frühmorgens schon das durchdringende Gurren und Werben der Täuber, die Flucht der Weibchen mit singendem Flügelschlag. In regelmäßigen Abständen flogen sie aus, umrundeten rauschend das Haus, waren mal näher, mal weiter zu sehen, mal eine blitzende Schar unter offenem Wolkenhimmel, mal hoch und silbern im Blauen der Sonnentage. Reisten sie und wurden erwartet am anderen Tag, dann hockten, wenn das Wetter schön war, der Züchter und ich im nahen Feld, wo ich auf seinen Wunsch aus Grimms oder Andersens Märchen vorlas, während er den Himmel in der Richtung absuchte, aus der die Tauben bald heimkommen würden. Und er erkannte die drei oder vier, die er mitgeschickt hatte, oft schon von weitem, am Flug, wie er sagte, an der Staffelung, wie er erklärte, und daß sie bald abbiegen würden, denn sie kämen nie direkt auf das Haus zu. Aber dann waren sie da und er schon oben, sie einzufangen, wenn sie endlich hereinflogen in den Schlag und die Zeit gestochen werden konnte. Einmal war der „Fünfziger" sogar von Budapest heimgekehrt, und ich durfte ihn, der nach allen Seiten hin unruhig äugte, ein wenig halten.

Auch beim Vorlesen lernte ich an solchen Sonntagvormittagen wieder zu, wunderte mich aber im stillen sehr über den Taubenfreund, der, einen Grashalm oder ein Streichholz zwischen den Zähnen, sehr gespannt zuhörte. Mit der Frau oben im Haus sah ich ihn öfter sprechen und scherzen, mit ihrem Mann aber nie. Der war ohnehin sehr schweigsam, ja schreckenerregend, wenn er das ihm vorgesetzte Essen mit finsterstem Blick sogleich wieder von sich schob und wie zu einer Mordtat entschlossen, sich langsam und tückisch erhob. Aber auch darin war er bemerkenswert, daß er in dörflichen Notfällen als Sanitäter fungierte und Verbände anzulegen wußte, die im Knappschaftskrankenhaus das Erstaunen der Ärzte hervorriefen. Ich begrüßte ihn, meine Scheu verbergend, stets sehr eifrig, wurde aber kaum beachtet, worüber mein Taubenfreund, der irgendwo herumsaß dabei, laut lachte. Man sah es bei den Meinen nicht gern, wenn ich hinaufging, und wußte mich lieber nebenan, bei Onkel Johann in der Wirtschaft, wo ich dann auch mit großem Hallo begrüßt und zu allerlei Dingen herangezogen und angestiftet wurde: zum Kegelaufsetzen, Kleinviehfüttern, Stallreinigen, Mostrichtessen, Äpfelpflücken, Kartenspielen, Witzereißen, Platt sprechen, vor allem aber zum Harmoniumspiel, das Onkel Johann, der es vollkommen beherrschte, mir beizubringen suchte. Morgens und abends saß er vor dem Instrument mit den Tretschemeln und seitlichen Kniehebeln, den „Schwellern", spielte und sang allerlei Kirchenlieder, die lateinischen Texte der Liturgie mit näselnder Stimme besonders. In der Kirche selbst aber, deren ehrenamtlicher Küster er lange gewesen sei, sah man ihn nie. Mit allen habe er sich zerstritten dort, sagte der Vater.

Auch mit Onkel Bartholomäus, seinem älteren Bruder, der mittwochs und samstags als Bäcker sein Brot in einem kastenförmigen Opel umherfuhr und an den Häusern verkaufte, sah ich ihn streiten und einmal besonders scharf. Die Eltern, Onkel Johann mit Frau und ich besuchten den Onkel an einem sehr warmen Sommersonntag. Sein Haus war schön gelegen, weitläufig und hatte vor allem einen bemerkenswerten Garten mit Statuen der Gottesmutter und verschiedener Heiligen, die entweder im Grünen sich versteckten oder in dämmernden Grotten unterstanden, aus denen sie feucht hervorglänzten. Auf den Kieswegen in diesem Garten zu wandeln, machte etwas beklommen, auch wenn Onkel Johann dies mit einer Handbewegung abtat und mir kichernd die verschiedenen Beleuchtungsvorrichtungen aufdeckte, die das Ganze im Dunkeln noch illuminieren würden. In diesem Garten eben entstand eine Auseinandersetzung der Brüder, die an Schärfe rasch zunahm. Man stritt lange über „Kleriker" und einen „Stahlhelm", über eine nicht näher bezeichnete „Mitte" und mehrere „Köpfe", die noch rollen würden. Auch des „greisen Feldherrn Hindenburg" von einst, „fragwürdiger Generäle von heute" wurde gedacht und endlich besonders ausführlich „des Führers", den der eine der Brüder himmelwärts blickend verklagte, der andere mit ausfallendem Spazierstock verteidigte. Jetzt aber liefen die Frauen herbei, allen voran Tante Trautchen, Barthels Trautchen, mit hoch erhobenen Armen, aber gleich wieder zusammensinkend, als Onkel Johann daran erinnerte, eben Trautchen selber habe doch eingestandenermaßen damals Hitler, nicht Hindenburg, gewählt, weil eben jener katholisch, dieser aber ein Preuße und evangelisch gewesen sei. Der Besuch war zu Ende. Die Eltern zogen mich rasch beiseite und fort aus dem Haus. Auch Onkel Johann kam hinterher, Panamahut und Stock in Händen immer noch schüttelnd. An der Tür seines Hauses stand Onkel Bartholomäus, sehr aufrecht, wie es schien, mit straffer Weste und goldener Uhrkette, hochrot im Gesicht und fortwährend die Lippen leckend.

Es gab ein Foto in den gestapelten Alben und Mappen auf dem untersten Brett in Vaters Bücherschrank, das er mir beim Durchstöbern einmal erläuterte.

Es war ein Bild von Onkel Johann aus dem ersten Weltkrieg, das ihn hager, mit dunklem Vollbart als Schwerverwundeten auf einem Lazarettbett zeigte. In der Rechten hielt er den Rosenkranz, und an der Wand hinter ihm war ein Bild des Kaisers zu erkennen. Das sei damals gewesen, erklärte der Vater, als Onkel Johann sich gar nicht erholen wollte und mehrfach schon aufgegeben und versehen worden sei. Im Krieg gegen Frankreich habe er einige Tage verschüttet gelegen, während das Gefecht, hin und her, über ihm weiter getobt habe. Durch einen Zufall erst sei er entdeckt und schwer verwundet geborgen worden. Ein anderes Foto dann zeigte den Vater selbst, als Letzten, weil Kleinsten, aber gewaltig stramm stehend in einer zum Appell angetretenen Reihe Soldaten.

Diese und andere Fotos, dazu Akten und verschiedene Dokumente wurden in einen kleinen Koffer gelegt und bei Alarm mit in den Keller genommen, den wir mit anderen Hausbewohnern nun öfter aufsuchten. Bald schlug in der Nähe auch die erste Bombe ein, und ich ging mit Karl morgens hin, einen Steinhaufen anzusehen, der inzwischen abgesperrt war. Davor Leute, die sagten, es sei nur eine alte Frau im Hause gewesen, gewiß tot jetzt, aber noch zu bergen, wenn man denn überhaupt herankomme an sie.

Karl und ich waren jetzt noch öfter zusammen, da wir gemeinsam den Beicht- und anschließend den Kommunionunterricht besuchten. Dabei belehrte uns in allem ein Kaplan, der von Karl, hier redseliger als sonst, in vielem befragt wurde, aber stets lächelnd zu antworten wußte. Als es dann ernst wurde und wir, vor dem düsteren Beichtstuhl in einer kleinen Bank nebeneinander kniend, darauf warteten, hereingeklopft zu werden und unsere erste Beichte abzulegen, ging Karl zuerst hinein und blieb lange dort. Als er endlich wieder herauskam, schien er, statt „heiter und froh", wie es der Beichtunterricht für diesen Augenblick vorsah, immer noch sehr „zerknirscht" bei der Gewissenserforschung zu sein und drückte sich finster in unser Wartebänkchen zurück, um seine „Bußgedanken" vorzunehmen. Jetzt suchte ich selber meinen Weg in das etwas muffig riechende Häuschen, sah den darin vergitterten und halb vermummten Kaplan nur sehr undeutlich und hatte rein alles vergessen, was meine „Gewissenserforschung" zuvor erbracht haben mochte. So verlegte ich mich denn aufs Schweigen, das der hilfreich flüsternde Kaplan – „Nun beginne freimütig und rede endlich" – vergeblich zu lösen suchte. Auch die Fragen, die er dann stellte, wurden kaum ausführlich behandelt und meist mit einem gehauchten „ja" oder „nein" oder „manchmal" von mir beantwortet. Kaum, daß ich vernommen hatte, was zur Buße ich beten solle, suchte ich wieder das Freie und mußte zurückgerufen werden, da ich ja doch noch nicht freigesprochen sei von meinen Sünden, was dann hinter vorgehaltenem Tuch in lateinischer Sprache geschah. Als ich zu unserem Bänkchen gefunden hatte, fing ich an, mich zu schämen und „zerknirschter" zu sein als je, weil ich mir ausmalte, wie enttäuscht doch der freundliche Kaplan jetzt sicher sei . Er schien es aber dann durchaus nicht zu sein, sondern war im Gegenteil „heiter und froh", als er uns später die Hand reichte und lächelnd entließ.

Am Tag der ersten Heiligen Kommunion selber fand ich mich eher mechanisch in das seit langem Geprobte und Eingeübte der vorgesehenen Aufstellungen und Handlungen. Sogar über die Herstellung und den Geschmack der Hostie waren wir ja unterrichtet worden. Es gab zwar viele Gebete, die wir jetzt dahersagten, aber in dem Vorgang selber blieb alles leer, ja stumm, und ich war mit meinen Gedanken gar nicht dabei. Auch Karl stand abwesend und mußte geschubst werden. Etwas freute mich dann aber sehr. Das war später draußen und unter vielen Menschen der plötzlich vor mich hintretende Vater in Schwarz und mit Zylinder, den er abnahm, um mich fast „ehrerbietig" – ein Wort aus dem Beichtunterricht, das ich jetzt erst zu begreifen glaubte – zu beglückwünschen. Hieß es doch zunächst, er werde nicht kommen.

Zu Hause warteten einige Verwandte mit kleinen Geschenken auf mich. Eine Armband- oder Taschenuhr gar, von der die anderen Kinder so sicher wußten, daß sie eine bekommen würden, gab es leider nicht. Dafür Federmäppchen, Malpapier und Buntstifte sowie einen Vetter in Marineuniform, der mich photographierte.

Das „Ganze", sagte der Vater eines Tages auf dem Dachgarten zu mir, sei eine „Uhr", die bald ablaufen werde. Und wir mit ihr. Auch von Griechenland, das in den Nachrichten jetzt vorkam, erzählte er bei dieser Gelegenheit, und ich erfuhr, daß dies ein armes, aber sehr warmes Land sei, mit vielen Inseln und Buchten und voll schöner Bauwerke einst, jetzt aber verfallen. „Überliefert" sei jedoch eine Menge der Sagen und wunderbaren Denksprüche, und er holte zwei marmorierte Bändchen mit den übersetzten Schriften des Hippokrates aus dem Bücherschrank, die er früher einmal ganz durchgelesen habe.

Die Natur, schwärmte der Vater öfter bei dem einen oder anderen Sonntagmorgenspaziergang im Stadtwald, das sei nun ganz Sache der Mutter und ihres „Gefühls". „Sieh doch einmal", konnte er ausrufen, „wie das wohl der Mutter gefallen würde!" Es war jedoch schon so eine Sache mit dem, was er dabei im Sinn haben mochte, da jeweils nicht viel zu sehen war und ich rasch weiterlief, um zu entdecken, was es sonst noch alles geben mochte. Das konnte er aber nun gar nicht leiden und schalt: „Jetzt renn' doch nicht immer so herum wie ein Hund, mal vor, mal zurück!" Einmal, am Bismarckturm, hielt er länger an und erzählte von einem Schulausflug, der ihn einst hier heraufgeführt habe „zu einer schönen und freien Aussicht". Danach schwieg er, und ich mochte nicht fragen.

Weit ausführlicher als über Griechenland wurde dann über Afrika in der Schule gesprochen. Es erschienen neue Karten und neue Bilder an den Wänden, auf denen waren struppige Kamele zu sehen, die schräg gegen den Sandsturm angingen, vermummte Treiber an ihrer Seite. Sonst alles Wüste bis an den Horizont, wo der Himmel teils hell, teils schwarz und undurchdringlich sich spannte. Auf einem anderen Bild, unter ähnlichem Himmel, waren deutsche Panzer zu sehen, daneben ein Flugzeug, vor oder nach dem Start, mit dem üblichen Kreuz und Kennzeichen. Dann gab es ein Bild mit Feldmarschall Rommel in kurzen Hosen, und schräg gegen den Wind angehend auch er. Sein Ritterkreuz war deutlich zu erkennen, und die hochgeschobene Schutzbrille lag über dem Mützenschirm, unter dem er wahrscheinlich ins Weite schaute, denn seine Augen waren nicht zu erkennen im tiefschwarzen Schatten des Schirms. Auf einem anderen Bild standen mit kenntlichen Augen Offiziere in einer Reihe, so wie Rommel gekleidet, aber alles an ihnen war anders und ein wenig zu weit. Auch ging kein Wind.

Wer alles wußte über Rommel und alle Einzelheiten murmelnd anführte, erkannte, war Karl. Von der nächtlichen Wüste Afrikas wußte er zu erzählen, wenn es sehr kalt werde dort, aber ein klarer Sternenhimmel zu sehen sei, der des Südens, über den hin und wieder das Licht eines Scheinwerfers streiche.

Scheinwerfer aber strichen jetzt auch bei uns häufig über den nächtlichen Himmel, wenn die britischen Flugzeuge über uns hinwegbrummten oder kreisten, Bomben abwarfen, auch Flugblätter, wie Karl wußte, doch nie eines auftrieb. Es war die Zeit, als wir anfingen, Bombensplitter zu sammeln und zu tauschen, stählerne, oft schon gelb angerostete Fetzen, die schwer in den Taschen hingen und sie öfter zerrissen. Meine jedoch waren meist keine, wie Karl mich belehrte, indem er exemplarische Stücke dagegenhielt.

In den Nächten war die Mutter meist wach und saß bei Fliegeralarm am Fenster. Sie unterschied das Geräusch der Verbände über uns genau, wußte mit der Zeit zu sagen, ob sie weiterfliegen oder bleiben würden und der Augenblick gekommen war, doch jetzt besser in den Keller zu gehen. Bald stiegen wir aber regelmäßig bei Alarm hinunter und blieben bis zur Entwarnung.

Eines Tages erschienen wieder neue Karten und Bilder an den Wänden des Klassenzimmers. Der Rußlandfeldzug hatte begonnen, und es war unter den Bildern, die manche von uns ausgeschnitten und mitgebracht hatten, auch eines, das den russischen Bären mit rot heraushängender Zunge zeigte. Einige der Schüler waren so gut unterrichtet über diesen und andere Feldzüge, daß sie zu Beginn der ersten Stunde bereits an Tafel und Karte standen, um die jüngsten Nachrichten aufzusagen, bis der Lehrer sie unterbrach und selber noch einmal alles zusammenfaßte. Doch keiner wußte wie Karl um die Vorgänge, obwohl er nicht zu denen gehörte, die in der Schule Nachrichten aufsagten. Er unterrichtete mich vielmehr allein und persönlich, indem er, mal frei sprechend, mal aus selbst angelegten Bildheften und Aufzeichnungen zitierend, die Lage unterbreitete. Auch bei anderen sah ich solche selbst angelegten Hefte, aber keines enthielt wie das Karls zu den eingeklebten Bildern auch Texte aus mancherlei Kriegsberichten, die er regelmäßig studierte. Erstaunlich war vor allem, was er an Karten, teils ausgeschnitten, teils selber angefertigt hatte. Auf den meisten drängten sich Kreise mit blauen und roten Pfeilen dazwischen. Karl sprach erläuternd von „Kesselschlachten", „Vorstößen", „Vernichtungsschlägen". In der „Tiefe des russischen Raums", so erzählte er, hätten die verschiedenen Heeresgruppen bisher schon unzählige Gefangene gemacht, überhaupt „Meisterstücke" vollbracht. Es beginne zunächst immer mit den „Massenangriffen" der Luftwaffe auf „Lebenszentren und Lebensadern". Dann folgten die Angriffe der „Erdtruppen", zuerst mit Kanonen, Mörsern und Granatwerfern. Danach kämen die „Sturmtruppen" und „Panzerkraftwagen". Zuletzt ergieße sich die „Welle" der zahlreichen „Raupenwagen", „motorisierten Schützen" und Artillerie in die „Weite des Ostraums". Das Ergebnis seien zahlreiche „Umklammerungen", „Einkesselungen" und schließlich die Vernichtung des Feindes in einer „einzigen großen Kampfsymphonie".

Die gefürchteten „Stukas" nahmen wir dabei noch einmal besonders vor. Diese aufheulenden, beim Angriff der Reihe nach abkippenden grauen Vögel mit leicht gewinkelten Schwingen, starr gestreckten Beinen und gepanzerten Krallen, von denen wir einen einmal aus der Nähe beobachten konnten. Das war draußen vor der Stadt, wo wir uns in einem von meinen Eltern angemieteten Garten aufhielten und den Kampfflieger plötzlich ganz tief herankommen sahen, freilich unsicher, wackelnd, mit öfter aussetzendem Motor, bis er rasch abfiel, hinter einigen Büschen offenbar notlandete und wie gestaucht da lag, als wir ihn atemlos erreichten. Er steckte schief in einem Acker, hatte einen Fuß und einen Flügel gebrochen. Motor und Propeller zielten schräg in den Himmel. Die Kanzel aber, wie auf den Bildern Kopf und Auge des Ganzen, war heil. Von der Besatzung schien einer verletzt zu sein, ein anderer suchte unter der Maschine umher. Mit uns waren Leute von den Feldern herbeigelaufen, und bald traf auch ein Lazarettwagen ein, der querfeldein seinen Weg gesucht hatte. Dann wurde abgesperrt.

An den Abenden blieb ich jetzt länger auf, denn nach dem Dunkelwerden kam oft schon Alarm. Karl hatte mir eine Menge Kriegsberichterstattungen ausgeliehen. Eine Schilderung, die er besonders empfohlen hatte, begann stimmungsvoll damit, daß abends, irgendwo an der Ostfront, die „Okarina und ein leise gesummtes Lied aus der Heimat" erklängen. Frühmorgens aber sei wieder alles kampfbereit. Nach kurzer Wäsche mit eiskaltem Wasser würden die Kampfbefehle der heranjagenden Kradmelder entgegengenommen, und dann gehe es wie jeden Tag, nehme alles wie jeden Tag „seinen Lauf": „irrsinnig", „großartig", „genial". Abends dann wieder Ruhe und Okarina. Die Wachen bezögen ihre Stellungen, „und die Nacht, die alles mit schwarzen Tüchern" verhänge, beende einen Tag, „an dem das Land der Sowjets erneut zu einem Friedhof" geworden sei für sie, „mit dem Kreuz des Krieges darüber". – So ausdauernd und gründlich wie Karl las ich nicht.

Aber auch, was im Bücherschrank des Vaters stand, interessierte mich nicht. Allenfalls ging ich die Buchrücken durch, mal links, mal rechts den Kopf verdrehend, döste den Titeln nach und brach ab.

Einmal nur hielt ich mich länger bei einer Erzählung auf, die von Jungen im Internat handelte. Sie hatten für sich eine geheime Ordnung und Regierung erdacht, die jeder einhalten und achten mußte. Es geschah aber, daß einer von ihnen es nicht tat oder versäumte, weshalb er vor ein Gericht gebracht und verurteilt wurde. Nachts schleppte man ihn heimlich in eine nur spärlich beleuchtete Schwimmhalle, wo er gefesselt an eine Art Galgen gebunden und mehrfach länger unter Wasser getaucht wurde. Als er völlig erschöpft schien und wie leblos hing, band man ihn los und schaffte ihn auf sein Zimmer.

Ich bemerkte öfter, daß manche Jungen sich auch in der Schule oder beim Spielen mit geheimen Verabredungen, Bündnissen, ja Staatsbildungen abgaben, während beachtliches Spielzeug, das viele oft großartiger und kostspieliger hatten als ich, ungenutzt blieb. Ich spielte meist alleine und löste unter meinen Bausteinen und Eisenbahnzügen mit Vorliebe Katastrophen oder Unfälle aus. Auch begrub ich nach kurzem Schlachtgetümmel die Gefallenen meiner Spielsoldaten im Beisein der minutiös nachgebildeten Figuren Adolf Hitlers und General Mackensens mit einer längeren Trauerrede, bei der mir die aufwendig gedruckten Ehrungen des Kaisers, die nach dem „Heldentod" meiner im Ersten Weltkrieg gefallenen Onkel an meine Großeltern verschickt worden waren, zur Seite lagen.

Den Vater fand ich um diese Zeit meist zu Hause, doch teilnahmslos, mit dem Gesicht zur Wand auf dem Sofa liegen. Die Mutter erklärte, indem sie mich leise hinausführte, es sei wieder ein „Nervenzusammenbruch". Er habe sich, so verstand ich, beruflich, politisch nicht „einteilen" lassen wollen für etwas und war deshalb „zurückgestuft", oder doch nicht „höhergruppiert" worden. Nun sei das nicht allzu schlimm, sagte sie, wenn er nur „innerlich" nicht so leide. Und er leide jetzt immer sehr unter allem und werde doch hoffentlich nicht so krank wie schon einmal vor vielen Jahren, als ihm zu Hause nicht mehr zu helfen war und er „weggemußt" hätte. „Sei also schön brav und fleißig", schloß sie, „und störe ihn nicht".

Aber eines Morgens war der Vater dann doch wieder beim Frühstück dabei, und ich durfte ihn nachmittags in die Stadt begleiten, wo er Holz und anderes einkaufte. In den nächsten Tagen sah und lernte ich, wie eine kleine Kommode unter seinen Händen entstand, die schließlich mit allem versehen, gestrichen und lackiert im Flur aufgestellt wurde. Noch ehe sie, zunächst noch etwas scharf, aber angenehm riechend, ganz trocken war, ging der Vater schon wieder ins Amt.

Einmal sprach er davon, daß die Zeit der Russen noch kommen werde, spätestens im Winter. Und bevor wir umgezogen waren in eine neue Wohnung, ruhiger gelegen und etwas kleiner der Mutter zuliebe, die sich schonen mußte, traten Japan und Amerika in den Krieg ein. Und wieder gab es neue Karten und Erklärungen in der Schule. Doch nur Spezialisten noch fanden sich morgens zum Bericht an der Tafel ein, darunter ein neuer Freund aus der Gegend, in die wir jetzt zogen, in allem das Gegenteil von Karl, der mit seinen Eltern ebenfalls weggezogen war, aber sich nicht verabschiedet hatte von mir.

So war ich eine Zeit lang allein in der Stadt umher gelaufen, bis an den Dom hinunter. Einmal beobachtete ich hier, wie ein langsam wechselndes Licht, mal heller, mal dunkler, aus einer Wolkengruppe so lange über die Mauern des Doms hinspielte, bis endlich das volle Sonnenlicht darauf lag, das sogleich auch zwischen die Schritte der Menschen schoß, die scharfe Schatten warfen und selber schwarz abstachen von ihrer Umgebung. Die angrenzenden Bauten und Türme in der Nähe des Doms lagen im Trüben.

In den Nächten träumte ich in diesen Tagen wiederholt einen Traum, von dem ich nicht genau wußte, ob es überhaupt ein Traum war oder die Erinnerung an etwas wirklich Erlebtes. In diesem Traum gingen die Mutter und ich bei vollkommener Stille durch einen dicht rieselnden Schnee, aus dem plötzlich ein Radler auftauchte, der uns gewaltsam anfuhr, sich fluchend losriß und wieder verschwand. An den Haaren der Mutter, die über mir lag, an ihrem Puls, unter dem Ärmel hervor, sickerte Blut. Um uns kein Laut.

Die neue Wohnung lag im ersten Stock eines Hauses, an dem ein Erker mich beeindruckte, der über den Fenstern der Parterrewohnung von einer liegenden, behelmten Engelsfigur getragen schien, deren gesenkter Blick aber nicht aufzufangen war. Nur zwei angeschmutzte Augenmulden waren zu erkennen im Gips, so ausdruckslos, daß man rasch wieder wegsah. An heiteren Tagen lag die Straße morgens im Sonnenschein, der von Osten her in sie eindrang. Dann aber, weiterwandernd, ließ er immer höher ragende Schatten zurück. Es war ruhig meist. Hin und wieder wurde gerufen oder ein Pferdefuhrwerk trottete vorbei. An den Sonntagen war es zuweilen so still, daß man vom fernen Platz das Heranorgeln, Klingeln und Wiederanfahren der Kleinbahn hörte. Selbst kläffende Hunde, wenn sie denn einmal hereinstürzten in unsere Straße, waren rasch hindurch.

Im hellen Erkerraum unserer Wohnung standen zwei Sessel, ein Rauchtischchen, größere Töpfe mit Palmen und Zimmerlinden. Im anschließenden Wohnzimmer standen weitere Möbel im wechselnden Licht, viel Raum zwischen sich lassend. Und stets herrschte Ordnung, war gut aufgeräumt überall.

Sehr aufgeräumt war auch mein Zimmer, das ich nach Möglichkeit mied. Die Schularbeiten, die ich hier machte, wurden lustlos begonnen und sehr oft nicht fertig, denn der Tisch, an dem ich saß, war ein Ding, so elend und sperrig, stand mit geblümter Decke in so trostloser Nachbarschaft anderer Dinge, die meist alt, aus unvordenklicher Zeit hierher geraten waren, daß ich verdrossen, ja wie gelähmt da saß und nichts zustande brachte. Selbst nachts, wenn ich auch ohne Alarm aufwachte, blieb ich selten liegen, sondern tastete mich leise hinaus und schlich in der verdunkelten Wohnung umher bis an die geöffnete Tür des Elternschlafzimmers, wo ich den Atem des Vaters gehen hörte, den der Mutter herauszufinden suchte, die mich, weil sie selber oft wach lag, leise ansprach und wieder zu Bett gehen hieß.

Es waren insofern auch ängstliche Nächte, als ich in dieser Zeit oft vom Tod meiner Mutter träumte, die dennoch drohend, wenn auch sehr langsam, mir nachging, aus einem Zimmer ins andere mir folgte, die Treppe hinter mir hochstieg, auf der Straße oder einem von Menschen belebten Platz mich nicht aus den Augen ließ. Es gab Träume, in denen sie vor meinen Augen verschwand. Einmal aus einem geblümten Kleid, das vor meinen Füßen in sich zusammenfiel. Oder sie stürzte aus einem Fenster herab, an das sie mich vorher gerufen hatte, und verschwand im Herabfallen.

Solche Unruhen drängten sich in den Nächten an andere, die bald nur noch die einzigen waren und anhielten. Die Keller- und Bombennächte nahmen zu, und der Vater ging schon länger jeden Abend hinüber zur Ortsgruppenstelle, wo er sich beim Luftschutz in Bereitschaft hielt. Wir mußten nachts immer häufiger hinunter, wo die Hausbewohner, einige schon bei Alarm, andere etwas später, wenige erst, wenn schon Bomben gefallen waren, sich einfanden. Wir saßen in einem Waschkeller beisammen, der einen Durchbruch zum Keller des Nachbarhauses hatte.

Die in der Waschküche zusammentrafen, waren außer uns, der Mutter und mir, die beiden Greven, ein kinderloses Ehepaar, etwas jünger als meine Eltern, Fräulein van Houten, eine ältere Dame, die jeden Sonntag Messe und Andacht besuchte, und Herr Burowski, der bei ihr in Untermiete lebte und wie ein Erstickender pausenlos rauchte. Er stand meist schwadronierend in der Mitte des Kellers, trug einen eng anliegenden Ulster und auf dem hageren Kopf einen zu weit gewordenen hellen Hut, den er nie abnahm. Erst wenn es brenzlig wurde, kamen Frau Reuter und ihr erwachsener Sohn noch dazu, von dem niemand wußte, was er eigentlich tue. Wir saßen, außer Herrn Burowski, auf mitgebrachten Stühlen und somit in einer Ordnung, die auch bei Angriffen eingehalten wurde, wenn das Licht ausging und bei nahen Einschlägen Staub und Dreck unter der Tür hereinstoben. Alle hockten dann reglos, einige schrieen auch, wenn das Haus getroffen schien oder bei schweren Explosionen bis in den Keller hinab bebte. Die Mutter und Fräulein van Houten beteten leise. War dann alles vorbei, liefen der junge Reuter, seine Mutter und manchmal auch ich die Treppen hinauf bis ganz oben unters Dach wegen der Brandbomben und der Situation in den Nachbarhäusern, die Herr Burowski von der Straße aus prüfte, wo die Leute zusammenliefen und sich aufgeregt besprachen. Immer öfter, mal weiter entfernt, mal näher, standen Häuser in Flammen, aus denen es in Abständen krachend aufflog und flackernder Rauch sich erhob und fortwälzte.

Mit der Zeit kam es wiederholt schlimm und zerstörend über die Stadt, in der es jetzt tagelang entweder sehr abgestanden und kalt nach Moder roch oder da, wo es inmitten der schwarz aufrauchenden Trümmer noch fortglomm, erstickend brandig, so als wühle das Feuer ins Erdreich hinab. Und nichts hatte geholfen. Der Vater kam erst nach Tagen von den Einsätzen zurück, winkte ab, fand keinen Schlaf und trug einen häßlichen Ausschlag im Gesicht.

Immer wieder aber glitt alles in eine gewisse Ordnung zurück. Auch die Schule ging weiter, wo sich einige inzwischen für die Aufnahmeprüfung am Gymnasium empfohlen hatten, andere, die eigentlich ebenfalls hin sollten, noch nicht in dem Maße. Darunter auch ich.

Dann meldeten die vom Jungvolk sich schriftlich, doch die Mutter war zuerst rasch fertig damit und verschob meinen Beitritt für eine Weile. Erst als ein Jungenschaftsführer, „netter Junge" und „gut erzogen", persönlich erschien und vor allem auch die nötige Rücksichtnahme auf alles Schulische versicherte, gab sie nach. Auch ich sprach noch ein wenig an der Haustür mit ihm, und was er erzählte, klang zwar nicht übel, aber stimmte mit dem, was andere so wußten über das Jungvolk, nicht ganz überein. Er zielte in seinen Erklärungen mehr auf eine Art Unterricht, auf ein gemeinsames Tun und Treiben in Arbeitsgemeinschaften für irgendwas. Natürlich sollten auch Sport und Geländespiele nicht zu kurz kommen, aber wohl doch nicht die Hauptsache sein.

Aufnahme und erster Appell aber kamen zunächst nicht zustande, da neuerliche Luftangriffe, die auch unser Viertel wieder betrafen, einiges Durcheinander brachten. Darunter einer, bei dem, nach ruhiger Nacht und Entwarnung, von einem verspäteten „Nachzügler" anderswo eingesetzter Verbände noch Bomben abgeworfen wurden, was Herr Burowski nachher eifrig erörterte. Man lade den „Rest der Pest" hier an der Grenze ja schon mal öfter ab und komme dabei vereinzelt, besonders bei Vollmond, im Gleitflug von der Eifel heran. Bei jenem Angriff waren tatsächlich viele Menschen, die nach der Entwarnung aus dem Luftschutzbunker kamen und nach Hause gingen, von einer Bombe tödlich getroffen worden.

Das Ehepaar Greven aber meldete Zweifel an, sprach von Propaganda und kommentierte überhaupt mancherlei sehr anders als gewohnt und mit kräftigen plattdeutschen Abrundungen. Die Mutter schrak jedesmal zusammen darüber, und Herr Burowski wand sich im engen Ulster, stellte die Handflächen hoch und nach außen, wollte nichts gehört haben. Einer meiner Marinevetter, Patenkind der Mutter, mehrfach „ausgezeichnet" und verwundet inzwischen, übernachtete während des Urlaubs einmal bei uns und betrat, nachdem es Alarm gegeben hatte, mit einiger Verspätung den Keller. Was er aber dort aus dem Munde der beiden Greven vernahm, brachte ihn rasch wieder hinaus, woraufhin aber nun auch die Mutter entschieden sich aussprach und dem Ehepaar vorhielt, was sie durchaus nicht hätten, nämlich den nötigen Takt in ihren Äußerungen, die das „vaterländische Gefühl", sagte sie, verletzten und die unendlichen Opfer, die hier und an den Fronten täglich gebracht würden, schändlich mißachteten. Danach schwieg sie und suchte das Weinen hinter ihrer kleinen vorgehaltenen Faust zu unterdrücken. Die beiden Greven aber waren nicht sehr beeindruckt und setzten neu an.

„Wann gehst du denn nun endlich zur ‚Höheren Schule'," hatte Fräulein van Houten neulich gefragt. Und auch die Mutter sprach jetzt öfter davon. Ob ich es denn „wirklich" wolle, ob ich es auch „verdiene"? „Du sagst ja nie was", fuhr sie fort, „machst deine Schulaufgaben nur halb, döst herum, bist auch nicht immer aufrichtig, so scheint es, und ich weiß außerdem nicht, mit wem du eigentlich draußen spielst und umgehst". Die Erkerfenster standen weit auf, die Vorhänge bauschten sich träge, und im Treppenhaus sprach Herr Burowski mit Fräulein van Houten. Es war Sonntag, später Nachmittag und im Radio bald „die Stunde der Klassik". Später kamen Nachrichten und Sondermeldung von versenkten Bruttoregistertonnen, dann der Abend. Im Dunkelwerden ging wie jeden Abend

Herr Pakola an der Häuserwand gegenüber vorbei. Die Mutter, am offenen Erkerfenster stehend, grüßte und nickte hinab, und er zog heraufblickend höflich
den Hut. Dann gingen nach und nach die Verdunkelungen herunter, auch bei
uns. Das Licht wurde angezündet, und die Eltern nahmen, am Eßtisch gegenü-
bersitzend, ihre Lektüren vor. Was tun jetzt? Am besten, den Vater was fragen,
der ohnehin mit Unterbrechungen und unruhig las, während die Mutter ohne
Aufsehen vertieft blieb.

Einmal, bei dieser oder einer ähnlichen Gelegenheit, sprach der Vater auch
kurz über die „Judenfrage" und was darüber schon immer im „Programm" der
Partei gesagt worden sei. Es zeigte sich, daß die Eltern mit vielen Juden bekannt
gewesen waren, es in einigen Fällen auch noch seien, so mit Herrn Pakola, dessen Familie schon länger im „Ausland lebe", und der jetzt „alles verloren" habe.

Für das, was mir an Gesprächen oder Bemerkungen unverständlich blieb,
nutzte ich unser neues Lexikon, das noch nicht vollständig erschienen war. Zwar
fragte ich auch öfter, aber nicht sehr nachdrücklich. Es war so aufwendig, weiter
zu fragen, auch seit je etwas unangenehm, weil die Eltern immer zurückfragten
und die Sache durchexerzierten. Also ließ ich es lieber. Statt dessen also schlug
ich im Lexikon nach. Hier las ich zum Beispiel, was unter „Deportation" zu verstehen sei. Dann etwas über das „Judentum", jedenfalls das, was vorweg in der
Inhaltsübersicht stand. Im Weiterblättern geriet ich auch an die Eintragung „Jugend", wo sich gleich zu Beginn Erstaunliches fand: „Die J. führt sich selbst",
stand da. Der Führer habe gesagt: „Jugend muß von Jugend geführt werden",
und: „Die Jugend hat ihren Staat für sich". Das bedeute auch: sie stehe dem Erwachsenen in einer gewissen „Solidarität" gegenüber. Und das wiederum hieß,
was ich anderswo nachschlug: sie stehe in „stiller oder verabredeter Überein-
stimmung" den Erwachsenen gegenüber. Ich las ferner, daß Schule eben nur
Schule sei, Jugend aber „die Jugend". Auch vom „Dienst" der Jugend war die
Rede, und ich erzählte Herrn Greven einmal beiläufig, daß ich bald regelmäßig
„zum Dienst" gehen müsse. Er schwieg, bemerkte aber, als wir wieder einmal bei
Alarm im Keller zusammentrafen: „Nun hast du wohl Nachtdienst, zum Beispiel".

Aus dem Dienst oder Appell jedoch wurde vorerst immer noch nichts, denn
die großen Ferien kamen dazwischen und statt der jugendlichen Selbstführung
gab es mittelmäßige bis schlechte Noten, dazu unergründliche Angewohnheiten,
die ich mir zugelegt hatte. So geschah es mehrfach, daß ich nach Schulschluß
mich zu Hause verspätete. Bis zu zwei Stunden und aller Bestrafung zum Trotz.
Die Verspätungen entstanden zunächst einfach dadurch, daß ich nach Unter-
richtsschluß die Freiheit trödelnd genoß. Danach fing ich an, den einen oder anderen meiner Schulkameraden nach Hause zu begleiten, mich in seiner Wohnge-
gend umständlich aufzuhalten, bis der Zeitpunkt einer vielleicht eben noch
zulässigen, aber teilweise schon strafbaren Verspätung verflossen war. Jetzt
konnte es nur noch darum gehen, die Pein der zu erwartenden Bestrafung, ein
paar Ohrfeigen und anschließende Einsperrungen, manchmal im Keller, hinaus-

zuschieben. Endlich schlug ich mit bleiernen Füßen und traurig den Heimweg ein, nicht ohne den Zorn und die Hilflosigkeit meiner Mutter mit zu empfinden und selber ganz ratlos zu werden dabei.

Dennoch, ich durfte aufs Land zu den Verwandten in Ferien, die aber inzwischen wohl etwas erfahren haben mochten. Zwar fand vor allem der Onkel bald wieder zur alten Freundlichkeit zurück, aber es war nicht mehr ganz so wie früher. Immerhin, es gab eine neue Tätigkeit für mich: das regelmäßige Kegelaufsetzen, bei dem ich hinter eine ledern gepolsterte Schutzwand zurücktrat, auf das Heranrollen der Kugel horchte, dann auf das gellende Auseinanderfahren der Kegel, anschließend zählte, das Ergebnis nach vorne hin durchrief und wieder aufsetzte. Man war nicht kleinlich, und es fiel reichlich etwas ab für mich, den Neffen des Wirts. Aber ich fand hier wie sonst noch kein Verhältnis zu dem, was man mir da in die Hand drückte.

Tagsüber war ich allein auf der Kegelbahn, ließ die braunen, eigenartig gut riechenden Kugeln leise aneinanderstoßen, bemerkte die vielen Spuren des Spiels an ihnen und warf auch selber ein paar mal. Ich empfand und wünschte es irgendwie, die Ferien könnten jetzt auch zu Ende sein. Ich tat mir furchtbar leid dabei, aber es schien sich tatsächlich alles sehr weit entfernt zu haben von mir. Die Eltern ebenfalls, als sie eingetroffen waren und im Schatten auf Liegeklappstühlen in den Wiesen ruhten und lasen. Alles lief ziemlich an mir vorbei.

Als wir endlich wieder zurück in der Stadt waren, verbrachten die Mutter und ich fast jede Nacht im Bunker. Der großräumige Betonbau war soeben fertiggestellt worden und wurde von zahlreichen Schutzsuchenden genutzt, da die Luftangriffe, darunter manchmal sehr schwere, noch zugenommen hatten. Wir fanden oben im zweiten Stock eine Bank für uns, auf der ich mich ausstreckte und Schlaf suchte, bis wir gegen vier Uhr morgens wieder nach Hause gingen. Beim Aufstehen für den Schulbesuch half mir die Mutter, da ich im Stehen noch fortschlief und kaum in die Kleider fand, auch das Frühstück nicht hinunterbrachte.

Mit der Zeit aber gewöhnte ich mich an alles, auch an die Höhere Schule inzwischen, wenn auch widerstrebend. Die Aufnahmeprüfung war nicht ganz reibungslos verlaufen. Bei der Nacherzählung einer Geschichte über Andreas Hofer, die ich nur halb verstanden hatte, erfand ich das meiste. Eine mündliche Nachprüfung über Fragen der Sprachlehre jedoch verlief dann ganz gut, besser jedenfalls als das, was ich in den folgenden Wochen und Monaten sonst zustandebrachte. Die Folge waren regelmäßige Straf- und Zusatzaufgaben. Solche des Mathematiklehrers vor allem, der mich einen „faulen Vertreter" nannte und nichts gelten ließ von dem, was ich – in spärlichem Umfang freilich – hervorbrachte. Den Vater hatte er, als er sich einmal nach meinen Leistungen erkundigte, derart angeschrieen, daß von dieser Seite nichts mehr unternommen wurde für mich, und alles der Mutter überlassen blieb. Sie verabredete mit dem Mathematiklehrer eine Kontrolle meiner Hausarbeiten. Sie kontrollierte zu Hause mit Unterschrift. Er in der Schule, indem er mich alles an die Tafel schreiben ließ und nachher im Aufgabenheft mit Unterschrift die Richtigkeit der notierten Hausaufgaben für die folgende Stunde bestätigte. Gleich zu Beginn, wenn er mit hochgezogenen Schultern, auswärts gestellten Füßen und langen Schritten das Klassenzimmer betreten hatte, den Schlüsselbund nachlässig am Daumen und beides um Zentimeter nur anhebend zum „deutschen Gruß", rief er mich an die Tafel. Ich begann, voller Scham jedesmal, mit der Niederschrift meiner Lösungen, an denen nur selten einmal etwas ausgesetzt wurde. Danach erst erfolgte der Unterricht mit beträchtlicher Verspätung.

Auch der Musiklehrer, ein unförmiger, unabsehbarer Mensch, mit weit vorgewölbtem Bauch und nachlässig-plattfüßigem Gang, mochte mich nicht. Wenn er am Klavier endlich Platz genommen oder gefunden hatte und die Hände zum Anschlag erhob, der stets etwas schollernd erfolgte, blickte er blitzschnell zu mir herüber. Ich war nämlich anfangs einmal, bei den ersten Tönen seines mit tiefer Stimme einsetzenden Gesangs, merklich zusammengeschauert, was er mißverstand, obwohl es aus großer und aufrichtiger Verwunderung geschah. Es war mir die Herkunft einer so schönen, fast zarten Baßstimme aus solcher Leibsgestalt schier unerklärlich, und ich lauschte ergriffen auf das traurige und traurig klingende „Ich hab' mich ergeben mit Herz und mit Hand". Dennoch, ich wurde „alberner Grimassen" wegen getadelt und mußte zur Strafe noch am Nachmittag desselben Tages eine Zeichnung von was auch immer beim Musiklehrer zu Hause abliefern. Was ich dann zeichnete, hatte die entfernte Ähnlichkeit mit einer Gruppe von Pimpfen, die mit Wimpel, Affen und Kochgeschirr in ein Lager zogen, Bäume und Felder zur Seite, ein paar Vögel darüber und etwas höher die Wolken. Ich fand mich wie befohlen um drei Uhr an der Tür eines alten Stadthauses ein, klingelte und wartete lange vergeblich. Endlich vernahm ich den klatschend nachlässigen Gang des Lehrers, der etwas schnaufend durch einen langen Flur herankam, sehr langsam öffnete und mürrisch vor mir stand. Er schien keinerlei Erinnerung mehr zu haben, weder an mich, noch an die Strafe, nahm endlich die Zeichnung entgegen, wobei sein Gesicht sich etwas aufhellte, und schloß langsam zurücktretend die Tür.

Nur einen der Lehrer mochte ich sehr, der uns in Deutsch und Englisch unterrichtete und die Tür beim Eintritt ins Klassenzimmer so verheißungsvoll lächelnd hinter sich schloß, als beginne jetzt gleich ein anderes Leben, was dann zwar durchaus nicht der Fall war, aber doch eine Möglichkeit blieb während der Stunde.

Zwei neue Freunde gab es. Zuerst, und leider nicht lange, Klaus Flesch, gedrungen und rund in seinen Jungvolksachen und mit so hellem und schnellem Kopf begabt, daß ich nur langsam mitkam und begriff, was es in der Welt des „Neuen Universums", das er regelmäßig las, alles gab. Da seine Eltern zu Beginn des Krieges als Zoologen in Indien interniert worden waren, lebte er mit seiner Großmutter und kleiner Schwester allein. Er kam fast jeden Abend mit dem Reiseschach zu mir in den Bunker, den er nach ein, zwei Stunden wieder verließ. Einmal, als der Drahtfunk mehrere Bomberverbände meldete, die sich der Stadt näherten und somit ein Angriff zu erwarten sei, lief er noch schnell nach Hause, um Großmutter und Schwester in den Bunker zu holen, kam aber wohl nicht sehr weit. Auch die er holen wollte, fanden in dieser Nacht den Tod.

Ich begegnete Klaus Flesch zum ersten Mal beim Warten auf eine zahnärztliche Kontrolle, die während der Schulzeit durchgeführt wurde, und traf im überfüllten Warteraum vor dem gerahmten Foto eines Tigers auf ihn, dessen Beschaffenheit und Lebensweise er mir eifrig erklärte. Es gab seitdem kaum eine Begegnung mit ihm, die ohne seine Erzählungen und Erklärungen vergangen wäre. Auch das Schachspielen lehrte er mich und jene raschen Eröffnungen, die in Kürze ein Matt des Gegners herbeiführen. Was aber in der Schule seinen Ruhm begründete, war zunächst das umfassende Spezialwissen über Flugblätter, von denen er tatsächlich einige besaß, dann aber seine Ausführungen und Geschichten über Spionage und Spione, die mir in Gewitter-, Sturm- und Regennächten, wenn wir nicht in den Bunker gingen, weil dann mit einiger Wahrscheinlichkeit keine Angriffe zu erwarten waren, auf andere Weise den Schlaf raubten. Denn ich befürchtete, daß im Schutz solcher Unbill Spione von oben her ins Haus eindringen könnten, hinter Türen und Schränken sich aufhalten würden oder im dunklen Treppenhaus irgendwo lehnten und lauschten.

Als dann Klaus Flesch in jener Bombennacht umkam, sein Platz leer blieb in der Klasse, hatte ich noch lange Zeit das sichere Gefühl seiner Gegenwart und glaubte, indem ich seinen Namen nur dachte, ihn an meiner Seite zu haben.

So lief ich nun wieder eine Weile allein in der Sadt umher, half bei der Versorgung der Obdachlosen etwas aus, spielte Fußball oder stand dabei, wenn die etwas älteren Jungen aus unserer Straße Mädchen anhielten oder mitbrachten und ein Lied mit dem Refrain „Caramba" öfter gesungen wurde. Um diese Zeit hörte ich abends, nach den späteren Nachrichten, auch sehr oft das Lied „Lili Marlen". Danach gingen wir in den Bunker, wo unsere Banknachbarn, ein älteres Ehepaar, meist schon Platz genommen hatten. Sie begrüßten die Mutter sehr freundlich, mich aber eher mit finsterem Blick. Denn ich sei, sagten sie einmal, ein „Widder", das hätten sie mir gleich angesehen, und die Mutter werde noch allerlei durchmachen mit mir.

Dann begegnete ich Heinrich Verviers, der eines Tages mit mir zur Schule ging, dort mühelos gute Noten erzielte und sich in allem tadellos hielt. Während des Unterrichts jedenfalls bemerkte man nichts von dem, was er außerhalb war: unerschöpflich im Ersinnen ungezogener Streiche und Anschläge und kundig in merkwürdigen Wissenschaften. Sie betrafen unter anderem den menschlichen Körper im Punkt seiner mannigfachen Ausscheidungen und den dabei vorfallenden Merkwürdigkeiten. Auch das vertrottelte Gebaren und Umständliche alter Männer beobachtete er genau, das des verhaßten Hauswirts besonders, der unter lauten Selbstgesprächen auf der Außentoilette zwischen erstem und zweitem Stock bei nur angelehnter Tür sich schamlos und endlos entleerte. Während der gemeinsam durchgeführten Hausaufgaben gab es allerlei Vorträge über diese Dinge, wobei der Freund pausenlos sprach und dennoch sein Pensum korrekt und pünktlich erledigte, denn er hatte die beneidenswerte Gabe, sich auf alles in kürzester Zeit konzentrieren zu können.

Es gab natürlich auch noch andere Jungen, mit denen ich gelegentlich spielte, vor allem mit solchen, die Schwestern hatten, mal ältere, mal jüngere, die sie aber leider nie mitbrachten, gar nicht beachteten. Die Mädchen schienen überhaupt ein ganz anderes Leben zu führen, da sie immerfort mit etwas Häuslichem beschäftigt waren, kaum alleine, sondern meist nur in Gruppen auftraten und auch unter sich spielten. Völlig unerwartet aber konnte man plötzlich im Bunker neben ihnen sitzen, wo sie vereinzelt auftraten und sich Gelegenheit fand, sie genauer anzusehen oder gar etwas zu sprechen mit ihnen. Die Hübschesten waren mir meist die Blonden, und eine kannte ich, der hatte ich einmal beim Ernten roter Holunderbeeren geholfen, und seitdem grüßten wir uns. Heinrich Verviers aber drängte entschieden auf anderes jetzt.

Die Aufnahme ins Jungvolk stand bevor, und eines Tages war es so weit. Herr Platzbecker, der Ortsgruppenleiter, begrüßte vor einer mäßig vertretenen Elternschaft die Neulinge als Pimpfe, und auch ein Fähnleinführer fand Worte der Begrüßung und Einführung. Dann wurde das Deutschlandlied und Fahnehoch gesungen und geendigt mit einem dreifachen „Sieg Heil". Was ich aus den Ansprachen verstanden hatte, war, daß da neuerdings welche bereitstanden, mich zu erziehen. Wenn nicht Herr Platzbecker selber, so doch sein Fähnleinführer und alle die, die vorne in der ersten Reihe saßen, die Kameraden Jungzug- und Jungenschaftsführer. In der Hauptsache sollte es dabei um unsere innere und äußere „Gesundheit", um die Heranbildung eines „stattlichen Charakters für Staat und Volk" unter der Führung Adolf Hitlers gehen. Die Kameraden Führer in der ersten Reihe sollten dabei unsere Vorbilder und Helfer sein, und das wurden sie im Anschluß an die Reden bereits auf imponierende Weise, indem sie, die Jungzugführer vor allem, dann aber auch die Jungenschaftsführer, die es ihnen gleichtaten, gelassen oder geschäftig umhergingen, sich breitbeinig beisammen stehend berieten und mit zusammengezogenen Hacken kurz grüßten, als Ortsgruppenleiter Platzbecker lächelnd in ihre Mitte trat. Ich sah dem von Ferne, Heinrich Verviers wie immer aus der Nähe zu. „Mal herhören", ahmte er den Jungzugführer später nach, der Gedrucktes und Termine ausgegeben hatte. „Mal herhören! Schon Schulaufgaben gemacht?"

Abends wieder einmal hörte ich den Vater über die „Befreiung" Mussolinis etwas sagen und ließ mir, wie vorher schon bei Stalingrad und anderem Kriegsgeschehen, die Zusammenhänge ein wenig erläutern. Denn auf der Höheren Schule war nun niemand mehr, der vortrug an der Tafel, und es waren auch keine Karten und Bilder hier angebracht.

Wenig später, als wir morgens den Bunker verließen, stand der Vater draußen und berichtete vom Tod eines meiner Vettern, der in Rußland gefallen war. Spätabends noch hatte er es erfahren. An den Exequien in jener Kirche, in der Onkel Johann einmal ehrenamtlich die Orgel gespielt hatte, nahmen auch andere Vettern in ihren Uniformen teil. Ganz vorne saß die Frau des Gefallenen mit ihrer kleinen Tochter, daneben die Großeltern des Mädchens. In der tiefen Stille zunächst, die nur durch Husten oder Räuspern unterbrochen wurde, sah ich weiter nach vorn, auf den von einer Hakenkreuzfahne verhüllten Sarg, in dem, wie ich wohl wußte, der in Rußland gefallene Vetter zwar unmöglich liegen könne, aber dennoch viel sich verbarg, das ich immer weniger begriff, nicht wegbrachte aus meinem Kopf, wo es zwischen den Augen saß und etwas schmerzte, aber gleichzeitig auch nichts war. Der Geistliche und ein Meßdiener traten ein und die Exequien begannen. Als sie vorbei waren, und der Pfarrer mit Kind und Mutter noch leise gesprochen hatte, fand die Familie sich vor der Kirche zusammen und man schlug schweigend den Weg zu den „Vier Jahreszeiten" ein.

Noch am gleichen Tag fuhren wir wieder zurück in die Stadt, wo die nächsten Wochen und Monate aufgeteilt waren in Schulzeiten, kurze Nachmittagsspiele, Bunkernächte und Jungvolkdienst an den Mittwoch- und Samstagnachmittagen.

Die meisten von uns Neuen im vierten Zug des Fähnleins erschienen wohl regelmäßig, aber es blieben auch einige ganz weg. Einmal sah ich, daß zwei Jungenschaftsführer einen von ihnen auf der Straße nicht ohne Gewalt in die Mitte genommen hatten und auf ihn einsprachen. Und später einmal, als wir mit unserem Fähnlein vor die Stadt zogen, war es so, daß ein anderer, der sich aus welchen Gründen auch immer dort aufhielt, erkannt, festgehalten und aufgefordert wurde, unser Banner zu grüßen. Der Fähnleinführer hatte dazu anhalten, den Jungen nach vorne vor das Banner bringen, grüßen und wieder laufen lassen. Wir sahen, wie er ohne Umsehen und mit gesenktem Kopf rasch sich entfernte.

An diesem Nachmittag hatten Heinrich Verviers und ich noch weniger Lust, beim Geländespiel mitzumachen. Nachdem wir gemeinsam zur Gruppe der Lagerverteidiger eingeteilt worden waren, versteckten wir uns bis auf weiteres in der Nähe des Lagers, um gar nicht oder sehr spät erst einzugreifen, wenn die Gegenpartei uns gefunden hatte und angreifen würde. Es kam jedoch anders. Einer der Angreifer, als wir sie denn mit „Drauf" und „Kommt her, ihr Hundesöhne", das Lager stürmen hörten, hatte sich ängstlich ebenfalls abgesondert und schlich ahnungslos an unser Versteck heran. Hier wurde er von Heinrich Verviers, der sich sehr aufspielte, angehalten, großspurig verhört und als „feiger Schurke" beschimpft, der – Blick zu mir – auf der Stelle zu fesseln sei, um später als Gefangener vorgeführt zu werden. Den hinter ihm leise herankommenden Fähnleinführer bemerkte er im Eifer erst, als der ihn etwas in den Hintern trat. Beide Deserteure wurden dem Spielleiter übergeben, der sie seinerseits weiterreichte. Es setzte ein paar Tritte und Püffe durch einige der herbeigerufenen Jungenschaftsführer, dann waren sie frei. Mich ließen sie überhaupt ungeschoren, weil ich eben, so setzte mir Heinrich Verviers auseinander, ein verdächtig ordentlicher Pimpf sei, der sich, wie er sehr wohl sehe, zuverlässig gebrauchen, in eine sogenannte „Führerschar" aufnehmen lasse und jetzt auch noch die Trommel schlage.

Tatsächlich ging ich seit kurzem mit diesem, mir ja seit langem vertrauten Ding an der Seite vorneweg und hatte es gegen einen gewissen Widerstand sogar durchgesetzt, auch das Absingen der Lieder mit rhythmisch angepaßtem Trommelschlag zu begleiten. Es traf ebenfalls zu, daß ich bei den Einsätzen im Anschluß an Luftangriffe mich „zuverlässig gebrauchen" ließ, zumal ich dann auch in die Nähe der BDM – Mädel geriet, ja Hand in Hand mit ihnen tätig war. Aus der „Führerschar" wurde ohnehin nichts.

Traurig war aber, daß auch Heinrich Verviers eines Tages fort, jedenfalls nicht mehr bei seinen Eltern war und wohnte, sondern bei Verwandten weit weg. Das erfuhr ich an einem Donnerstagmorgen, den ich herbeigesehnt hatte, um dem Freund zu bekennen, wie sehr es mich die ganze Nacht über geplagt und gereut habe, ihn beim Geländespiel gestern geschlagen zu haben, obwohl er im Gedränge zwar als mein Gegner, aber doch Freund, herangekommen war und mit Blicken bedeutet hatte: „Komm', wir tun nur so". Ich tat aber leider durchaus so. Und jetzt war er weg und hatte mir nicht mehr Aufwiedersehen sagen wollen, hatte überhaupt nichts gesagt.

Viel schien inzwischen auch sonst verloren zu sein. Das Jahr verging und erneuerte sich wie unter der Erde, und eines Tages auf dem Land saß ich im stillen Zimmer Onkel Johann gegenüber, der sich kaum mehr zu wissen schien, die Nachricht vom „Heldentod" seines Sohnes, jenes nächtlichen Klavierspielers einmal, in Händen.

Es kam nun immer härter, denn auch tagsüber gab es seit langem Alarm. In einer Aprilnacht des Jahres neunzehnhundertvierundvierzig aber traf es die Stadt wohl am schwersten. Beim Verlassen des Bunkers im Morgengrauen war alles weglos geworden, wie um- und umgekehrt, ja zum Teil ganz verschwunden. Als wir unsere Wohnung endlich erreichten, sahen wir, daß auch hier manches wüst lag und kaum mehr zugänglich war. Häuser zur Rechten lagen völlig in Trümmern, die Bewohner darunter verschüttet. Auch Fräulein van Houten und Herr Burowski, die nie in den Bunker gegangen waren, wurden vermißt. Nur das Ehepaar Greven war in der Straße zu sehen, beide mit einem Koffer in der Hand.

Wir suchten und packten in den nächsten Tagen alles, was heil geblieben war, zusammen und luden es auf einen Wagen, der uns zu Onkel Johann in die „Vier Jahreszeiten" brachte. Der Vater fuhr jeden Tag sehr früh in die Stadt und kam erst spätabends, ausgezehrt, stumm, die Kleider stickig vom Geruch der schwelenden Stadt, wieder zurück.

Wo in manchem Sommer bisher meine Ferien verstrichen waren, fand sich jetzt nur Alltägliches. Die hiesige Schule, etwas entfernt und in dieser Zone sonst nicht bemerkt, schloß sich auch hier um mich zusammen. Nach ein paar Tagen jedoch fing ich an, sie zu meiden. Mit dem Bus fuhr ich an ihr vorbei bis zur Endstation, wo ich dann früher oder später zur Rückfahrt wieder einstieg. Als ich endlich entschlossen war, doch noch einmal hinzugehen, trieben die abverlangten Erklärungen und Entschuldigungen mich wieder hinaus. So blieb ich erneut fern, zwar mit wachsender Furcht vor der fälligen Nachfrage, aber immerfort durchfahrend bis zur Endstation und in die namenlose Öde an diesem Ort, die ich durchstand, bis der Fahrplan eine zeitlich angemessene Rückfahrt erlaubte.

In den sonst so stillen „Vier Jahreszeiten" ging inzwischen ebenfalls alles drunter und drüber, denn an die hundert französische Kriegsgefangene lagerten im Saal, fuhren tagsüber in die Stadt zu Aufräumungsarbeiten und kehrten abends wieder zurück. Dann kochten und brieten sie auf kleinen Feuern zwischen Ziegelsteinen im Hof und draußen entlang der Mauer zu den Wiesen hin, wo sie sonntags im Freien oder bei Regen in einem geräumigen Zelt auch musizierten und sangen. Der Onkel sah stets ernst an ihnen vorbei, fand sich zu keinem Gruß, keinem Wort bereit. Dafür suchten sie um so fröhlicheren Kontakt zu meinen Kusinen, die gelegentlich Wäsche und Flickarbeiten für sie übernahmen, was mit viel Schokolade und Dingen vergolten wurde, die es bei uns kaum mehr gab. Unmengen Konfitüre in Zelophanfolie verpackt, die die Franzosen nicht mochten, landeten meist auf dem Misthaufen, wo dann Schwärme von Wespen sich aufhielten.

Eines Tages gab es Lärm und freudige Aufregung unter den Gefangenen. Sie standen in Gruppen zusammen oder liefen hinaus über den Hof auf die Wiesen, wo sie herumsprangen, sangen und einige sogar tanzten. Die Invasion der Alliierten hatte tatsächlich begonnen, „Und wir", so rief man uns zu, „in sechs Wochen frei! Zu Hause!"

Einige Tage später erreichte auch mich die Nachricht von einer möglichen Veränderung. In einem Brief des Gymnasiums in der Stadt, dessen Unterricht inzwischen ganz eingestellt worden war, wurde mitgeteilt, daß die Schüler der unteren Klassen im Rahmen der Kinderlandverschickung in eine luftruhige Gegend des Sudetengaus gebracht werden sollten. Anmeldeformulare und genauere Hinweise lagen bei. Tag und Stunde des Abtransports standen bereits fest. Die Eltern und der Onkel berieten sich mehrfach. Auch ich wurde vom Vater lange und mit großem Ernst befragt, aber natürlich wollte ich mit.

Und so ging ich und kam ich weg. Der Sammel- und Abfahrort lag einige Bahnstationen entfernt. Es regnete, als wir ihn erreichten, und ich wartete mit meinem Gepäck zwischen den Eltern, bis wir endlich begrüßt, fürs erste noch einmal instruiert, dann eingeteilt und eingeladen wurden. Ich sah nicht viel von dem, was um mich herum vorging, hatte kaum gehört, was die Eltern mir sagten beim Abschiednehmen, stand jetzt im Abteil an ein Fenster gedrängt, aus dem fahrenden Zug schon zurückschauend, sah die Eltern fern, die Mutter im grauen Jackenkleid, den Vater mit Hut im grauen Gabardinemantel, winkend beide, dann traten andere Menschen dazwischen und ich zurück. Ich suchte mein Gepäck, zerrte es enger zusammen auf dem Gang, wartete. Es war ungefähr so, als sei alles zu Ende, bevor überhaupt noch etwas begonnen hatte. Ich lehnte und hockte auf dem Gang herum, zuerst nur Druck überm Herzen, dann deutlicher: Schuld.

Wir fuhren die Nacht durch nach Osten ins Luftruhige. Ungestalte Gegenden draußen. Lärmende Fahrt. Im Morgengrauen eine herankreisende Ebene. Ferne Kirchtürme. Zunehmend Gebirge. Zwischen Wäldern und vorstehendem Gestein jetzt südwärts, an der Elbe entlang, durch Nebelstreifen hindurch. Endlich Halt. Und Umsteigen. Mit meinem Gepäck auf einer Brücke über der Elbe. Alles gedämpft. Vögel im Gleitflug. Vor Anker liegende Boote. Freundliche Ansichten einer kleinen Stadt zu beiden Seiten des Stroms. Der Tag sonntäglich still, grau, warm, schön. Wir zwängten uns in kleine, luftige Wagen, die an eine bullig-gedrungene Lok mit flach ausladendem Schornstein gehängt waren. Die Fahrt holprig. In offenen Fenstern Aussicht nach Aussicht. Viel Wald, Berge. Jemand sprach von großen alten Steinen hier, darunter Schlangen wohnen, und von Wintern mit hohem Schnee. „Aber dann sind wir ja längst wieder zu Hause." Schließlich die Ankunft. Ein großer Karren, von einem Esel gezogen, nahm unser Gepäck auf, schaukelte mit dumpf mahlenden Rädern über den Sandweg. Aus Bergen und Wäldern, in Buckeln ansteigend ein höherer Berg, der höchste hier. Ein paar Wolken in seiner Nähe. Immer noch still alles. Rufen und Gelächter schnell verschluckt. Dann endlich das helle, große Haus, unsere Bleibe. Breite Treppen, längere Korridore, in die von der Küche herauf Kuchenduft stieg. Zimmer für vier bis sechs Jungen. Wir waren also da. Ich geriet in ein Zimmer, wo alle anderen sich kannten, aber man nahm mich dazu.

Eine Glocke schlug. Wir gingen hinunter in den hellen Eßsaal und erhielten feste Sitzplätze. Die Klassen möglichst zusammen. Am Lehrertisch vorne der Studienrat Lagerleiter. Er war ein in großer Bescheidenheit eindrucksvoll und gütig auftretender Mann mit kleinen, etwas eckigen Bewegungen, beim Gehen sehr grade, entschlossen. Dabei gar nicht ‚zackig‘, eher etwas ungelenk den Arm ausstreckend beim Morgenappell. Aber er schien jeden anzusehen, wenn wir sangen: „Und die Morgenfrühe, das ist unsere Zeit, / wenn die Winde um die Berge singen, / die Sonne macht dann die Täler weit, / und das Leben, das Leben, das wird sie uns bringen".

Danach das Frühstück. Hätte etwas reichlicher sein können. Die Mittagsmahlzeit aber ließ kaum Wünsche offen, und auch auf das Abendbrot konnte man sich freuen. Die Eltern mochten sich wundern, daß ich, schlechter Esser seit je, es überhaupt erwähnte in meinen Briefen. Vor allem aber vom großen Park schrieb ich, der in einen tiefen, ansteigenden Wald übergehe, der weiter oben sich lichte, wo der höchste Berg hier beginne, wohl siebenhundert Meter hoch, mit Aussichten weit hinaus auf die fern ziehende Elbe, mal da, mal dort aus der weiten Stille heraufblinkend.

Briefe. Aber der von den Eltern, die nun alles erfahren hatten, kam zuerst: Enttäuschung, Nachsicht, Ermahnung: „Wir haben doch nur Dich. Deine Dich liebenden Eltern". Was sollte ich antworten? Ich las auch heraus, daß man es jetzt nicht erwartete von mir, und so schrieb und beschrieb ich unsere Bleibe, was täglich vorging. Briefe. Auch solche, die ich nie abschickte.

Der Sommer drang tief ins Haus. Kurze, aber heftige Gewitter zogen darüber, und am Gewässer, das vom Berg herab, mal sickernd, mal überstürzt seinen Weg suchte, lag es sich gut unter Bäumen, zwischen denen der Blick nach oben ging, im blauen Himmel sich verlor, wo manchmal sehr hoch und geräuschlos die in der Sonne blitzenden Geschwader der feindlichen Flugzeuge gegen Osten zogen. Wenn ich nachts aufwachte, und das geschah immer wieder, lag der Mondschein ganz unbeirrt auf den Dingen im Zimmer umher, und der Wind rauschte unverdächtig im Park. Nur wenn es ganz still war und finster, mußte ich manchmal mich aufrichten und trat leise ans Fenster, suchte den ansteigenden Wald, aus dem eines Tages, wie jemand gesagt hatte neulich, auch hier die Russen kommen würden. „Und dann sollten wir besser irgendwo anders sein".

Der es gesagt hatte, war Leo, unbestrittener und respektierter Klassenprimus. Er sprach recht langsam, fast etwas leiernd, und ging öfter allein, wobei wir uns dann nicht verfehlen konnten. Er hatte zu allem sehr bestimmt „eine Meinung" und bildete sich auch am Ende der kleinen Betrachtungen, die wir anstellten, eine, was ich sehr bewunderte. Dennoch fing ich an, mich in dem notdürftig eingerichteten Unterricht, den wir jetzt hatten, etwas beweglicher zu zeigen und weiter nach vorn zu kommen, wenn auch ohne Ehrgeiz und immer mal wieder verstummend.

Unauffällig lebte ich fort mit den anderen, beteiligte mich hier und da an ihren Spielen, vor allem an den Wanderungen den Berg hinauf oder sonst irgendwohin, zum Schwimmen in ein entferntes Freibad oder, seltener, ins Kino, wohin wir eine Stunde brauchten.

Bei dem, was auf den Zimmern zuweilen sonst noch vorging, allein oder mit anderen, wie es im Beichtunterricht hieß, war ich erstaunt über die Selbstverständlichkeit, mit der bei manchen alles geschah. Sie machten kein großes Geheimnis daraus und versteckten sich nicht. Bei den älteren Schülern aber, deren Zimmer wir fast gar nicht betraten, gehe es, erzählte man, noch ganz anders zu.

Die Eltern, als sie eines Tages ganz überraschend zu Besuch kamen, stürzten mich in Verlegenheit, ja Verzweiflung. Ich wünschte auf unbegreifliche Weise, sie wären schon wieder fort und erlitt doch wieder das denkbar schmerzlichste Schuldgefühl dabei. Den mir täglich erlaubten Besuch bei ihnen schob ich so lange wie möglich hinaus und betrat oft erst spät, wenn es schon dunkelte, ihre Pension, wo sie eines abends auch bereits zu Bett gegangen waren, als ich ankam. Sie machten kein Licht und fragten aus dem Dunkeln heraus, warum ich fortbleibe, und was denn nur los sei. Ich fand keine Antwort, ging wieder ins Heim zurück und morgens mit ihnen zur Bahnstation, wo sie in jenes schnaufende und pfeifende Schienenfahrzeug einstiegen, mit dem hier alles ankam und wegfuhr. Ich sah noch lange auf die Strecke hinaus, bis das Bähnchen verschwand und bemerkte erst beim Zurücktreten, daß jemand hinter mir stand. Es war, mit geneigtem Kopf, bescheiden-eindrucksvoll, der Lagerleiter. Wir gingen über Felder, durch Wälder und auf Umwegen zurück ins Heim. Er versuchte viel Tröstendes. Sprach vom Krieg, dem Opfer eines jeden und derer vor allem, die, wie ich wohl wisse, den Vater oder Bruder verloren hätten in diesem Krieg. Auch würden die wenigsten, ließ er einfließen, so wie ich von den Eltern besucht werden. Danach gingen wir still nebeneinander, und ich sah, wie ernst er den Kopf gesenkt hielt. „Nun komm', komm' jetzt", sagte er einmal. Dann: „Freu' dich auch wieder. Die anderen warten auf dich". Und nach einer längeren Unterbrechung sagte er: „Es wird wieder gut. Vielleicht alles wieder einmal. Ich, wir alle, tun, was wir können für euch. Tun es gerne. Jeden Tag gerne, Glaub' mir. Wir freuen uns und tragen Sorge für jeden von euch". Vielleicht dachte er nicht immer genau an das, was er gerade sagte, aber doch sehr an etwas, weit darüber hinaus oder zurück. Nur, es kam nicht zur Sprache. Wenn ich mich überhaupt wieder ein wenig zurechtfand auf diesem Weg, empfand ich, dann war es ins Schweigen. Auch die Kameraden beim Pausenbrot, sah ich später, bewegten sich jeder in einem mitgleitenden Schweigen während sie redeten oder lachten.

Wenige Tage später erfuhren wir, daß ein auf den Führer verübtes Attentat mißglückt sei. Die Nachricht war mir zunächst nur wie ein Sprung durch alles Wahrnehmen gefahren. Zu beiden Seiten der schmalen Verwerfung blieb es so wie gewohnt. Zwar wurzelten irgendwo Fragen, aber sie stockten, verstummten sogleich. Täter und Opfer kaum näher bedacht. Nach dem Abendbrot ging ich hinaus in den Park und gesellte mich zu Leo, der die Sache anders begriff, das Schlimmste befürchtete. „Denk' mal", sagte er, „was jetzt vorgeht in ihm, und welche Rache er nehmen wird. An uns allen vielleicht". Allmählich erst entstand mein Interesse an den genaueren Umständen des Attentats, und meine Phantasie fiel über alles her, was wie und wo vorher, gleichzeitig, nachher geschehen sein mochte. Wir erfuhren jedoch nichts Genaues. Bei den meisten von uns blieb die Sache zwar eine Zeitlang bedenklich, verblaßte aber auch wieder rasch. Spätestens am folgenden Tag, als es jene großen, duftenden, mit Kirschen gefüllten, in zerlassene Butter getauchten, in Zucker und Zimt gewälzten Rundlinge aus Hefeteig gab. Knödel also, von denen einige zehn, die meisten allenfalls vier verdrückten.

Mit der Zeit kamen aber doch auch andere Eltern zu Besuch, und einige Mütter blieben sogar. Auch Leos Mutter war gekommen und holte ihn an den Sonntagen ab. Sie kam jedesmal um die Zeit, da die anderen die Messe besuchten, denn beide waren, wie Leo sagte: „gottgläubig".

Der Vater schrieb mit seiner säuberlichen, wie gestochenen Schrift, daß, wenn einmal längere Zeit keine Post komme, ich ruhig warten und nicht ängstlich werden solle. Die Mutter werkele mit Onkel Johann gerade im Garten, und die verwundete Krähe, die wir ja noch gemeinsam gepflegt und aufgezogen hätten, fliege krächzend von einem zum anderen. Die Franzosen im Saal seien natürlich auch noch da und ziemlich selbstbewußt. In Aachen habe es inzwischen noch viele Bombenangriffe gegeben, und er fahre länger schon nicht mehr täglich zum Dienst. Es sei fast kein Durchkommen mehr, und auch die ländlichen

Bezirke seien jetzt zunehmend betroffen. „Bleib Du nur schön brav und gesund und lerne fleißig. – Es grüßen Dich herzlich Vater, Mutter und Onkel Johann.

Inzwischen waren Sommerferien, und ich studierte Vaters Brief im Lager der Sioux-Indianer, das wir Jüngeren bewohnten. Unsere Feinde, die Älteren und Stärkeren, lagerten jenseits der Wiesen im tiefen Wald, aus dem sie heranschlichen, uns immer wieder überraschten, etwas verhauten und Beute machten. Manchmal versuchten sie auch, den mit einer Tür verriegelten Pallisadenzaun zu erstürmen, der eine Wiese einschloß, auf die man sich ehemals zum Sonnenbaden zurückgezogen hatte, und die nun unsere letzte Zuflucht war.

Unsere Feinde sahen beneidenswert echt aus. Sie trugen Federn im Haar, waren teilweise bemalt, heulten und tanzten in ihrem Wald, hatten sogar eine Trommel und ließen, obwohl es verboten war, manchmal auch Rauch aufsteigen. Was mir bei diesen Spielen allenfalls Spaß machte, war das wiederholte Anschleichen, oft auch auf eigene Faust, so daß ich vom Lager der Großen, an das ich tatsächlich schon mal herankam, mehr gesehen hatte als die meisten der anderen. So erspähte ich, daß sie kaum Zelte hatten, sondern in kleinen Laubhütten hausten, Gräben ausgeworfen und einen von Baumstubben umgrenzten Versammlungsplatz mit Marterpfahl angelegt hatten. In den Laubhütten, so schien es, herrschte sogar ein gewisser Komfort. Ich glaubte Tische, Decken, ja einen Teppich erkennen zu können.

Einmal hatten sie ein Mädchen dort, die Tochter eines älteren Lehrers, der dem Lehrbetrieb vorstand. Sie war in den Ferien zu Besuch hier und zog nach dem Frühstück mit dem feindlichen Stamm hinaus in den Wald. Das Gejohle der Jüngeren begleitete sie lange, und später wurden Späher ausgesandt, die aber erfolglos zurückkehrten, denn die Wachen am Waldrand waren verdoppelt worden. Ich wäre beinahe wieder allein hingeschlichen, überzeugte mich aber mit Leo davon, daß es eigentlich albern sei und verlungerte träge und lustlos den Tag. An den folgenden Tagen blieb ich überhaupt ganz weg und fand erst wieder zu den Kameraden zurück, als man zum Abschluß des Ferientreibens ein großes Räuber und Gendarm-Spiel veranstaltete, bei dem ich recht unangenehm auffiel.

Es gab unter den Älteren einen, der mich seit längerem schon fortwährend hänselte, herumschubste, meine Marinemütze mit Bändern, die ich sonntags trug, vom Kopf riß und irgendwo in den Dreck warf. Ich hatte das lange und mit langsam wachsendem Haß geschehen lassen, denn mich zu wehren, empfahl sich bei dem Größenunterschied, der zwischen uns bestand, nicht. Während der Schlußveranstaltung nun wurde ich zu den Gendarmen gezählt und geriet im Spiel einmal ungesehen in die Nähe eines Räubers, den ich sicher abzuklatschen hoffte. Da aber wurde von oben, aus dem Wipfel eines Baums, gewarnt und mein Name gerufen. Ich war verraten und der Räuber weg. Der verhaßte Quälgeist, den ich sogleich an der Stimme erkannt hatte, war der Verräter. Ich gab die Verfolgung auf, versteckte mich aber in der Nähe des Baums, auf dem ich meinen Feind wußte. Dabei griff ich nach meinem Fahrtenmesser, das ich heute angelegt hatte, und wartete. Als der andere endlich herabstieg und am Fuß des Baumes sich umdrehte, sah er mich mit dem Messer in der Hand und wohl auch, daß ich diesmal nicht nachgeben würde. Er kletterte jedenfalls schleunigst in den Baum zurück und rief laut um Hilfe. Ich wurde von anderen, die schließlich herbeiliefen, überwältigt. Man nahm mir das Messer ab und führte mich nach kurzer Beratung zum Lagerleiter. Zwar hatte ich mich dann vor allen entschuldigt, eine Predigt angehört, den fälligen Stubenarrest auf mich genommen, aber man hielt doch lange Zeit einen gewissen, fast ausschließenden Abstand zu mir. Auch der Lagerleiter sah oft nachdenklich zu mir herüber. Den Grund für meinen Jähzorn hatte ich zwar genannt, den Hintergrund aber verschwiegen. Mein Feind ließ mich gewähren seitdem.

Der Mohn stand reif auf den Feldern, als wir sonntagnachmittags einmal ins Dorf hinaufgingen, ein Puppenspiel anzusehen, das einheimische Jungen und Mädchen aufführten und märchenhafte Vorfälle aus der Gegend zum Gegenstand haben mochte. Das Ganze wurde in der hiesigen Mundart vorgetragen und war nicht immer verständlich. Immerhin aber zog mich im Chor der Sprechenden eine Mädchenstimme sehr an, die durch eine Art Gesang an gewissen Stellen so eigentümlich abstach von den Stimmen der anderen, daß es mich jedesmal berührte. Als wir nachher draußen zusammenstanden, um die Spieler zu sehen, mit ihnen zu reden und uns zu bedanken, hörte ich in dem kleinen Tumult, der entstand, jene Stimme sogleich heraus und sprach das Mädchen an. Aber kaum, daß wir ein Wort miteinander gewechselt hätten, kam der Befehl zum Abmarsch ins Lager und unmittelbar nach der Ankunft dort die Eröffnung, daß man auf der Stube, die auch ich bewohnte, einen Scharlachfall zu beklagen habe. Die Mitbewohner sollten für ein paar Tage in eine Art Gartenhaus ausquartiert und isoliert werden. Während der Schule und des Silentiums nachmittags könnten sie sich dort frei bewegen. Das Essen werde gebracht. Ich erinnerte mich, daß ein Junge auf unserer Stube gestern noch über Halsschmerzen geklagt und Fieber hatte. Jetzt lag er bereits in einem entfernteren Krankenhaus, und es mußte sich zeigen, was aus uns werde.

Wir schlenderten abends noch kurz vor Dunkelwerden in die Mohnfelder hinaus, pflückten und öffneten einige der trockenen Kapseln und ließen den Inhalt in unseren Mund rieseln. Der Sichelmond stand gelb am Himmel, als wir den Weg in unsere Behausung suchten, dann gingen wir schweigend zu Bett. Die Nacht war so still wie kaum je eine andere. Es folgten ähnlich stille Tage, deren Raum die Nächte ganz unvermerkt einnahmen, und nur das Erwachen morgens brachte eine gewisse Unterbrechung. Nach dem Frühstück, das wie jede Mahlzeit draußen unter einem Vordach für uns bereitgestellt wurde, zogen wir in den Wald, säumten und lehnten mal hier, mal dort, suchten langsam mal auf diesem, mal auf jenem Weg weiterzugehen, bis ganz entfernt die Glocke tönte und wir ohne Hast zurückgingen, unsere Mahlzeit einzunehmen. Nachmittags war es ähnlich, nur hörten wir dann öfter die entfernten Stimmen der Kameraden und einmal auch, was der Lagerchor drüben im Freien übte: „... wo ich viel tausendmal bin drüber gangen".

Nach einer Woche, sonntags, kurz vor der Abendmahlzeit, wurden wir endlich abgeholt und durften wieder zurück. Es war alles und allen gut gegangen inzwischen, und auch aus dem Krankenhaus kamen gute Nachrichten. Leo aber erzählte, der Lagerleiter sei in der Woche verreist gewesen und eben wieder zurück. Wahrscheinlich würden wir verlegt, denn das Heim sei nicht winterfest.

Noch aber hatten wir schöne Tage den Frühherbst hindurch, doch auch schon kältere waren darunter, und manchmal fanden wir abends den erleuchteten Speisesaal geheizt. Zwar spielten wir immer noch draußen, aber zunehmend drinnen, wo jetzt gebastelt, gesungen, vorgelesen und schließlich Theater gespielt wurde.

Wir hatten, zumal unter den Älteren, eine Reihe oft belachter und beliebter Spaßvögel, die schon öfter einmal für uns aufgetreten waren und auch hier die Initiative ergriffen. Auf mich verfiel man ebenfalls dabei. Allerdings nur zur Darstellung eines Requisits, eines lebendigen freilich und vielleicht nicht ohne Hintersinn, wie ich mir einbildete. Denn ich stellte, mitten auf der Bühne am Boden kauernd und von einer Decke verhüllt, einen Igel dar, auf dem sich einer der Hauptdarsteller im Spiel wie zufällig niederlassen sollte, um mit Schmerzenslauten gleich wieder aufzuspringen. Danach sollte ich dann auf allen Vieren davonlaufen.

Eindringlicher, fand ich, waren da schon die Abende, an denen die Sangeskundigen einstudiert Mehrstimmiges vortrugen. Mit Blick auf den mondbeschienenen Park vor unseren Fenstern und tatsächlich umgeben von einer „Dämmrung Hülle", hörten wir jenes bekannte Lied vielleicht wie noch nie, und ich selbst nicht ohne wachsendes Staunen und Nachdenken. An anderen Abenden kamen kleine Singspiele und Wechselgesänge zum Vortrag, in die auch die Zuhörenden mit einbezogen wurden, und manchmal gab es dann aus der Küche noch spät eine überraschende Zutat.

Die Zimmer waren dunkel, wenn wir in sie zurückkehrten, die Nächte schon länger kalt, der Wald herbstlich. Und eines Tages kam die immer schon angstvoll erwartete Nachricht von der Einnahme und Besetzung der Vaterstadt, der wahrscheinlich erfolgten Evakuierung unserer Eltern, deren Post schon seit einiger Zeit auf sich warten ließ oder ausblieb. Auch unsere Verlegung stand nun bald fest. Das neue Ziel hieß Karlsbad, und der Lagerleiter erklärte und erläuterte an den Abenden die Notwendigkeit des Wechsels, die Organisation der Fahrt, die Beschaffenheit der neuen Unterkünfte und nicht zuletzt auch die „Reize" der winterlichen Stadt in waldiger Umgebung.

In der letzten Nacht, die wir in unserem Heim verbrachten, war ich oft wach. Die Kameraden schliefen im mondhellen Zimmer auf den bereits abgezogenen Strohsäcken zwischen ihrem Gepäck, jeder mit seinem Schlafgesicht, das ich aus vielen Mondnächten kannte.

Am anderen Morgen schleppten wir nach einem kurzen Frühstück unser Gepäck im Dunkeln zum Zug, der uns zur nächsten Umsteigestation brachte. Es schien so, als sollte es den ganzen Tag über dunkel bleiben, und bei der Ankunft abends in der ganz verdunkelten Kur- und Lazarettstadt regnete es leise. Wir wurden von anderen, schon länger hier untergebrachten Jungen abgeholt, die uns zum neuen Quartier begleiten und beim Tragen des Gepäcks behilflich sein sollten. Ich hatte schlecht gepackt und viel Unnützes mitgenommen, Steine, seltsam geformte Wurzelstücke und sonst allerlei, von dem ich mich nicht trennen mochte. So aber kam ich selbst mit Beistand nicht gut voran. Wir blieben hinter den anderen zurück, die mit ihren Taschenlampen rasch außer Sicht waren. Der Junge, der mir bis jetzt geholfen hatte, lief allein vor, um Hilfe zu holen, kam aber leider nicht mehr zurück. Es regnete stärker inzwischen, und es gab auch Alarm. Ich ging langsam weiter die Straße entlang und gelangte schließlich in eine Art Park, wo ich mich hierhin und dorthin schleppte, kaum etwas sah und nur an den naß glänzenden Baumstämmen eine schwache Orientierung fand. In der Nähe eines kleinen, im Regen matt schimmernden Pavillons entdeckte ich auf einer Bank einen Mann und eine Frau, die eng aneinanderlehnten. Sie antworteten auf meine Fragen nicht, blieben reglos. Ich ging weiter und war gerade entschlossen, meine Koffer irgendwie umzupacken und das Überflüssige an Ort und Stelle zurückzulassen, als ich in einiger Entfernung jemanden singen hörte: „Schenkt man sich Rosen in Tirol/Weiß man, was das bedeuten soll". Ich rief laut, ging der Stimme nach und stand bald vor einem etwas angetrunkenen Mann, der das Licht seiner Taschenlampe über mich gleiten ließ und ein Offizier der Wehrmacht zu sein schien. Er hatte kaum erfahren, wie es um mich stehe, so schulterte er einen Koffer, nahm den anderen an die Hand und ging voran, aus dem Park hinaus und bald vor ein Hotel, wo wir in eine nach außen hin verdunkelte Eingangshalle gelangten. Es war dies mein Bestimmungsort und unsere neue Bleibe. Ich entdeckte die Meinigen unter anderen Jungen in der Halle sehr rasch, und mit lautem Hallo sie mich auch. Man hatte mein Ausbleiben erst kurz vorher entdeckt und war soeben dabei, eine Gruppe zusammenzustellen, die mich suchen sollte. Auch der Lagerleiter kam mit ausgebreiteten Armen herbeigelaufen. Mein Offizier aber schien an solcher Wiedersehensfreude wenig Anteil nehmen zu wollen. Er verlangte scharf und laut, alle Verantwortlichen und Zuständigen zu sehen, wurde aber von unserem Lagerleiter mit einer überraschend energischen Wendung des Kopfes, den er anschließend wie unerbittlich senkte, in ein Zimmer gebeten, das sich hinter beiden rasch schloß. Nicht lange und mein Helfer kam wieder heraus und verließ kaum grüßend die Halle. Es war mir nach allen Seiten hin peinlich und unangenehm, was hier vorging, aber ich fand keine Zeit, mich zu erklären, denn man führte mich über elegante Treppen rasch nach oben in meine neue Behausung. Als ich eintrat, gab es gerade Entwarnung und natürlich Gelächter darüber. Dann ging es sogleich wieder hinunter in den warmen Speisesaal, in dem wir, wie auch auf den Zimmern, mit gleichaltrigen Jungen einer anderen Schule zusammen waren. Es gab „Himmel und Erde", von denen wir reichlich genossen.

In den nächsten Wochen und Monaten aber ging es mir schlecht. Weder meine Wäsche noch die übrige Kleidung waren für den Winter geeignet. Zwar hatte ich wenigstens eine lange Hose, eine sogenannte Überfallhose, aber Schuhe, Strümpfe und Unterhosen waren in einem miserablen Zustand, so daß ich nicht nur unter Erkältungen und Halsschmerzen litt, sondern mit der Zeit auch fast regelmäßig das Bett näßte. Die ständig feuchte, tagsüber im kalten Zimmer nicht trocknende Bettwäsche, die ich aus Scham nicht ablieferte, suchte ich Nacht für Nacht heimlich umzuordnen, um eine halbwegs erträgliche Stelle zu finden, mich auf ihr unbeweglich, vor allem aber wach zu halten. Einen brauchbaren Schlafanzug hatte ich schon lange nicht mehr. Meine Erkältungen, die glücklicherweise nicht oder kaum fiebrig verliefen, nur überaus schmerzhafte Schluckbeschwerden hervorriefen, suchte ich ebenfalls zu verbergen, was eigentlich nicht schwierig war, da die Zahl der im Hotel untergebrachten Jungen fast doppelt so groß war wie vordem in unserem Heim, so daß die Aufsicht etwas nachließ. Statt dessen kontrollierte, was vorher nie geschehen war, der Lagermannschaftsführer der HJ in Winteruniform und prüfte, während ich in höchsten Ängsten daneben stand, blickweise den ordnungsgemäßen Zustand der Betten und Schränke.

Post an die Eltern versandte ich nicht, da ich nicht wußte, wo sie waren, und auch sie fanden mich offenbar nicht. So vergingen die Tage und Wochen oft traurig, aber ich fand mich immer wieder und einigermaßen geduldig zurecht. Mein Interesse in den Schulstunden wuchs. In den geheizten, nicht allzu großen Zimmern eines anderen Hauses, wo unser Schulunterricht stattfand, war ich bei einer Lektüre oder Arbeit auch nachmittags anzutreffen.

Gern hätte ich mit meinem Lagerleiter, der es zum Teil auch hier noch war, über das Bettnässen gesprochen. Aber wenn er mir manchmal auf der Treppe begegnete und grüßte wie immer, fand ich den Mut nicht dazu. Dafür schloß ich mich wieder enger an Leo an, obwohl ich auch hier meine Nöte verschwieg. Aber auch er schien mir etwas zu verschweigen. Ich hatte erzählen hören, daß sein Vater bei der Einnahme Aachens von den Amerikanern erschossen worden sei. Genaueres hierüber wußte niemand, und ich vermied es, danach zu fragen, obwohl unser Gespräch es oft nahelegte, denn wir sprachen jetzt sehr häufig über unsere Väter, deren Art recht verschieden war, in manchem aber auch wieder sehr ähnlich.

Es waren mit der Zeit viele, an die ich nachts dachte, um mich wach zu halten. Ich dachte an meinen Bruder, die Eltern, meine gefallenen Vettern, an Klaus Flesch und Heinrich Verviers, an die Verwandten, der Reihe nach und ans „Vater unser", das mir geblieben war aus dem Kommunionunterricht.

Auch hierüber sprachen wir gelegentlich, Leo und ich, wenn wir durch die winterliche Kurstadt gingen, deren berühmter Brunnen jetzt überdacht war und reichlich spendete, was wir auf unseren Zimmern vermißten, Wärme und warmes Getränk. Wir trieben uns lange da herum und gingen erst am Nachmittag, wenn die späte Wintersonne hereinschien, wieder auf unser Zimmer oder eher noch auf eine Stunde an unsere Schularbeiten im stillen, wohl temperierten und gut erleuchteten Arbeitsraum des Schulhauses, der um diese Tageszeit fast leer war.

Es schien überhaupt, als hätte ich inzwischen etwas gefunden, fortsprechend in mir, daß, wenn es mir frühmorgens gelungen war, wegzustecken, worunter ich körperlich litt, der Tag jeweils hielt, was ich mir – bescheiden genug – von ihm versprochen hatte. Unterbrochen freilich von den Augenblicken, in denen früher oder später die Post verteilt und mein Name nicht aufgerufen wurde, was wieder und wieder geschah, seitdem wir hier waren. Danach ging es lange nicht leicht und wurde erst wieder besser, wenn ich mit Leo sprach und anfing, auf den nächsten Tag meine Hoffnung zu setzen.

Tagsüber war es mittags oft strahlend, gelb leuchtend am Winterhimmel. Morgens zeigte sich ein rasch verblassendes Rot, das abends kräftiger schien und längere Zeit festlag hinter den Bergen.

Was es an Andenken gab in der Badestadt, kauften wir auf. Darunter auch ein kleines, klobig getürmtes Steingebilde, „Hirschensprung" genannt, auf dessen Spitze ein zierlicher Hirsch angebracht war. Es lag schwer in der Hand und war mir lieber als Ansichtskarten und gerahmte Bilder.

Dann kam die Weihnachtszeit und am sehr kalten Heiligen Abend unter Leitung des Lagermannschaftsführers der Marsch zu einer Art Gedenkhalle mit hoch aufloderndem Feuer und Fahnen im Inneren. Hier hörten wir in der Eiseskälte eine kurze Ansprache und sangen bei einbrechender Dunkelheit das Lied „Hohe Nacht der klaren Sterne/Die wie weite Brücken stehn". Der Abend daheim, im Speisesaal des Hotels, verlief durchaus festlich, leuchtend, tannenduftend, und das denkbar Mögliche war angerichtet. Wir standen zunächst an unseren Plätzen bei Tisch, wobei der Fuß an mancherlei Geschenke stieß, die an dieser Stelle noch unter dem Tisch verborgen blieben. Der Lagerleiter sprach in seiner Art einfach, aber eindringlich von allen Einschränkungen dieser sechsten Kriegsweihnacht, welche die meisten von uns zum ersten Mal ohne Eltern verlebten, die uns gewiß niemand ersetzen könne, aber doch nach Kräften vertreten würden durch alle, die mitgeholfen hätten bei dieser schwierigen Weihnacht. Als er leise und ernst geschlossen hatte, wurde „Stille Nacht, Heilige Nacht" angestimmt und anschließend getafelt.

Endlich, und nach gehörigem Abstand, sahen wir dann auch nach dem, was jedem einzelnen von uns beschert worden sei. Dabei kam an meinem Platz zunächst ein zwar ramponiertes, aber noch recht gut verschlossenes Paket zum Vorschein, auf dem ich sofort die säuberlichste Druckschrift des Vaters erkannte. Es war das erste Lebenszeichen der Eltern seit langem, an einem mir unbekannten Ort abgeschickt und Nachrichten enthaltend, die mich fürs erste beruhigten.

Die Eltern und alle Verwandten aus dem Umkreis der „Vier Jahreszeiten" lebten nach ihrer Evakuierung unter sehr dürftigen Verhältnissen auf einem Zimmer, aber sie lebten. Man habe immer wieder nach meinem Aufenthalt geforscht, viel geschrieben, nie etwas Genaues erfahren und erst in diesen Tagen – Mitte November 1944 – die hoffentlich zutreffende Adresse erhalten und sofort ein Paket abgeschickt. Dann folgten zahlreiche Fragen, die ich alle sorgfältig be-

antworten sollte. Schließlich: „Schreibe bitte sofort!!! Die Adresse gut leser-
lich!!! Vater und Mutter". Das Paket enthielt Strümpfe, Strickhandschuhe, einen
Pullover, warme Unterwäsche und einen weichen, grauen Schlafanzug. Dazu ein
paar geschrumpfte Äpfel, an denen ich lange roch.

Natürlich schrieb ich sofort, deutete alles an, aber beklagte mich nicht.
Dennoch – sie kamen. Bald schon. Mitte Januar etwa fing mich der Lagerleiter
auf der Treppe ab und eröffnete mir, was ich kaum glauben konnte. Der Vater
hatte aus Eger schon angerufen. Ankunft in Karlsbad Hauptbahnhof: heute um
20 Uhr.

Ich ging im Dunkeln bei Schneetreiben und mit starken Halsschmerzen
hinaus. Auf dem Bahnsteig wartete ich lange, denn der Zug hatte Verspätung. Im
Wartesaal, der mit Soldaten überfüllt war, hörte ich im Drahtfunk von durchflie-
genden Bomberverbänden. Endlich wurde der Zug gemeldet, und ich stand auf
dem schlecht beleuchteten Bahnsteig etwas zurück, so daß ich die eilig vorbeiha-
stenden Eltern erst rufen, mich bemerkbar machen mußte. Doch auch jetzt
noch, als sie vor mir standen, schienen sie mich nicht gleich zu erkennen. Erst als
die Mutter ihr Gesicht sehr nahe an meines heranbrachte, erkannte sie mich, und
ich bemerkte den Schrecken in ihren Augen. Wir standen im Schneetreiben einen
Augenblick eng und wortlos beisammen, dann ging der Vater voran, ließ sich
den Weg zum Hotel erklären, wo dann nichts mehr zu verheimlichen war, aber
alles schon viel besser ging. Das mit Teppichen ausgelegte Zimmer war warm.
Was es zu Abend gab, wurde hier eingenommen, dazu viel Heißes, auch später
ein Medikament. Üppige Betten im Hintergrund, schwere, geschlossene Vorhänge, gedämpftes Lampenlicht, die summende Heizung, Bilder an den Wänden,
darunter ein Jagdstück. Der Vater war noch einmal hinunter an die Rezeption
gegangen, telephonierte. Und siehe da, ich durfte eine Nacht bleiben, hatte der
Lagerleiter gesagt, auch den Tag über noch, aber länger nicht, und danach nur
noch für eine verabredete Zeit. So blieb ich und schlief warm, lange und trocken.
Auch das Schlucken beim Frühstück ging schon viel leichter.

Die Eltern sahen die Bezugsscheine durch, und die Mutter legte frische Wäsche für mich bereit, die sie mitgebracht hatte. Dann gingen wir neue Strümpfe
einkaufen und fanden nach längerem Suchen auch ein Schuhgeschäft, in dem
Ware eingetroffen war, darunter ein Paar hohe Winterschuhe mit hellem kräftigen Leder, die gut paßten und wie ein Bollwerk waren an meinen Füßen, sofort
warm und undurchlässig. Es war großartig. Noch eine Decke wurde irgendwo
aufgetrieben, aber nun sei er arm, sagte der Vater.

Abends brachte er mich spät ins Heim zurück, das er selbst nicht betrat,
und wir verabredeten uns für den nächsten Mittag. In der darauffolgenden Nacht
schon mußten sie wieder zurück. Wenn alles gut gehe, seien sie in zwei bis drei
Tagen daheim. Die Kameraden schliefen bereits, als ich eintrat.

Kurze Zeit später erkrankte Leo offenbar ernsthaft. Er mußte ins Krankenhaus, wo seine Mutter den ganzen Tag um ihn war, und auch ich besuchte ihn

einmal dort, durfte aber nicht zu ihm. Er stand am Fenster und winkte lächelnd nach draußen, und ich winkte zurück. Danach habe ich ihn nicht wiedergesehen.

Es lag Mitte Februar immer noch Schnee, als meine Mutter eines Tages mit einem großen Koffer unten in der Halle stand. Ich solle einpacken. Sofort. Noch am Abend würden wir abreisen. Nur, der Lagerleiter hatte widersprochen und rief mich nachmittags zu sich auf sein Zimmer. Er war wie immer sehr eindringlich und setzte mir seine Verantwortung auseinander, die er zu tragen gelobt habe und die seine höchste Pflicht, ja sein Lebenszweck selber geworden sei in dieser schweren Zeit. Er sprach lange, mit gesenktem Kopf hinter der Schreibtischlampe, deren Schirm er tief herabgezogen hatte. Es lag überhaupt alles in einem Halbdunkel ringsum, so daß ich in einer plötzlichen Erschöpfung den Konflikt fast vergaß und nahe daran war, einzuschlafen. Zu einer genaueren Aufmerksamkeit fand ich erst wieder zurück, als er schon geschlossen und sich erhoben hatte. Wir gingen zur Tür, wo er mir die Hand drückte und dann doch hinzufügte: „Nun fahre in Gottes Namen und wohlbehalten mit deiner Mutter, und bleib' wie du bist".

Auch ihn habe ich nicht wiedergesehen. Was er aber da gesagt hatte, beim Abschied, zuletzt, griff auf dem Weg zum Bahnhof undeutlich um sich in mir und beschäftigte mich lange.

Es begleitete uns, wie ich jetzt erst sah, noch ein anderer Junge, den ich nur flüchtig kannte, zum Bahnhof. Seine kranke Mutter, die durch irgendwen von dem Unternehmen unterrichtet worden war, aber in einem anderen Ort lebte, hatte die Mutter inständig darum gebeten und alle Vollmachten erteilt.

Der erwartete Zug, den wir nehmen mußten, stand bei der Ankunft am Bahnhof nicht wie erwartet bereit. Er werde erst sehr viel später eintreffen und außerdem schon überfüllt sein, hieß es. Wir gingen in den ebenfalls überfüllten Wartesaal, und die Mutter bereitete uns auf ähnliche Unterbrechungen, überhaupt auf die Strapazen, ja Gefahren der Reise vor, die, wie schon die Herreise, wahrscheinlich drei bis vier Tage dauern werde. Auf das Warten müsse man ebenso gefaßt sein wie auf unvorhergesehenes Umsteigen und längeres Anhalten, wenn es Luftalarm gebe und der nächst gelegene Bunker oder Schutz aufzusuchen sei. Dann erklärte sie uns, wie wir uns zu verhalten hätten, das heiße vor allem: dicht bei ihr und in jedem Fall zusammenbleiben, der eine vor, der andere hinter ihr, und auf alle ihre Zurufe sofort und laut antworten. Sie habe auf der Herreise gesehen, wie rasch man in dem außerordentlichen Gedränge auf den Bahnsteigen, beim Einsteigen und in den Zügen selber sich verlieren könne. Wenn einer von uns abgedrängt werde, was leicht geschehen könne, denn es gehe reichlich rücksichtslos zu, sei dies durch Zurufe sofort anzuzeigen. Also: immer zusammenbleiben und sich fortwährend verständigen. Es könne auch geschehen, daß sie uns einmal für eine kurze Zeit verlassen müsse, um Erkundigungen einzuholen oder günstigere Umstände auszuspähen. Dann sollten, dann müßten wir unter allen Umständen am Ort bleiben und uns nie von der Stelle, wo sie uns verlassen habe, wegbewegen. Sie rückte unterdes das Gepäck dichter zusammen, richtete unsere Mäntel und Mützen und empfahl uns, auf der Bank, wo wir äußerst eng beisammen saßen, etwas zu schlafen. Dann sprach sie mit anderen Wartenden, erkundigte sich fortwährend nach etwas und verließ uns auch einmal kurz, um weiter entfernt Wartende zu befragen, an die man sie verwiesen hatte. Einmal war sie ganz verschwunden, kam aber bald wieder zurück mit dem leisen Bescheid, es gehe bald los. Wir sollten nun ohne Hast unser Gepäck aufnehmen und ihr langsam folgen. Jetzt informierte auch die Lautsprecheransage darüber, daß der erwartete Zug zwar vorerst nicht eintreffe, dafür aber hier am Ort ein Zug mit geringerer Wagenzahl eingesetzt werde. Die Menge erhob sich rasch, drängte und zerrte und schob sich ruckweise auf den Bahnsteig hinaus. Als der Zug endlich einlief, waren wir schon etwas näher an die Bahnsteigkante herangekommen und, als er hielt, auch in die Nähe einer Tür, vor der aber sofort ein Gedränge entstand, dazu lautes Rufen, um die Lautsprecheransagen der Bahnhofsleitung zu übertönen, auf die ohnehin niemand achtete. Auch die Mutter rief vorwärts drängend unsere Namen, und wir antworteten wie befohlen, bis wir endlich durchkamen und drinnen einen halben Platz eroberten. Der Zug setzte sich bald in Bewegung, hielt aber nach kurzer Fahrt wieder an und stand lange. Endlich ging es dann weiter und durch bis der Morgen graute und wir in eine riesige Bahnhofshalle, es mag die in Leipzig gewesen sein, einfuhren. Wir stiegen aus, wurden aber angewiesen, sofort weiterzugehen, denn der Bahnsteig wimmelte von Soldaten, die auf unseren Zug schon gewartet hatten, der hier zum Militärtransportzug erklärt wurde und in Richtung Westen fahren sollte. Die Mutter blieb dennoch auf dem Bahnsteig und führte uns im Rücken der Soldaten einige Male hin und her, um den Militärkontrollen, die den Transport durchkämmten, Marschbefehle prüften und Zivilisten zurückwiesen, jeweils auszuweichen. Als dann Befehle und Zeichen zur Abfahrt gegeben wurden, stiegen alle ein, auch die Kontrolleure, aber nach einem Wink der Mutter auch wir, wobei uns Soldaten, mit denen sie sich bereits vorher verständigt zu haben schien, in der Eile fast hineinhoben. Im Zug wurden wir rasch weitergeschoben und landeten in einem Güterwagen, wo wir zwischen Kisten und aufgestautem Gepäck einen Platz fanden. Ein älterer Offizier, der mit ein paar Soldaten hier ebenfalls zu bleiben gedachte, reichte uns sofort einige Decken, die hier gestapelt waren, denn der Wagen war nicht geheizt.

So bargen und versorgten wir uns notdürftig und erhielten später, als der Zug schon längere Zeit fuhr, von unseren Begleitern sogar ein paar Brote. Zwar gab es häufige Unterbrechungen, aber wir kamen doch einigermaßen vorwärts, so schien es. Die Mutter wechselte hin und wieder ein paar besorgte Worte mit dem älteren Offizier, der fortwährend rauchte, sie in allem beruhigte und erzählte, er habe einige Tage Urlaub und müsse nach Süddeutschland. Dann sprachen sie über den Zustand der Städte im Westen, über die Evakuierung und der Offizier von seinen Söhnen im Krieg und davon, daß jetzt alles rasch zu Ende gehe, im Sommer wahrscheinlich, wenn nicht früher schon. Mich aus dem Osten weggeholt zu haben, sei jedenfalls eine richtige Entscheidung gewesen. Er wünsche zu allem Weiteren viel Glück, und das wünschte die Mutter ihm auch.

Es hatte inzwischen wieder zu dunkeln angefangen, und wir zogen uns noch tiefer hinter Kisten und Gepäck zurück. Einmal waren vorne Stimmen im Wagen zu hören, und Taschenlampen leuchteten auf, danach blieben wir unbehelligt und schliefen, wenn denn das unbegreifliche und ohrenbetäubende Rattern und Heulen des Zugs an bestimmten Wegstrecken es zuließ. Ich dachte zuweilen an die Kameraden und einige ihrer Schlafgesichter zurück, an das, was sie morgen vielleicht tun und erleben würden und an den Brief, den einer mir mitgegeben hatte, um ihn nach der Ankunft abzuschicken. Das Heulen des Zugs schwoll manchmal so an, daß ich unwillkürlich laut vor mich hinsprach, aber mein eigenes Wort nicht verstand.

Im Morgendämmern bemerkte ich zunächst den Offizier, der seine Hand mit etwas Schokolade nach uns ausstreckte, und beobachtete dann zum ersten Mal den Jungen, der mit uns fuhr, etwas genauer. Er kaute und grübelte vor sich hin und antwortete auf meine Frage lächelnd, daß er gerade an seine Briefmarkensammlung gedacht habe, die er, wenn man sie wirklich, wie seine Mutter geschrieben hatte, bei der Evakuierung vollständig mitgenommen habe, neu ordnen und einrichten werde. Wir sprachen noch weiter über Sammlungen und ihre möglichen Einrichtungen, wobei ich die Kenntnisse des Jungen und die Art, wie er sie vor mir ausbreitete, sehr bewunderte und, angesteckt von der Sache, ihn ausführlich befragte.

Leider mußten wir an der nächsten Haltestation dann doch wieder raus, denn der Zug sollte, unseren Annahmen und den Auskünften entgegen, nach Süden weiterfahren. Wir konnten dann aber sehr rasch in einen anderen Zug umsteigen, der jedoch wegen Fliegeralarm irgendwo wieder anhielt. Rufend und antwortend, kamen wir abermals in ein heftiges Gedränge und landeten schließlich in einem kaum beleuchteten Luftschutzkeller mit schlechter Luft. Hier mußten wir einige Stunden ausharren, denn es gab mehrfach Einschläge und Beschuß von Tiefffliegern draußen, und zweimal kamen bei kürzerem Türöffnen Scharen von Schutzsuchenden neu hinzu, darunter Verletzte und frisch Verbundene, einige auf Tragbahren. Der Bahnhof, so hieß es, stehe in Flammen. Das traf zwar nicht zu, wie wir später sahen, wohl aber war auf der Strecke ein Zug in Brand geschossen worden. Zugverkehr gab es erst wieder nach weiteren Wartestunden, darunter endlich auch eine Möglichkeit, deren Ansage die Mutter mit großer Erleichterung aufnahm. Ein mir unbekannter Ortsname war ausgerufen worden, und genau das, so erklärte sie uns, sei eine der letzten größeren Zwischenstationen auf unserer Reise; von da aus werde wahrscheinlich alles rasch und zügig gehen.

Es ging aber zunächst wieder nur langsam voran, mit vielen Unterbrechungen und einem weiteren Aufenthalt im Luftschutzkeller. Den ersehnten Ort erreichten wir jedenfalls sehr viel später als erwartet. Die Bahnsteige hier waren zunächst sehr überfüllt, dann wurden sie rasch leerer, und die Mutter konnte unseren Gefährten sehr bald in einen Zug setzen, der ihn nach wenigen Stationen an sein Ziel bringen würde, wo er sich bei der Bahnhofsleitung sofort melden solle. Auch fand sich jemand, der die Strecke öfter fuhr und Beistand versprach. So verabschiedeten wir uns herzlich und verabredeten, einander zu schreiben. Wenig später setzten auch wir die Reise fort und erreichten sehr spät am Abend unser Ziel. Zwar war in der Dunkelheit nicht viel zu sehen, aber es wehte ein eigentümlich warmer Wind, und auf den Straßen, durch die wir gingen, war es sehr still. Als wir das Haus, in dem die Eltern und Verwandten jetzt untergebracht waren, erreicht hatten, schloß die Mutter leise auf, führte mich ein paar Treppen hinauf und öffnete am Gang eine Tür. Ich sah den Vater so spät noch mit einigen Verwandten unter der Lampe an einem runden Tisch sitzen. Sie blickten stumm und regungslos zu uns herüber, bis die Mutter vollends eintrat und sagte: „Da sind wir wieder".

Mehr als ein Dutzend Personen, erzählte man mir, hätten hier anfangs auf zwei Zimmern gehaust. Jetzt waren es mit mir immer noch sieben. Aber es gab Zentralheizung in dem großen und weitläufigen Haus, in dessen unteren Räumen das Katasteramt untergebracht war. Man schlug sich durch, wie ich sah, teilte und stritt miteinander.

Der Vater war sehr oft nicht da und weit umher mit der Unterbringung evakuierter Amtsunterlagen und Ähnlichem beschäftigt. Als dies ausgeführt war oder nicht weiter durch ihn mitbesorgt wurde, tat er seinen gewöhnlichen Dienst im Hause selbst. Zwar wurde ich bald nach meiner Ankunft im hiesigen Gymnasium angemeldet, aber die Schule schloß bald. Die Stadt litt mehr und mehr unter den Auswirkungen der heranrückenden Front. Es gab viel Alarm, auch wegen der immer häufiger werdenden Tieffliegerangriffe. Die Tage aber wurden heller und heller. Das Frühjahr kam. Die Reihen der nach Osten hin weiterfliegenden Bombergeschwader am Himmel waren gut zu sehen, doch ich hatte schon längst aufgehört, sie zu zählen.

Es gab immer noch Radionachrichten und Sendungen, in denen vom Durchhalten und zu erwartenden Vergeltungen die Rede war. Dabei kam es einmal zu einem Streit, den ich dadurch herbeigeführt hatte, daß ich das ganz und gar Schmähende und ausnahmslos Niedermachende im Reden meiner Verwandten, die sich hermachten über alles, was unsere Seite betraf, nicht mehr ertrug, mir die Ohren zuhielt, zu schreien anfing, ja schließlich an Händen und Füßen festgehalten und von irgend jemand geohrfeigt wurde.

Der schon bestehende Zwist zwischen den Verwandten und den Eltern, die mich in diesem Streit zu erklären suchten, vergrößerte sich seitdem täglich und erschwerte das Zusammenleben in der gegebenen Enge erheblich. Der Vater wagte nach einigen Vorbereitungen den Versuch, mit uns fortzugehen, noch weiter ins Landesinnere oder nach Süden. Wir fanden auch zunächst eine Mitfahrt in einem Militärfahrzeug, das in der gewünschten Richtung unterwegs war. Nach zwei, drei Stunden aber, die Fahrt hatte am frühen Abend begonnen, war der Holzgenerator des Wagens defekt, und wir mußten versuchen, andere Fahrzeuge anzuhalten, um weiterzukommen. Das gelang nach vielen Fehlschlägen mit einem offenen Lastwagen, auf dessen locker liegender, fortwährend rutschender Fracht wir uns in der Dunkelheit und bei eisigem Fahrtwind zu halten suchten, bis wir in einem größeren Ort ausstiegen, wo wir hofften, mit der Bahn weiterzukommen. Wir betraten einen zugigen, zum Teil zerstörten Wartesaal, der mit Menschen und Gepäck vollgestopft war, aber es kam nie zu einem wirklichen Aufbruch. Zwar geschah es, daß jemand mit einer Trillerpfeife hereintrat, einen Ortsnamen ausrief und damit einen Teil der Menge in Bewegung setzte. Kurz darauf aber kamen die meisten schon wieder langsam zurück. Ringsum wurde von nichts anderem gesprochen, als von ausgefallenen Zügen, verstopften oder durch Tiefflieger zerbombten Strecken, von den rasch heranrückenden, teils umzingelnden Linien der Amerikaner hier und den von Russen schon besetzten Gebieten dort. Und täglich werde es schlimmer. Der Vater ging umher, fragte, besprach sich mit der Mutter, ging wieder umher und zuletzt noch einmal hinaus, Erkundigungen einzuholen. Danach kam er zurück und nickte. Wir bestiegen eben den offenen Lastwagen, mit dem wir zuletzt unterwegs waren, noch einmal, nur diesmal fuhr er rasch durch den immer heller und freundlicher tagenden Morgen zurück an den Ausgangspunkt unserer Flucht. Die Verwandten waren wenig erbaut.

Die Front rückte näher und näher, und der Luftkrieg verschärfte sich. Einmal überraschten mich Tiefflieger auf freiem Feld, als ich im Nachbarort schon früh für Brot angestanden hatte und, eine Abkürzung nehmend, auf dem Heimweg war. Ich gelangte jedoch noch bis an den Rand eines Wäldchens, wo ich tief unter ein Kieferngebüsch kroch. Hier beobachtete ich, wie „Lightlings", die ich jetzt zum ersten Mal sah, jeweils genau über mir zu wenden schienen, dann tief an die Stadt heranflogen, feuerten, mit heulendem Motor wieder Höhe gewannen und nach einem Bogen, den sie ganz schräg liegend durchflogen, den Angriff wiederholten. Wenn sie über mir ansetzten und einen Augenblick sehr viel langsamer zu fliegen schienen, so daß ich eine Reihe von Einzelheiten erkennen konnte, war der Lärm so dröhnend und betäubend, daß mir der Atem stockte.

Als ich nach Hause kam, waren wieder einmal Auseinandersetzungen im Gange, die jetzt meinen Vater betrafen, der erneut wegwollte, aber diesmal und zur äußersten Besorgnis aller, allein. Er wollte zur Front und sich freiwillig melden. Niemand brachte heraus, was ihn dazu bewog, denn er schwieg, und auch die Mutter, der er es gesagt haben mochte, schwieg. Nach einigen Tagen nahm er morgens Abschied, umarmte die Mutter lange und ging rasch aus dem Haus. Ich durfte ihn eine Weile begleiten, zunächst in die Stadt, wo irgendwo Papiere ausgestellt wurden, dann hinaus bis an die Landstraße, wo wir anhielten und noch andere Männer standen, die sich fortgemeldet hatten. Der Vater verabschiedete sich nun auch leise von mir, bat mich, der Mutter nach Kräften beizustehen, erklären aber könne er in Kürze nichts. Dann schloß er sich den anderen, die sich bereits auf den Weg gemacht hatten, an, winkte noch einmal und kam hinter einer Wegbiegung außer Sicht. Mir ging es schlecht auf dem Heimweg, und ich quälte mich sehr. Zu Hause fand ich die Mutter schweigend bei der Arbeit und half ihr so gut ich konnte und wußte.

Es gab auch noch andere Frauen im Haus, denen ich half, weil sie mich oft darum baten. Es waren Angehörige der Frauenschaft, die bei Alarm mit locker umgehängten Pelzmänteln im Keller erschienen, manchmal auch Rotwein ausschenkten oder einen kräftigen Eintopf für uns alle machen ließen. Der Vater hatte sie immer gemieden und wußte die Mutter und mich lieber in dem etwas entfernten Luftschutzstollen, wenn es sich machen ließ, doch der Weg dahin zog sich bei Alarm, und so blieben wir meist zu Hause. An meinem 13. Geburtstag aber, kurz bevor der Vater uns verließ, waren wir noch einmal den ganzen Tag im Stollen gewesen, obwohl die Bomber unser Gebiet nur überflogen, dies aber unaufhörlich.

In der Nacht nach dem Tag, an dem der Vater fortgegangen war, flogen die Bomber einmal nicht, und es blieb alles ruhig. Ich träumte mehrere kurze Träume von der Rückkehr des Vaters, daß er unten vor dem Haus stehe und leise zu uns heraufrufe. Dann wachte ich plötzlich auf, und es war tatsächlich der Vater, der unten rief. Ich lief mit dem Schlüssel hinunter und ließ ihn herein. Sie hatten ihn nicht mehr genommen, erzählte er, nicht mehr gebraucht. Die Einheit, bei der er sich melden sollte, war bereits abgezogen oder bestand nicht mehr, und er war sofort wieder zurückgegangen.

An den folgenden Tagen brachte die näher rückende Front auch Geschützfeuer, das bisher nur aus einiger Entfernung zu hören war. Es gab Einschläge in der Stadt und eine ziemliche Aufregung unter den Frauenschaftlerinnen. Sie baten mich dringend, in einem nahe gelegenen Lazarett, das in einer Schule notdürftig untergebracht war, einen Brief abzugeben und auf Antwort zu warten. Gegen den Willen der Mutter machte ich mich auf den Weg, mußte mich auch einmal irgendwo hinwerfen, als es heulte, kam aber sonst gut durch und übergab den Brief einem Offizier, der ihn weiter zu besorgen versprach. Auf Antwort wartete ich freilich vergeblich. Ich stand herum, atmete den Geruch der verdünnten Karbolsäure ein und sah auf die in den Fluren abgestellten Verwundeten, deren Verbände von Blut meist durchnäßt waren. Als ich vor weiteren Verwundeten, die man hereintrug, stolpernd auswich, wurde ich scharf hinausgewiesen und lief durch Mannschaften und Wagen hindurch ins Freie, dann wieder nach Hause. Wenig später wurden die Frauenschaftlerinnen mit einem Militärwagen abgeholt. Sie verabschiedeten sich sehr hastig und ließen Wein und Lebensmittel bei uns zurück. Wir erfuhren später, daß es sich bei den Damen um höherrangige Frauenschafsleiterinnen gehandelt habe. Auch andere Personen, die im Haus wohnten oder dort untergebracht waren und höher gestellte Personen der Parteiführung zu sein schienen, waren mit eingestiegen und fortgefahren.

Dann kamen eines Tages, als die deutschen Truppen in der Stadt sich über Nacht abgesetzt hatten, die Amerikaner. Es geschah nachmittags, bei schönstem Aprilwetter, nach vorausgehender Stille. Kein Geschützfeuer, keine Tiefflieger. Der Vater und ich beobachteten, wie sie vereinzelt in den Gärten der Parallelstraße Deckung suchten und plötzlich auch vor unserem Haus auftauchten, ohne daß ein Schuß gefallen wäre. Der Vater rief uns alle rasch zusammen, öffnete die Haustür weit, und wir traten ins Freie, wo wir uns nebeneinander aufstellten. Die Amerikaner gingen zur Durchsuchung hinein und schickten den Vater voran. Wir hatten aber nichts zu verbergen, nur die Büro- und Aktenräume der Katasterbehörde im unteren Teil des Hauses bedurften offenbar einer Erklärung. Der vorgesetzte Corporal des Trupps, mit dem wir es zu tun hatten, sprach und verstand im übrigen Deutsch. Dennoch gingen er und ein schwarzer Soldat, den er heranwinkte, noch einmal ins Haus, und sie fanden dann doch noch etwas. Der Schwarze ein im Flur abgestelltes schweres Motorrad, das er vorsichtig und mit sichtlichem Vergnügen durch die Haustür ins Freie bugsierte. Der Corporal aber einen Revolver, den er in der erhobenen Hand mit finsterer Miene herbeitrug. Es gab sogleich ein längeres Verhör, bei dem der Vater noch einmal ins Haus geführt wurde, während das Motorrad längst von Soldaten umringt war, die vergeblich am Lenkschloß hantierten.

Die Straße füllte sich nach und nach mit amerikanischen Soldaten und ihrem merkwürdigen Englisch, das niemand von uns verstand. Auch nicht der pensionierte Lehrer von gegenüber, dessen prächtige Offiziersdegen, die er wohl als gekreuzte Erinnerung an seine Dienstzeit im ersten Weltkrieg zur Zierde aufbewahrt haben mochte, sich unter den Händen der belustigten Soldaten kaum biegen, geschweige denn brechen ließen. Überall hing inzwischen Weißes an Fenstern, Giebeln und Fahnenstangen, und die Amerikaner, die ich mir inzwischen etwas genauer ansah, gingen in hohen, geschnürten Schuhen lautlos ein und aus, standen mit ihren runden, etwas unförmigen Helmen in Gruppen umher, rauchten, kauten und schwatzten, bis sie sich, oft mehr als vier oder fünf, mit ihren Gewehren in kleine offene Wagen schwangen, die mit hohem Tempo davonfuhren. Auch das Motorrad wurde aufgeladen und weggefahren.

Über Lautsprecher erfolgte später die Anweisung, unsere Keller wieder aufzusuchen und bis auf weiteres dort zu bleiben. Dann brach die Nacht herein, in der alles ruhig blieb und wir seit langem wieder einmal durchschliefen. Zum Frühstück gab es Rotwein mit Ei aus den zurückgelassenen Beständen der Frauenschaftlerinnen, und wir stärkten uns, nicht sehr gesprächig, eher beklommen von der merkwürdigen Ruhe, ja Bedächtigkeit, mit der es vollends Tag wurde. Ich trat mit dem Vater vorsichtig ins Freie. Zwei jener kleinen amerikanischen Wagen, in denen Soldaten bequem, mit ausgebreiteten Armen lehnten, rollten langsam patrouillierend die Straße hinab. Die Sonne schien dünn, aber es war angenehm mild draußen. Mitte April vielleicht. „Was jetzt?", fragte ich, und der Vater antwortete: „Was jetzt".

In den nächsten Tagen beobachtete ich, wie die Amerikaner alles, was sie an deutschen Fahrzeugen auftreiben konnten in der Stadt, die abschüssige Straße vor unserem Haus hinab und unten durch heftiges Auffahren zu Schrott fuhren. Dann stiegen die Fahrer aus und um in einen bereitstehenden Jeep (so nannte man jene kleinen, offenen Wagen, die überall herumfuhren), der sie nach scharfem Beschleunigen wieder nach oben brachte. Das trieben sie lange und gelegentlich mit Risiko. Kaum einer der Soldaten ging überhaupt einmal länger zu Fuß. Sie schienen ständig mit Auf- und Absteigen, raschem Losfahren und plötzlichem Bremsen beschäftigt. In den Pausen saßen sie, Weiße und Schwarze, auf ihren Fahrzeugen herum oder standen sonst irgendwo angelehnt, rauchten, sprachen hinüber und herüber, alles ohne Eile. Radio London mit Jazzmusik war zu hören, unterbrochen von Nachrichten.

Ich folgte den Amerikanern, wo ich konnte und durfte und beobachtete sie bei dem, was sie den Tag über trieben: beim Essen aus Dosen, Büchsen und wasserdicht Verpacktem, beim Rauchen der Zigaretten aus unbekannten Päckchen, der Pfeife, die sie aus schmalen Blechbüchsen stopften, dann beim Absperren von Straßen, Wagenreparieren und Auftanken, beim Häuserdurchsuchen, Verhören und Nachschubanfahren, auch beim Reden und Gestikulieren untereinander oder mit Deutschen in einem kleinen Stadtwäldchen, wo sie tauschten: Zigaretten, Kaffee und Schokolade gegen Uhren, Fotoapparate und NS-Abzeichen. Überall aber, auf Straßen und Plätzen, fanden sich mindestens zwei von ihnen, die als Werfer und Fänger mit Bällen herumspielten, oder andere, die in den Gärten der Häuser Musik machten, Trompete, Klarinette, Posaune spielten, und auf dem Sportplatz sah ich einmal ein paar von ihnen, die etwa fünfzig bis hundert Flugtauben aus vergitterten Fahrzeugen herausfingen und töteten, indem sie die Tiere beim Kopf nahmen und ein paarmal kreisen ließen. Nie bemerkte ich, daß sie exerzierten oder irgendwie aufmarschierten wie später die Briten regelmäßig. Nur drei oder vier von ihnen, die Fahne in ihrer Mitte, von etwas Militärpolizei in weißen Helmen begleitet, waren dabei, wenn in Gegenwart eines höheren Offiziers Nachrichten oder Anweisungen für die Bevölkerung über Lautsprecher bekanntgegeben wurden.

Überwältigend war ein paar Tage nach der Besetzung der Eindruck, den ihre riesigen, dröhnenden und unaufhörlich durchfahrenden Panzer mit bunten Bemalungen auf mich machten. Dahinter die ebenfalls nicht enden wollende Schlange der Dreiachser und kleineren Mannschaftswagen. Noch bevor alles durch war, ging ich müde nach Hause, setzte mich irgendwo hin und dachte wieder, daß alles neu wie alt und doch auf eine unaussprechliche Weise anders sei. Am Himmel, im Tiefflug, waren immer noch pausenlos Flugzeuge unterwegs.

Es hieß, wenn man Wäsche wasche für die Soldaten, gebe es Tabak und Schokolade dafür. Doch niemand bei uns traute sich. So ging ich an den Häusern entlang und sammelte wie andere auch Zigarettenkippen für den Vater, deren Tabak ich sorgfältig aus dem Papier löste, von Asche säuberte und in eine jener amerikanischen Blechbüchsen füllte, aus denen nun auch mein Vater die Pfeife stopfte.

Dann wurden wir und andere Anwohner in unserer Straße ausquartiert und zogen für zwei bis drei Wochen in unbewohnte Wohnungen, deren Mieter vor der Ankunft der Amerikaner geflohen oder auch nur aufs Land zu ihren Verwandten gezogen waren. Wir benutzten ihre Möbel und alles Nötige mit einiger Scheu, bis wir endlich wieder zurück durften. Zu Hause aber herrschte das Chaos. Die Amerikaner schienen in der Zwischenzeit die meisten der Wohnungseinrichtungen samt Inhalt um- und ausgetauscht zu haben. Jedenfalls waren in den nächsten Tagen und Wochen die Menschen damit beschäftigt, ihre Möbel, Teppiche, Bestecke, Porzellansachen, Bücher und Bilder in den umliegenden Häusern zusammenzusuchen. Die Verwandten und wir, die wir nichts vermißten, weil wir nichts hatten, waren von einer unvorstellbaren Fülle fremden Eigentums umgeben, das oft erst nach Wochen wieder seinen Besitzer fand und beruhigte. So auch ganz zuletzt und sehr verspätet eine umfängliche, in Leder gebundene Goethe-Ausgabe, in der ich zu lesen angefangen hatte, und von der ich mich im stillen sehr ungern trennte, als ein kleiner, älterer Herr mit halblangem weißen Haar sie freundlich nickend als sein Eigentum erklärte, auf einen kleinen Handwagen lud und humpelnd davonzog mit ihr.

Was zurückblieb bei uns, waren eine lange amerikanische Militärunterhose, ein Damenhut, ein gedrechselter Spazierstock mit einer Krücke aus Hirschhorn, eine kleine Vase aus japanischem Porzellan und eine Anthologie deutscher Lyrik. Bis auf die Militärunterhose, die von der Mutter den dürftigen Beständen des Vaters bedenkenlos zugeschlagen wurde, lagen die übrigen Dinge auf einem Tischchen in unserem Flur zur eventuellen Abholung lange bereit, so daß ich mir Spazierstock und Anthologie zwar schon einmal auslieh, aber stets an ihren Ort zurücklegen mußte. Es fragte jedoch niemand danach.

Nur die Miltärunterhose war einmal Anlaß gemischter Gefühle, als der Vater bei einer nächtlichen Überprüfung der tatsächlichen Wohnungslage durch die Miltärregierung deutsche Hilfspolizisten im Hause sprechen hörte und sich, wie stets nichts Gutes erwartend, nur hastig und unvollständig anzog. Dabei suchte er verzweifelt auch jene Hose aufzutreiben und beiseite zu schaffen. Er trug sie aber just selber und deutlich erkennbar am Leibe, als die Polizisten schon höflich grüßend das Zimmer betraten, die Belegung prüften und mit lächelnd vorgebrachter Entschuldigung wieder abzogen. Wie atemlos aber lachten wir erst, als wir sahen, wie der Vater miteins erstarrte, an sich hinuntersah und an sich erspähte, was er in so verzweifelter Hast vergeblich gesucht hatte.

Ähnlich komisch wirkte der Vater später in einer anderen Situation auf mich, als er, im Garten neben mir hantierend, sich plötzlich grade aufrichtete und seine Mütze abnahm. Er tat es, wie sich herausstellte, deshalb, weil die Musikkapelle der Irish Guards in einiger Entfernung mit Fahne und klingendem Spiel heranmarschierte. Dies sei die regierende Macht jetzt, sagte er mir ernst ins lachende Gesicht, und ihrer Fahne gebühre wie jeder anderen Respekt.

Inzwischen war der Mai mit sommerlichen Temperaturen gekommen, und wir wanderten zum Schwimmen hinaus an einen Stausee vor der Stadt. Noch war ich, dank der vielen Lebensmittel, die die Frauenschaftlerinnen zurückgelassen hatten, kräftig genug dazu. Wenige Tage später kam dann der Vater zu mir in den Garten, wo ich gerade vergeblich herumstocherte, um das seinerzeit beim

Einmarsch der Amerikaner vergrabene Fahrtenmesser der HJ wiederzufinden. Es wurde hoch gehandelt zur Zeit und war einige Päckchen Zigaretten wert. Der Vater schien sehr niedergeschlagen zu sein. Deutschland, sagte er, habe soeben kapituliert. Und jetzt, fügte er nach längerem Schweigen hinzu, werde man noch sehr viel härter als nach dem ersten Krieg mit uns verfahren. Denn nun gehe es um eine andere Schuld und andere Verbrechen. Die Sieger würden nicht barmherzig sein, das Land unter sich aufteilen, die Hauptschuldigen rasch hängen, die anderen in Arbeitslager stecken oder verschicken in alle Welt. Er rechne damit, daß die Familien getrennt und alle uns vertrauten Bindungen überhaupt aufgehoben würden. Ich fing zwar an, mir das vorzustellen, bemerkte aber auch, wie eigentümlich kalt es mich ließ. Ich sah jeden Tag anderes, starrte hin und dachte nicht weiter. Nachts wachte ich nur selten noch auf und träumte nur wenig. Was mir vertraut blieb, war nur manchmal wieder der Eindruck, daß etwas anfange und doch schon zu Ende sei.

An den nächsten Tagen studierten wir die neuen Aushänge, Vorschriften und Anordnungen der Miltärregierung, darunter auch die wiederholte Aufforderung, daß alle Parteimitglieder sich umgehend zu melden hätten. Dies strickt zu befolgen, oder die weitere Entwicklung abzuwarten und nicht zu reagieren, war strittig in der Familie und unter den Verwandten, die ohnehin auf die nächste Gelegenheit warteten, nach Aachen zurückzukehren. Der Vater aber erklärte, sich selbst anzeigen zu wollen und nahm, von seiner sofortigen Festnahme überzeugt, wieder einmal schwierigen Abschied von allen. Auch diesmal durfte ich ihn begleiten, und wir suchten gemeinsam ein sehr schönes, villenartiges Gebäude auf, in dem die Meldung zu geschehen hatte. Indes fand sich weder eine Wache vor dem Haus, noch überhaupt irgend jemand in Flur und Diele. Nur aus den oberen Räumen drang Radiomusik, ein Schlager, wie es schien, von dem ich so viel verstand wie „Let her go Joe, let her go …". Wir standen und warteten längere Zeit, bis endlich jemand langsam die Treppe herunterkam, ein älterer Offizier, der sich etwas beeilte, als er uns erblickte. Der Vater erklärte sich kurz, der Offizier antwortete in gutem Deutsch und bat ihn in ein Zimmer, das er leise hinter sich schloß. Auch ich war mit einem freundlichen Augenzwinkern begrüßt worden und setzte mich in der Diele auf ein Sofa. Nach einer längeren Zeit, während der nichts mehr zu hören war im Haus und vollkommene Stille herrschte, trat der Vater wieder heraus. Wir verabschiedeten uns von dem Offizier und traten in den blühenden, von schallendem Vogelsang plötzlich durchdrungenen Vorgarten hinaus.

Auf dem Heimweg erfuhr ich, daß der Vater zwar ausführlich befragt, dann aber beruhigt worden sei. Unangenehmes habe er nicht zu erwarten und seiner technischen Qualifikation und Erfahrung wegen auch keine beruflichen Einbußen. Im übrigen aber, so habe der Offizier zum Abschluß lächelnd bemerkt, zähle er zu den drei oder vier Parteigenossen, die sich überhaupt gemeldet hätten bisher, und man müsse sich fragen, mit wem denn Hitler alles gemacht habe.

Dann jedoch verließen uns die Amerikaner, und die Briten kamen. Sie waren steifer, auf eine vertraute Weise gedrillter als jene und, was mich irritierte, sie bebten förmlich vor Strammstehen beim militärischen Gruß. Alles schien ein wenig zu knirschen an ihnen. Sie trugen sehr saubere weiße Gamaschen, und das äußerst solide Schuhwerk konnte polierter und glänzender kaum sein. Auch exerzierten sie viel in abgezirkelten Wendungen und Formationen zur immer gleichen Dudelsackmusik, und sie parierten beim Aufmarsch nach sehr lauten, eigentümlich lang tönenden, dann mit einem abgerissenen Schrei endenden Kommandos. Mal schritten sie rasch und energisch, mit exakt geschwungenen Armen und wippenden Schottenröcken, mal langsam mit feierlich verzögertem Schritt. Es fanden sich viele Zuschauer ein, wenn sie auf dem Sportplatz exerzierten.

Dann aber kam die Zeit, da die Vorräte der Frauenschaftlerinnen erschöpft und aufgebraucht waren. Die Verwandten zogen mit einem Pferdefuhrwerk nach Aachen zurück, die Eltern und ich waren wieder allein und unsere Wohnverhältnisse etwas besser. Wir hatten jetzt zwei Zimmer, ein recht großes, mit Zentralheizung versehenes, in dem wir wohnten und ich schlief, und ein winziges, unheizbar, in dem die Betten der Eltern standen. Ein Waschbecken fand sich auf dem anschließenden Speicher, wo es im Sommer sehr heiß wurde, im Winter eiskalt und zugig. Die Toilette lag zwei Treppen tiefer im Flur des Katasteramtes.

Was mir sehr gefiel, aber insgesamt wenig fruchtete, weil ich meist nur hungrig und unkonzentriert daran saß, war ein kleiner Schreibtisch, den man mir in eine Nische des Zimmers geschoben hatte. Und eines Tages, gegen Ende des Sommers, stand tatsächlich ein Gefährt mit den Resten unserer Möbel aus Aachen vor dem Haus, die unsere Verwandten aufgetrieben und mit einer Gelegenheit abgeschickt hatten. Für mich ein recht merkwürdiges Wiedersehen mit zwei kleinen Sesseln, einem Büffet, dem Eßtisch mit Stühlen, einer Wanduhr und einem Aktenrollschrank. In dem Rollschrank fanden sich sogar noch ein paar Bücher aus dem Bücherschrank. Darunter: „Kant. Der Denker und Erzieher".

Der Vater ging seit längerem schon wieder täglich hinunter ins Amt. Mit dem Sommer aber war auch die Hungerzeit gekommen. Wir waren, weil ohne jede Beziehung, das, was man damals als „Normalverbraucher" bezeichnete. Das hieß in unserem Falle: morgens eine Scheibe Brot, sehr dünn mit Rübenkraut bestrichen, dazu Kaffeeersatz. Mittags ein, für mich anderthalb Teller Magermilchsuppe mit Rumaroma. Nachmittags eine Scheibe Brot mit etwas gekratzter Butter. Abends eine Scheibe Brot mit Rübenkraut und Magermilchsuppe. Gekochte Kartoffeln, Salat oder Bohnen gab es zwar auch schon einmal, aber in sehr geringen Mengen. Das von der Besatzungsmacht ausgegebene Maismehl ließ sich ohne Zutaten nur schlecht verarbeiten und fand keine wirklich hilfreiche Verwendung. Das in der Regel von mir erledigte Anstehen für Magermilch – fettere Milch wurde nur in kleinsten Portionen ausgegeben – Brot und wenige andere Lebensmittel dauerte Stunden und war sehr oft vergeblich, wenn man nicht früh, oft vor Tagesanbruch schon zur Stelle war.

Die übrige Zeit am Tag arbeitete ich in einem kleinen Garten hinter dem Haus, den uns trotz aller Gegenwehr die Schnecken zerfraßen, sammelte und stapelte trockenes Holz für den Kochherd im Winter und suchte an den Wiesenrändern Freßbares für ein oder zwei Kaninchen, die wir mit der Zeit hielten. Der immer schwächer und fahler aussehenden Mutter half ich am Wochenende regelmäßig beim Scheuern der Wohnung und Treppen und durfte, was an warmen Sommertagen das schmerzlichste war, nur selten einmal an den Stausee zum Schwimmen. Auch zum Fußball- oder Handballspiel auf dem nahe gelegenen Sportplatz, das wir zunächst noch mit einem mehrfach geflickten Ball aus der Vorkriegszeit, später nur mit Stoffbällen betrieben, durfte ich nicht immer. Wasser zehre zu sehr, so hieß es in jenem Fall, das kostbare Schuhwerk sei unbedingt zu schonen, in diesem. Trotzdem stahl ich mich, wann immer es gelang, ans Wasser oder auf den Sportplatz, auch wenn ich später bestraft wurde dafür.

Gern strich ich in den nahe an unsere Straße heranreichenden Wäldern umher und gelangte noch tiefer in sie hinein, als die Waldbeeren reiften und in Massen gepflückt wurden. Abends hörte ich mit dem Vater regelmäßig die Nachrichten vom Londoner Rundfunk und war anschließend immer häufiger mit „Kant. Der Denker und Erzieher" beschäftigt. Samstags oder sonntags, der Spielbetrieb war noch nicht regelmäßig in Gang, sah ich auf dem Sportplatz dem Treiben der Engländer zu, die eine gute Fußballmannschaft hatten und einmal auch gegen eine Stadtauswahl spielten und leider ziemlich hoch gewannen. Das ärgerte mich sehr. Denn zu den Briten fand ich kein rechtes Vertrauen, worunter ich litt im stillen, weil auch ich, wie viele von uns, einen „Freund" unter ihnen hatte. Er hieß Sam, und wir – er mit wenig Deutsch, ich mit noch weniger Englisch – unterhielten uns über alles Mögliche, auch über den vergangenen Krieg, unsere jetzigen und künftigen Verhältnisse. Zwar brachte er insgesamt wohl nicht viel Gescheites heraus aus mir, schenkte mir aber jedesmal ein paar Zigaretten für den Vater oder etwas Kaffee. Als er eines Tages nicht mehr erschien, irgendwohin verlegt worden sei, habe ich ihn sehr vermißt und hielt mich manchmal immer noch in der Nähe seines Quartiers auf, um etwas zu erfahren über ihn. Dabei kam es einmal zu einem unangenehmen Auftritt, als mich einer der Soldaten recht unsanft beiseiteschob und Anstalten machte, mich grob zu vertreiben. Mein alter Jähzorn brach wieder aus, so daß ich blindlings um mich her in den Dreck griff und damit warf. Die Sache hätte übel ausgehen können, wenn nicht die schon betagte Besitzerin des Hauses, in dem die Briten Quartier bezogen hatten, den Vorgang beobachtet, mich sogleich weggeführt und die inzwischen recht aufgebrachten Soldaten beruhigt hätte. Sie beruhigte auch mich und ließ mich anschließend reichlich Kirschen pflücken von einem Baum, auf dessen Äste ich von ihrer Dachwohnung aus ungesehen gelangte.

Der Herbst brachte eine recht erfreuliche Abwechslung. Ein Katastergehilfe im Haus, dessen Schwiegereltern in einer entfernteren Gegend Landwirtschaft betrieben, schlug mir vor, bei der Kartoffelernte dort auszuhelfen. An einem sehr milden und windstillen Herbsttag fuhr ich mit dem überfüllten Bus bis zur

Endstation und war von da aus noch gut zwei Stunden durch Wälder, Wiesen und kleinere Dörfer unterwegs, bis ich den Hof erreichte. Er war nicht sehr groß und lag mit ein paar anderen Häusern tief in einem engen Tal versteckt. Der alte, kriegsverletzte und großen Respekt einflößende Bauer, seine Frau und seine Tochter, die wenig älter war als ich, und ein Knecht hießen mich freundlich willkommen.

Ich blieb etwa zehn Tage bei ihnen, half so gut ich konnte und aß reichlich, wenn auch durchaus nicht so üppig, wie ich mir das ausgemalt hatte. Keinen „Kapaun" zum Beispiel, von dem in einem Tischspruch, den ich während der KLV-Zeit einmal aufgesagt hatte, sehr appetitlich die Rede war. Auch die Abende am Herd verbrachten wir mit irgendeiner Arbeit. Danach ging ich hinauf in eine kleine Kammer und schlief im ganzen gut, wenn auch wieder wie öfter in der letzten Zeit mit einer ein- bis zweistündigen Unterbrechung, während der das Mondlicht langsam durchs Zimmer wanderte und manchmal auch ein paar Mäuse spielten darin. Die Zeit beim Kartoffelauflesen verstrich sehr schnell, da ich mit der Tochter des Bauern fortwährend plauderte, Erzählungen austauschte und nur, wenn zwischendurch Brote, Malzkaffee und Milch zur Stärkung herangebracht und ausgeteilt worden waren, mit großem Behagen schwieg und kaute.

Als die Ernte zu Ende war, nahm ich Abschied und erhielt in einem Rucksack Kartoffeln, etwas Schmalz, Speck, Mehl, einige Eier zum Lohn und versprach gern, einmal wiederzukommen. Auf den Weg zurück zur Bushaltestelle hatte ich mich schon einige Tage vorher gefreut. Es war immer noch schönes Wetter, die kostbare Last auf dem Rücken drückte sehr angenehm und das herbststille Land ließ mich freundlich durch überall. Das Auspacken daheim geschah dann so feierlich wie anschließend fröhlich, fast ausgelassen.

Das Neueste aber inzwischen: die Schule sollte wieder beginnen. Zwar provisorisch zunächst, in Baracken, da die Schulgebäude noch von den Engländern besetzt waren, aber ein Anfang war gemacht. Der Vater reichte einen Zettel mit den näheren Hinweisen.

Wenige Tage später hielt er einen anderen Zettel in der Hand, darauf stand, daß der Leiter des Katasteramtes sich auf Anordnung der Militärregierung veranlaßt sehe, den Vater mit sofortiger Wirkung aus seiner Tätigkeit bei der hiesigen Dienststelle zu entlassen. Wochen vorher bereits war ein Fragebogen ausgefüllt und bei der zuständigen Stelle der Military Government of Germany eingereicht worden. An Belastendem waren dort aufgeführt: die Mitgliedschaft des Vaters in der NSDAP seit dem 1. Mai 1933, ferner die Tätigkeit als Amtswalter in der NSV von Oktober 1933 bis Mai 1937, schließlich die vertretungsweise übernommene Tätigkeit als Kassenverwalter von November 1942 bis Juni 1944. Vom Wehrdienst war der Vater wegen fachspezifischen Personalmangels zurückgestellt worden. Lediglich von August 1939 bis Dezember 1939 war er als Gefreiter in einer Bauabteilung der Wehrmacht bei der Errichtung des sogenannten Westwalls tätig. Der dem Fragebogen beigefügte Beschäftigungsnachweis, ein Zeugnis der Hauptdienststelle, bescheinigte dem Vater sehr nachdrücklich die hervorragende Durchführung technischer Arbeiten jeder, auch der schwierigsten Art. Ferner wurden seine Tätigkeit als Archivverwalter und Ausbilder junger Fachkräfte, schließlich seine zusätzliche Einarbeitung in die Verwaltung von Gehalts- und Haushaltssachen ausdrücklich hervorgehoben.

Von nun an sah ich, wie der Vater in den nächsten Monaten immerfort Verordnungen und Zeitungsberichte zur Entnazifizierung studierte und verglich, Gesuche, Erklärungen, Leumundszeugnisse beglaubigen und ins Englische übersetzen ließ, überhaupt die umfangreichsten Korrespondenzen mit dem Ziel seiner Entlastung unterhielt. Ich sah, wie er pausenlos rang mit den Umständen, bis zur Unkenntlichkeit abmagerte und immer verhärmter, hohler mich ansah, wenn nach längerem Warten die anderthalbzeiligen Briefe der Militärregierung eintrafen, die seine Gesuche wieder und wieder ablehnten.

In seinen Erklärungen und Verteidigungen, die er mich lesen ließ, fand ich wiederholt die Versicherung, daß er sich in dem jetzt in Frage stehenden Sinn politisch nie betätigt, wohl aber – und das gehe ja aus den Leumundszeugnissen zweifelsfrei hervor – menschliche, soziale Hilfe im Rahmen der dafür vorgesehenen Institutionen geleistet habe. Der Eintritt in die NSDAP im Mai 1933, ohnehin zu spät, um etwa zu profitieren davon, habe – empfohlener –, wenn nicht angewiesenermaßen – im Rahmen seiner Tätigkeit und Anstellung als Staatsbediensteter die gebotene Einordnung in die alte Dienstbehörde unter einer nun neu gewählten Regierung nur bestätigen sollen. Dieser habe er sich im übrigen so verpflichtet gefühlt, wie er der Vorgängerregierung während der sogenannten Systemzeit und davor dem Kaiser verpflichtet gewesen sei. Daß ihm dennoch jede Möglichkeit des beruflichen Weiterkommens, um das er sich mehrfach mit Qualifikationen bemüht habe, verwehrt geblieben sei, könne er nachweisen und dabei auch Gründe nennen: eben sein später Eintritt in die Partei am 1. Mai 1933 („Maikäfer") und seine nur zögernd und widerstrebend aufgenommene Mitarbeit in ihren Institutionen nach 1937.

Was stand nun aber in den Zeugnissen und Bescheinigungen selber? Hinsichtlich der NSV-Tätigkeit in den Jahren 1935–1937 hatte bereits 1937 der damals zuständige, aber jetzt als unbelastet geltende Landrat bescheinigt und zu den Akten nehmen lassen, daß der Vater mit Geschick und Engagement die äußerst schwierige Verwaltung von Arbeitereigenheimen im Landkreis Aachen zur Abwendung ihrer Zwangsversteigerung übernommen und durchgeführt habe. Die erheblichen öffentlichen Mittel, die bis dahin in diese Häuser investiert worden seien, hätten somit der Allgemeinheit erhalten bleiben können. In einem anderen Zeugnis, ausgestellt vom Oberbürgermeister der Stadt Aachen im November 1945, wird der Vater als eine, dem Oberbürgermeister seit fünfzehn Jahren bestens bekannte sachkompetente und sozial engagierte Person bezeichnet. Ebenfalls im November 1945 erklärt ein in Holland lebender und mit Paumen unterzeichneter Zeuge, daß der Vater in den Jahren 1937 bis 1938 im Haus der Familie Paumen zu Aachen gewohnt und in dieser Zeit den ihm sehr wohl bekannten Aufenthalt des Besitzers, eines damals verfolgten Juden und Stiefvater des Zeugen, bei polizeilichen Ermittlungen verschwiegen habe. Auch der Pfarrer einer Gemeinde Herz Jesu im Aachener Landkreis erklärt im Herbst 1945, daß der Vater von 1935 bis 1937 in Angelegenheiten der Volkswohlfahrt mit ihm und der örtlichen Caritas stets gemeinsam beraten habe und insbesondere bei der Jugendfürsorge sehr hilfreich gewesen sei. Weitere Bescheinigungen wurden angekündigt, und inzwischen reichte auch die Dienstbehörde sehr dringlich gehaltene und weiter entlastende Anträge ein.

Aber natürlich werde nichts wirklich geprüft, wußte der Vater. Es kranke das gesamte Unternehmen an unbedachten Maßnahmen, immer neuen und widersprüchlichen Informationen oder Empfehlungen.

Im Sommer 1946 erreichte ihn aber dann doch eine Einladung zur Anhörung im Rahmen solcher Untersuchungen, die als „politische Durchleuchtung" bezeichnet wurden. Und endlich, zu Beginn des Jahres 1947, bescheinigte ein wiederum anderthalbzeiliger Brief des Property Control Officer, daß die Militärregierung keine Einwände mehr gegen die Wiederbeschäftigung des Vaters in seinem Beruf habe. Ein halbes Jahr später traf der „Einreihungsbescheid" ein, der besagte, daß eine Einreihung in die Kategorie IV erfolgt sei. Die der Kategorie IV zugeordnete Personengruppe umfaßte die sogenannten „Mitläufer" des Regimes. Es gab noch eine Kategorie V, der die „unbelasteten Personen" angehörten. Unter ihnen freilich auch solche, die dem Vater als einst „höherrangige" Parteigenossen sehr wohl bekannt waren, sich jetzt aber in einer anderen Partei höherrangig empfahlen. Das bewies er mir aus den Zeitungen oder erklärte es mir auf der Straße, wenn die eine oder andere Person, die er oder die ‚man' kannte im Städtchen, vorüberging.

Einmal äußerte er: er glaube an seine Schuld wie an seine Unschuld, könne es aber „persönlich" nicht erklären, was eine gewisse Qual bedeute.

Während der Entlassungszeit war der Vater vorübergehend am „Aufbauwerk" der katholischen Kirche tätig, die ihn als Angestellten ohne schriftlichen Dienstvertrag beschäftigte. Das verpflichtete ihn zwar in gewisser Weise, mag ihn aber kaum kirchengläubiger gemacht haben. Über dergleichen schwieg er sich ohnehin weitgehend aus. Wie die Mutter hing er am katholischen Glauben auf eine eigene, eher häuslich-volkstümliche Weise.

Ich vertiefte mich mit geringen Kenntnissen, aber doch nachhaltig in diese Dinge und zog aus den Eingaben des Vaters das eine oder andere für mich aus, das ich öfter durchlas und mir einprägte. In der Masse nicht nur des Entnazifizierungsmaterials, sondern der väterlichen Unterlagen überhaupt, die aus handschriftlichen Konzepten, säuberlichen Rein- und Durchschriften, aus Zeugnissen, Antwortschreiben, amtlichen Belegen aller Art und zahllosen Notizen bestanden, fiel mir vor allem die Vielzahl derjenigen älteren Bewerbungen und Gesuche auf, die seine berufliche Weiterqualifikation betrafen. Obwohl aber die entsprechenden Anträge stets von Empfehlungen, Zeugnissen, Beschäftigungsnachweisen und Ähnlichem begleitet waren, zeigte sich kein Erfolg. In den Ablehnungen der Gesuche wurden stets komplizierte Gesetzeslagen und sonstige

Verwaltungsgründe angeführt, die dem Anliegen entgegenstanden und derzeit eine Ablehnung unumgänglich machten. Was der Vater, während wir hungernd im Garten gruben oder frierend Holz sammelten und hackten, mir dazu erläuterte, betraf weniger ihn persönlich, als überhaupt den dichten Wechsel komplizierter Verwaltungsvorgänge und Vorschriften in den „Epochen" vom Kaiserreich bis zur jetzigen Militärregierung, wovon ich im einzelnen wenig begriff, aber im Zusammenhang doch einiges behielt.

Einmal, nachts, in dieser Zeit schien ein Regen zu fallen, so laut und prasselnd, daß ich davon erwachte. Jedoch war es kein Regen, der da prasselte, sondern, wie ich sogleich feststellte, unsere Schulbaracke ganz in der Nähe, die lichterloh brannte. Schüler, die am anderen Tag zunächst vereinzelt, dann in Scharen herbeiliefen, wollten ihren Augen nicht trauen. Ich kann aber nicht behaupten, sehr traurig darüber gewesen zu sein, daß der Unterricht nun erneut ausfallen würde. Denn es hatte die Schule ohnehin nicht so gut begonnen für mich, da ich eine beantragte Einstufung in die nächst höhere Klasse knapp verfehlte und anderen Mitbewerbern den Vortritt lassen mußte. Zwar sei diese Entscheidung, wie die Mutter bei der Schulbehörde erfuhr, unter den Lehrern strittig gewesen, sie blieb aber bestehen. Es hänge alles wohl damit zusammen, so glaube sie die Lehrer verstanden zu haben, daß ich das meiste nicht schlechter, aber leider nicht immer „pünktlich" wisse, auch müsse ich strebsamer und fleißiger werden. Ich bemerkte wohl selber genau, daß ich immer von weither und etwas spät in die Lernsachen hineinkam, lustlos daran herumschob und schließlich nicht fertig wurde damit oder es auch gar nicht wollte.

Ich las aber zunehmend gern und sehr Verschiedenes in der nächsten Zeit. Außer „Kant. Der Denker und Erzieher" und der Anthologie deutscher Lyrik, die ich beide regelmäßig vornahm, las ich einige Novellen, eine kleine Poetik und Verslehre der Mutter, noch aus der Hand der Lehrerseminaristen, desgleichen eine Weltgeschichte in tabellarischer Übersicht, dann etwas Karl May und Hans Dominick, gelegentlich Eckermanns Gespräche mit Goethe, dazu etwas Rosegger und Ganghofer, die sich im Rollschrank fanden, und mehrmals Victor A. Kravchenkos „Ich wählte die Freiheit".

Was mich sehr faszinierte, war ein Bildband „Kunst der Moderne", oder so ähnlich, mit eingeklebten Bildern aus Zigarettenschachteln der Vorkriegszeit, der sich unter manch anderem Kunsthistorischen und Kunstbeflissenen, darunter seltsam abstoßende Aktphotographien, aber anziehende Aktzeichnungen, auf unserem Speicher fand. Die Sachen gehörten einem pensionierten, zuweilen etwas polternd auftretenden Vermessungsrat, der mit uns im Haus wohnte, viel malte und mir mancherlei auslieh. Von ihm stammten auch die drei Bände Eckermann, die er mir eines Tages zum Geschenk gemacht hatte und später auch seine wiederholte Empfehlung, mir von den Eltern „Klassiker" schenken zu lassen. So gelangten dann zunächst ein Band mit Erzählungen Stifters und Band 5 der von Franz Schultz herausgegebenen Herder-Ausgabe in meinen Besitz.

Der Vermessungsrat zog leider weg, und nach ihm belegte ein Obervermessungsrat und ehemaliger Vorgesetzter des Vaters die Wohnung. Waren sein Vorgänger und dessen Frau etwas schrullige, doch außerordentlich freundliche Mitbewohner im Hause gewesen, so zählte der neue, politisch belastet und zur Zeit nicht im Amt, auf seine alte Autorität. Er rief mich bedenkenlos ab und zu allerlei Arbeiten heran, war aber auch, wenn ich ihm beim Tauschen und „Organisieren" behilflich war, sehr eifrig bemüht, mich vor allem in Geographie zu unterrichten. So organisierte er einmal weit draußen im Land etwas Bettzeug, das wir auf einen Handwagen luden, festzurrten und bei grimmiger Kälte bergauf und bergab nach Hause zogen. Hierbei erläuterte er mir, weil ich gerade einen Kepler-Roman gelesen hatte und mich erkundigte, die besondere Leistung des Astronomen Johannes Kepler, wobei er voranschritt, laut sprach und mir die Vorgänge am Himmel mit rudernden Armen beschrieb. Es traf sich, daß uns auf dem Heimweg und an einer Steigung ein Pferdefuhrwerk überholte, an dem wir unseren Handwagen vergnügt festmachten und heiteren Sinns hinterhergingen. Der bis über die Ohren in Wärmendes gehüllte Kutscher hatte nichts bemerkt. Wie erstarrten wir aber, als der Gaul, auf der Anhöhe angelangt, in leichten Trab fiel, unser Handwagen sogleich ins Schleudern geriet, kippte, schleifte und endlich abriß. Matratzen und Ähnliches rissen aus der Verschnürung und flogen umher. Das Fuhrwerk kam rasch außer Sicht. Um uns ländliche Stille. Alles war auf astronomisch sehr unpassende Weise außer Kurs und Bahn geraten und mein Mentor empört. Als wir das Verstreute wieder aufgelesen und auf unserem Wagen, der inzwischen nur noch auf drei Rädern lief, verstaut hatten, sagte der Obervermessungsrat nach einer Weile, indem er den Karren fahren und mich allein damit hantieren ließ: „Tycho de Brahe nun aber, siehst du, ein Zeitgenosse Keplers, muß jetzt ebenfalls erwähnt und gewürdigt werden". Und so würdigte er, in kleinen Schritten eilig voranlaufend, während ich schob und balancierte, mir aber im stillen mit Vergnügen zurechtlegte, wie ich die Sache abends den Eltern erzählen würde.

Indes der Hunger hielt an und alle denkbaren Einschränkungen nahmen noch zu. Die Mutter behielt eine durchscheinend gelbe Haut und saß öfter erschöpft und mutlos. Auf einem Weidegebiet in der Nähe war uns und anderen auf einem Berg ein Stück Land angewiesen worden, das wir den „Blutacker" nannten. Nach dem Abnehmen der Rasendecke kamen nur Steine zum Vorschein, die wir so lange mühselig abtrugen, bis endlich eine dünne Krume Wachstum versprach, das aber doch nur spärlich gedieh, ständig bedroht von Trockenheit, Schnecken oder den unzähligen Larven der Kartoffelkäfer.

Als dann der zweite Nachkriegswinter hereinbrach, so schneidend kalt mit anhaltenden Frösten und Massen von Schnee, wie selbst die Eltern sie kaum noch erlebt hatten, konnten wir von Glück sagen, daß unser Zimmer an die Zentralheizung im Haus angeschlossen war. Für den kleinen Ofen, auf dem wir kochten, hatte ich im Herbst an den Abenden schon vorgesorgt und in den Wäl-

dern umher bedenkenlos transportable Fichten geschlagen, die ich heimschlepp-
te, in Stücke sägte und zerhackte.

Inzwischen nahm ich ziemlich regelmäßig an den Gruppenabenden der katholischen Jugend teil. Mein Interesse dabei hielt sich in Grenzen, zumal
manchmal auch hier alles so ablief, wie ich es schon einmal kennengelernt hatte.
Selbst Lieder, die gesungen wurden, waren zuweilen die alten. Hinzu kam, daß
das oft Beredete des „rechten Opfers", der „rechten Jugend", ihres „Auftrags
und Rufs", des „katholischen Seins und katholischen Tuns" überhaupt, mich
nicht immer ansprachen, so daß ich keineswegs alles so „prächtig" und „zünftig"
fand, wie der durchaus freundliche und tätige Kaplan oft unterstellte. Ich hielt
mich hier also lieber zurück, belehrte mich aber im stillen mit Interesse aus der
Textfülle des „Römischen Meßbuchs" (lateinisch und deutsch), das niemand besprach oder durchnahm mit uns.

Eines Tages, am Dreifaltigkeitssonntag, stellte man mich auch in diesem
Kreis unversehens an die Spitze der Schar, vor der ich das Christusbanner bis an
den Altar trug, es dreimal feierlich schwenkte, dann nach rechts damit an die Seite trat. Die linke hatte eine Trägerin der weiblichen Jugend eingenommen, die
ihr Banner freilich nicht schwenkte, nur zierlich gesenkt hatte. Solche Gepflo-
genheit, die wir abwechselnd übten, kam aber bald wieder aus der Mode, und der
Vater, der ein Foto von mir mit Banner im Schaukasten der Pfarrgemeinde entdeckt hatte, empfahl dringend, mich so nicht wieder sehen zu lassen. Man wisse
ja nie, wer mir in einer wiederum „neuen Zeit", die mit uns ziehe, einen Strick
daraus drehen könne.

Die Gefährten dieser Tage aber, die, jeder auf seine Art, neben mir lebten
und an den Gruppenabenden sich schwierig besprachen, waren mir wichtig, und
ich freute mich jedesmal sehr darauf, mit ihnen zusammen zu sein.

Eine der kleineren Fahrten, die wir unternahmen, ging später einmal sonntags im kleinen Opel-Bus zum Kölner Dom. Dort war es bei der Jubiläumsfeier
zum ersten Mal, daß ich mich lange, mit den Augen an geschundenen Mauern
vorübertastend, befragte, was hier mit Worten wohl abzubilden sei, welches Ge-
denken das von kleinauf so vertraute Paar der Türme, um die jetzt das Singen
und Beten der zahllosen, rundum in Trümmern versammelten Menschen verwehte, in mir zerfallen und wieder entstehen ließ. Am anderen Tag in der Schule
und während des Geschichtsunterrichts schrieb ich darüber etwas auf, das nun
längst vergessen ist, aber noch lange unter meinen Sachen aufbewahrt blieb, bis
es eines Tages ganz unleserlich wurde und dann auch verloren ging.

# 3.

## *Von letzten und ersten*

Es schien alles lange im Kreis zu gehen. Ich sah die immer gleichen Gruppen der Flüchtlinge vom Bahnhof her sich schleppen und andere, ihnen entgegen, die zur Hamsterfahrt aufbrachen. Täglich wuchsen die Schlangen der Anstehenden vor Geschäften und provisorischen Dienststellen, die, kaum daß sie geöffnet hatten, schon wieder schlossen, ausverkauft waren oder überfüllt. Viele der Wartenden gingen leer aus, wurden nicht abgefertigt, manche schon öfter heute und gestern bereits.

Fortwährend zogen und trugen Menschen, was ihre Habe sein mochte, in unförmigen Taschen und Bündeln, auf Kinderwagen, größeren und kleineren Karren irgendwohin. Gewohnter Anblick schon seit der Bunkerzeit, jetzt ohne Ende.

Es gab Hilfe, zu der ich mich einteilen ließ. Wir führten Alte, Gebrechliche, Frauen und Kinder vom Bahnhof aus zu vorläufigen Unterkünften, wo sie wortlos warteten, bis eine Tür geöffnet wurde, und die Erschöpfung sie alles Weitere ertragen und hinnehmen ließ.

Die Flüchtlinge, überall zugegen, an Dialekt und Kleidung meist zu erkennen, beschäftigten mich lange. Ich sah unsere eigene Situation, die der Eltern als Evakuierte in der ihren gespiegelt, aber zugleich auch weit übertroffen. Es bedrückte und ergriff mich etwas daran, das nicht nur bestimmt schien vom gegenwärtigen Sinn oder Widersinn ihres Geschicks, sondern eine Art Schattenbild war, in dem unaussprechlich Vertrautes mitglitt, mitleiden machte.

Der Gang mit der katholischen Jugendgruppe heiligabends an einen Ort, wo wir einige der Ärmsten wußten, um sie nach unseren Möglichkeiten zu beschenken, ließ mich Ähnliches ahnen, als ein immer noch aufrechter, hoch gewachsener, bärtiger Greis uns empfing. Ich empfand unklar und widersprüchlich, wir selber seien hier die mit etwas Beschenkten. Dazu die bescheidene Würde eines so alten Mannes, der sich herabgebeugt hatte zu uns und mit großen Händen vorsichtig faßte, was wir hineinlegten in sie.

Natürlich stand man sich oft auch im Wege, mißtraute, neidete, schmähte gar. Mancher Unfriede entstand, Bewußtsein der Einen und Anderen. Es kam zu Auftritten und Auseinandersetzungen, auch unter den Flüchtlingen selber.

Spätabends einmal, als ich von einem der wöchentlich stattfindenden Treffen unserer Jugendgruppe im Dunkeln nach Hause ging, bemerkte ich zwei Männer, beide angetrunken, die miteinander rangen und von einer Frau, die weinend und flehend darum bemüht war, nicht auseinandergebracht werden konnten. Als ich selber dann eingriff und zu schlichten suchte, wurde ich von einem der Männer blitzschnell gefaßt, zu Boden gerissen und am Hals gewürgt. Mit einiger Verzweiflung suchte ich loszukommen, was mir endlich mit Hilfe der Frau und des anderen Mannes gelang. Danach ging ich langsam und mit leerem Kopf nach Hause, wo ich bei Licht erst den Zustand meiner Kleidung bemerkte, die vorne in Fetzen hing. Das war nicht zu flicken, geschweige denn zu ersetzen. Nach einigen Tagen erst machte die Mutter den Täter ausfindig, der mit Frau und Kindern in einer der Flüchtlingsbaracken wohnte. Sie kam schweigend wieder zurück. Ich sah, wie sie ein paar Sachen hervorholte, ein Bündel daraus machte und wieder fortging. Später erklärte sie mir, daß unser Mangel kaum an die Not und Verzweiflung heranreiche, die sie angetroffen habe in der Baracke.

Immer genauer beobachtete und lernte ich täglich, was Teilnahme und Verträglichkeit vermochten, Mißachtung und Neid erschwerten, Vorurteil und Verdacht stets unmöglich machten. Wo die Menschen anstanden für etwas, ich unter ihnen, achtete ich auf das, was sie sagten und hatte Mühe, mich hineinzufinden. Denn die Gespräche liefen nicht eben oder bestimmt. Phrasen des Vorwurfs und Vorbehalts, der Abgrenzung und Zurückweisung, zerrütteter Stolz, Jammer, Haß, alles sprach durcheinander.

Auch zu den Freunden und Schulkameraden zählten bald Flüchtlinge. In der Klasse trat eines Tages jemand als „der Neue" vor, zu dessen „Lebenslauf" etwa zählte, daß sein Vater beim Einmarsch der Russen von diesen erschossen worden, seine Schwester auf der Flucht verschollen sei, die entkräftete Mutter jetzt lange schon krank liege, und er allein sie versorge. Ich beobachtete ihn oft, sah ihn nie traurig, aber auch kaum einmal lächeln, nur wie entschlossen zu etwas. Ich wünschte mir, auch so zu sein. Hing aber oder sank nur so herum.

Mit Freunden sprach ich darüber nicht. Ich fand mich überhaupt nur langsam zu einigen durch. Und ihnen erging es wohl ähnlich mit mir.

Schwierig waren die Brüder Withuhn, die aus Ostpreußen kamen, wo sie offenbar Besseres hatten und darstellten als hier in der Not, die sie drückte, oft auch entstellte. Manchmal erschrak ich, wenn sie beim Treffen der katholischen Jugendgruppe sehr verspätet noch hereinpolterten, von irgendetwas wie berauscht schienen, einander anschrieen, dann prügelten, so heftig, so voller Haß, daß wir sie kaum zu trennen vermochten und auch nicht eher, bis einer wirklich verletzt war. Obwohl selber nicht unbekannt mit Jähzorn und Ähnlichem, verstand ich nicht, was sie vorbrachten in solchem Streit, erst gegeneinander, dann aber auch gegen uns. Vor allem der Jüngere schien unstet und glitt umher wie ein Irrlicht. Er griff kaum je etwas auf, das er nicht spöttisch heruntermachte oder plötzlich auch wieder erhob, wie heilig ehrte. Wenn er hinzutrat, war man nie sicher, und er selber wohl auch nicht, ob es ans Stoßen und Rempeln gehe oder alles halbwegs normal bleibe. Manchmal verstummte sein Spott, stockte sein Gelächter, und er erging sich in Selbstvorwürfen und Klagen, wobei er fast weinend unsere Hilfe erbat. Von der Kommunionbank kam er oft andächtig, mit weich verzogenem Gesicht. Ein andermal verharrte er starr, blieb in der Bank, ging nicht hin. Bei einer Totenwache einmal, nachts in der Kirche, fiel er ohnmächtig zu Boden und konnte erst draußen aus der größten Verwirrung wieder zu sich gebracht werden. Obwohl der Vorgang harmlos und erklärlich schien, erschrak ich doch sehr. Er ging auch bald andere Wege, erschien seltener bei uns und heiratete später sehr jung, weil ein Kind kam. Ich bin ihm einmal begegnet in dieser Zeit, wobei er zunächst wieder wie früher sich gab und heranmachte, dann aber rasch abbrach. Sein Haar fiel schütter, und er entfernte sich sehr niedergeschlagen.

Sein älterer Bruder, ungleich umsichtiger, verläßlicher, auch unvermutet scharfsichtig und treffend bei seinen Äußerungen, ging zunächst nur so neben mir her, besuchte mich später aber schon einmal öfter, um sich mit mir über das zu beraten, was er jeweils an Liebesgeschichten so durchmachte. Dabei staunte ich stets über zweierlei. Einmal über das von ihm unterstellte Maß meines Beistands in solchen Sachen. Zum anderen aber über das außerordentlich Komplizierte und Schwierige seiner Liebschaften. Man sah ihn jedoch selten mit einem der Mädchen, die er wohl außerhalb, im Kreisgebiet irgendwo aufsuchte. Und immer handelte es sich um die denkbar heikelste Beziehung, die ich selbst nur vom Kopf her und gewissermaßen spekulativ mit ihm durchgehen konnte. So war ich meist ziemlich erschöpft und verwirrt, wenn er endlich sein Fahrrad von der Wand nahm und zur Liebsten davonradelte.

Die mir in der Jugendgruppe sonst noch begegneten, waren natürlich ebenfalls „prächtige Kerle", wie wir alle nach Auffassung des immer begeisterten Kaplans für die männliche Pfarrjugend. Nur leider konnte ich selbst nicht immer dabei sein. Zuverlässig nur an den Gruppenabenden, bei der mir aufgetragenen Verwaltung des in der Mitte geschlitzten Pappkästchens mit der Aufschrift „Schweige und spende", dann als Mitläufer bei der einen oder anderen Wallfahrt in die nähere Umgebung und schließlich auch als Torwart beim Handballspielen.

Meine Zurückhaltung bei allen anderen, oft reizvolleren Unternehmungen, erlegten die Eltern mir auf. Aus übertriebener Sorge wie stets und aus Mangel natürlich. Fahrten nach Rom oder in die Alpen etwa, als sie kurz vor, vollends nach der Währungsform möglich wurden, waren trotz günstiger Bedingungen nicht erschwinglich. Die angebotene Unterstützung kirchlicherseits anzunehmen, kam nicht in Frage. So blieb ich also zu Hause.

Unter den Kameraden in Schule und Jugendgruppe gab es einige, mit denen ich ziemlich regelmäßig zusammentraf. Es war dies einmal der Klassenfreund Erhard Köpf, dem ich bei den Aufsätzen, während er mir bei anderem half. Über seinem Schreibtisch las man den eingerahmten Spruch: „Faß dich kurz, oder hilf mir arbeiten". Daran hielten wir uns freilich nicht immer, sondern faßten uns auch schon mal länger, wenn wir anfingen, unsere Erfahrungen und Beobachtungen zu vergleichen oder ich von Gelesenem erzählte. Er hatte eine Kusine, um einiges älter als wir, die einmal zu Besuch war, uns etwas zuhörte und mich später als einen „Romantiker" bezeichnet haben soll, eine Charakterisierung, mit der ich damals wenig Schmeichelhaftes in Verbindung brachte.

Der andere Freund hieß Robert Heuser, etwas älter als ich. Er war ein ebenso belachter wie respektierter Sonderling, der zwar ernsthaft in allen Angelegenheiten der katholischen Jugend tätig war, aber sich ebenso nichts entgehen ließ, was seine spezielleren Neigungen und Interessen berührte. Diese betrafen Fahrten und Zelten natürlich, dann nächtliche Schweigemärsche, Zukunftsromane und die Konstruktion völlig abweichender Windvögel, die keine mehr waren, sondern seltsam geartete Zukunftsgebilde. Was ihn vor allem und pausenlos beschäftigte, war aber das Ersinnen und Austüfteln von Streichen. Auch suchte er das Besondere oder eine Art Protest insofern, als er eines Tages seine Haare bis zur Glatze herunterschneiden ließ und den Spott der Sextaner stoisch ertrug, die gelegentlich an ihm hochsprangen, um darüber zu streichen.

Was er, behaglich ausgestreckt, auch wohl gern mochte, waren mit der Zeit meine Erzählungen von Filmen, die ich soeben gesehen hatte, wobei er anschließend oft aufsprang, Geld für sich und mich hervorholte, um in der nächst möglichen Vorstellung die Sache selbst anzusehen. Hier schlug er sich dann an gewissen Stellen, die ich besonders herausgestellt hatte, mehrfach vergnügt auf die Knie, fand alles bestätigt, war sehr zufrieden. Zum Handball begleitete der Brillenträger mich nicht. Zum Schwimmen schon eher, wobei er unter Wasser Schreie ausstieß, die tatsächlich zu hören waren. Auch der Langstreckenlauf reizte ihn, wenn auch einmal mit traurigem Ergebnis, weil er nicht nur von Anfang an hinterher, sondern immer noch lief, als die anderen bereits wieder ihre Trainingssachen angezogen hatten, und nur noch einer der Zeitnehmer ärgerlich ausharrte am Ziel. Natürlich stand auch ich dort, führte den wie geistesabwesend Schwankenden ein wenig umher und hielt seine Brille, die er abgenommen hatte. Es war dies eine mehrfach mit Uhu oder sonstwie geflickte Hornbrille, so milchig und hier und da bräunlich gefärbt wie der kahle Schädel ihres Trägers zumeist und vor allem, wenn er wieder sproß.

Mädchen kamen nicht vor in seiner Umgebung. Wenn er die anderen mit ihnen zusammensah, ging er entweder ernst und rasch vorbei oder lachte, indem er verächtlich durch die Nase schnaubte. Brachte ich selbst einmal etwas von Mädchen vor, tat er alles ab und lächelte nachsichtig wie ein Alter. Einmal gar sagte er, wobei sich seine Augenbrauen hoch über den Uhuwulst der Brille hinaufschoben: „Ihr naht euch wieder, schwankende Gestalten".

In der Schule unterhielt ich mich öfter mit einem gewissen Heinz Lathek, einem gut aussehenden Burschen, anderthalb Kopf größer als ich und, was die Mädchen betraf, früh schon das Gegenteil von Robert Heuser. Er hatte alle Anlagen eines wirklichen Schauspielers und war ein hervorragender Parodist von Stimme, Haltung und Bewegungsart der Menschen. Auch ihrer Sterbearten, wenn es sich traf. Die einiger Hochzeitsgäste zum Beispiel, von denen die Zeitung berichtet hatte, daß sie statt des verbotenen „Eigenbrands", auf den sie sich wohl gefreut haben mochten, versehentlich Salzsäure aus einer alten Kognacflasche tranken, worauf sie im einzelnen so gestorben sein mögen, wie Heinz Lathek uns das in der Pause oder während gewisser Unterrichtsstunden vorführte.

In der Nachbarschaft hatte ich den sonst eher eingezogenen Ernst Krieger zum Freund, mit dem ich fortwährend im sportlichen Wettstreit lag und unermüdlich neue Spiele, Geschicklichkeitsübungen, Kraftprüfungen erfand und durchführte. Kein Stein und Stock am Weg blieben hier ungenutzt, kein Baum, kein Graben, an dem wir uns nicht sofort hatten: wer kam höher, weiter, unter welchen Bedingungen, welchen Erschwerungen. Bis mich eines Tages ein Sturz vom Baum aus beträchtlicher Höhe, der aber glimpflich verlief, etwas vorsichtiger machte.

Weil ich danach länger liegen mußte, kam ich wieder einmal anhaltender zum Lesen. Ich stöberte in der mir schon bekannten Novellensammlung „Fabula" und erneut, wenn auch nicht sehr ausdauernd, in den Zukunfts- und Abenteuerromanen aus der Bibliothek des Freundes Heuser. Dann aber, als die Kirschen reiften und reichlich fielen, denn pflücken durfte sie nur der Hausmeister, las ich erstmals in Homers „Odyssee". Es war mir im grünen Einband ein Teildruck daraus in die Hände gefallen, der Fünfte Gesang, den ich im Schatten des Kirschbaums mit Erstaunen las. Was ich an Schönheiten allmählich darin zu erkennen glaubte, dann genauer mir einprägte, wiederholte, glaubte ich nie vergessen zu können und auf immer mit der Erinnerung an den wolkenlosen Himmel jener Sommertage verbunden zu wissen: „Freudig spannte der Held im Winde die schwellenden Segel ...".

Später ließ das Interesse am Lesen wieder etwas nach, und es begann jetzt die Zeit, in der ich die Wälder rundum, die verschiedenen Gewässer und Seen in der Nähe aufsuchte. Es zog mich fast täglich den Berg hinauf, mal in dieses, mal in jenes Gelände, ans Wasser des Mühlenteichs oder mit dem Rad an die Ufer der Talsperren, wo das Schwimmen erlaubt war. Zwar herrschte zunächst immer noch Mangel an Lebensmitteln und manchmal auch Hunger, aber es ging inzwischen doch etwas eingeübter, ‚beziehungsreicher' und ‚organisierter' zu, was vor allem der findigen Mutter zu danken war, die nach einer schweren, fast aussichtslosen Zeit dafür sorgte, daß ich bei Kräften blieb.

Ich mußte immer noch bitten und fragen, wenn ich zum Sportplatz wollte, denn nach den Schularbeiten wartete in Haus und Garten eine Menge Arbeit auf mich. Danach aber durfte ich, und es waren vor allem die Ballspiele, Handball und Fußball, die es mir angetan hatten. Im Tor spielte ich dabei am liebsten, weshalb ich mich sonntags, bei den Meisterschaftsspielen, meist hinter das Tor der Besten zu stellen suchte und ihnen die Schliche absah. Vor allem einem, der für mich der Meister überhaupt war und lange nachher noch in den Sportberichten der Zeitungen regelmäßig gepriesen wurde. Er war fast etwas zu lang für einen Torwart, dazu mit unglaublicher Sprungkraft begabt und der eleganteste wie spektakulärste ‚Flieger', der sich denken läßt.

Leider spielte ich nur in der Schulauswahl oder in der einen oder anderen Straßenmannschaft, für die man mich engagierte. Denn in den Verein durfte ich nicht. Selbst dessen namhafte Werber, die bei meinem Vater vorsprachen, wurden abgewiesen. Somit ‚hielt' ich zwar hin und wieder ganz gut und zeigte Talent, blieb aber untrainiert. Es war indes jedes Spiel wie eine bevorstehende Schlacht für mich, die ich mit der größten Aufregung herbeisehnte, fürchtete, hundertmal vorbedachte und endlich, mal mit, mal ohne Glück, mal gelobt, mal verspottet – da könne man auch gleich einen Mülleimer ins Tor stellen – durchfocht.

Mit den Vereinen herumzutingeln, sagte der Vater, bringe nichts Gutes. Punktum. Er selbst hatte wohl kaum Sport getrieben, allenfalls früher einmal, im Rahmen des Betriebssports, etwas Faustball oder „Schnellauf", was ich mir beides nicht vorstellen konnte. Schon als er es erwähnte, warf er einen mißtrauischen Blick auf mich, um zu sehen, wie ich es aufnehmen würde. Die Mutter aber lächelte vorsorglich und bestätigte: „Doch, das hat er". Schnellaufen also. Faustball.

Im allgemeinen verstanden die Eltern und ich uns recht gut um diese Zeit. Wir lebten fest aneinandergeschlossen, teilten das Unsere, das immer noch karg genug war, mit Andacht und Bewunderung der Mutter, die stets etwas zustande brachte. Abends lasen wir nach den Nachrichten oder spielten Schach und sprachen nicht allzu viel dabei. Gelegentlich, samstags oder sonntags, stand ich länger an, um Kinokarten für den Abend zu erhalten.

Wenn ich mit der Mutter allein war, ihr im Garten oder beim Waldbeerensammeln half, erzählte sie ihr Leben hundertfach. Es schien kaum eine Zeit, kaum einen Umstand zu geben, den sie nicht in allen Einzelheiten erinnerte. So erfuhr ich, was bis zur Heirat war, dann das danach bis zum Tod ihres ersten Kindes, wobei sie meist abbrach, weil es sie immer noch angriff. Eines Tages legte sie mir die hinterlassenen Schulsachen des Neunjährigen zurecht, die sie gut verwahrt und in den Bombennächten stets bei sich getragen hatte.

Ich öffnete die umständlich verschnürte Mappe sorgfältig und griff zunächst ein paar Fotos heraus. Eines, das jüngste wohl, von einem Sommerausflug. Dann ältere Bilder, die den Bruder beim Fahren mit dem „Holländer" (oder „Selbstfahrer") zeigten, den später auch ich noch benutzte. Weitere Aufnahmen waren offenbar in einem Fotoatelier gemacht worden. Hier stand er einmal mit dunkler Marinebluse, dann in einer hellen, aber älter jetzt und lächelnd, gestützt auf einen runden Holzsessel mit einfach gesticktem Kissen darin. Die Bilder zeigten ihn überdeutlich und waren doch unkenntlich zugleich. Allenfalls der Ausdruck der Augen veränderte sich manchmal, wenn man länger hinsah.

Nach den Fotos fand sich ein Umschlag mit Fleißkärtchen, darunter auch ein kleines Faltblatt mit goldblonder Haarlocke vom „25. Mai 1923", als das längere Haar wohl erstmals geschnitten worden war. Von den meist farbigen Fleißkärtchen nahm ich als erstes eines mit dem Bildnis des Bonifatius in die Hand. Der Bonifatius-Verein, stand darunter, helfe den „armen verlassenen Katholiken, die in unserem Vaterlande zwischen Andersgläubigen verstreut wohnen, katholisch zu bleiben, katholisch zu leben, katholisch zu sterben". Auf einem anderen Fleißkärtchen sind Kinder im Wald zu sehen, die vor einem Fliegenpilz knien und ihn betrachten. Hinter ihnen hebt ein Schutzengel warnend die Hand. Auf der Rückseite steht: „Liebe Kinder! Ihr geht sehr gerne in den Wald Erdbeeren und Schwämme suchen. Schon recht. Aber vergeßt nie, den hl. Schutzengel zu bitten, daß er mitgehe und euch behüte. Es gibt ja auch giftige Beeren. Aber noch mehr braucht ihr den hl. Engel, wenn euch eine böse Lust zur Sünde lockt. Ach, manche Sünde sieht von außen so schön und verlockend aus wie der rote Hut des Fliegenschwamms, aber inwendig ist sie tödliches Gift".

Dann holte ich eine Mappe mit den Malblättern des Bruders hervor: bunte Luftballons, Blumen, Früchte, ein gelbes Getreidefeld mit rotem Mohn und blauen Kornblumen.

Schließlich die Hefte. Eine dickere Kladde zunächst, mit längeren Aufsätzen über die Himmelsrichtungen, das Klassenzimmer, den Maikäfer, die Beschaffenheit des „Fahrdamms", das Innere der Kirche, die Anlage des Friedhofs, den Wuchs der Tanne, dann der Linde und was früher unter ihr geschah, über den Kreislauf des Wassers, die Umgebung der Heimatstadt, den Bahnhof, die Hierarchie der geistlichen Obrigkeit und die Nadelfabrikation. Vorletzte Eintragung: ein Aufsatz über den Besuch Hindenburgs in der Stadt. Letzte Ausführung: „Wie das Tuch gemacht wird".

Einige „Sütterlin-Schreibhefte" enthielten die Schönschreibeübungen. Darunter ein Heft mit der Aufschrift: „Meine Ferien". Darin stand:

„Heute ist mein erster Ferientag. Wir eilen freudig nach Hause. Wir können jetzt spielen, viele Tage, denn 6 Wochen dauern unsere Ferien. Es ist schönes Wetter. Die Bücher werden fortgelegt, der Ball wird herausgeholt, und hurtig geht es auf die Wiese.

Heute ist der zweite Ferientag. Heute gehe ich mit meiner Mutter zum Wald. Dort spielen wir Handball. Ich habe einen schönen, den nehmen wir mit. Mein Vater hat auch Ferien, er ist acht Tage in die Eifel gefahren. Wenn er wieder kommt, dann fahren wir zusammen zu unseren Verwandten aufs Land.

Heute ist der dritte Ferientag. Wir waren mit dem Kaplan spazieren, haben Milch getrunken und schön gespielt. Auf dem Heimweg haben wir schöne Lieder gesungen. Jetzt ist wieder ein Tag um.

Heute morgen habe ich eine Stunde gerechnet. Dann bin ich auf den Hof spielen gegangen und habe mit dem Roller gefahren.

Heute ist Donnerstag. Ich war heute mit meiner Mutter zum Ehrenfriedhof. Dann sind wir auf den Bismarckturm gestiegen. Von da aus sind wir zum Stauweiher gegangen. Da waren viele große Fische. Wir haben im Wald Kaffee getrunken.

Freitag. Heute morgen habe ich wieder gerechnet, dann bin ich wieder spielen gegangen, habe den Kreisel geschlagen und Fußball gestoßen. Heute nachmittag war ich mit meiner Mutter zur Stadt.

Samstag. Heute habe ich für meine Mutter Einkäufe gemacht. Dann habe ich gelesen. Heute Abend ist mein Vater wieder gekommen. Er hat mir von Koblenz ein schönes Schiff mitgebracht. Ich habe mich sehr darüber gefreut.

Sonntag. Heute Morgen war ich mit meinen Eltern zur Kirche. Von dort aus habe ich mit meinem Vater einen Spaziergang gemacht.

Montag. Heute habe ich mit meinem Schiff gespielt. Das läuft schön auf dem Wasser.

Dienstag. Heute fahren wir zu meinen Verwandten, dort bleiben wir drei Wochen. Wenn ich wiederkomme, schreibe ich weiter.

Gestern sind wir wieder nach Hause gekommen. Es war sehr schön bei meinen Verwandten. Haben Sachen verlost. Ich habe ein Schäufelchen gewonnen. Dann haben wir das Puppentheater gesehen. Zuletzt wurde ein großer Ballon aufgelassen. Auf dem Heimweg sangen wir schöne Lieder.

(Unter dem Bindfaden der Heftseite eingefaltet: ein Loskärtchen mit der Nummer 240.)

Zuletzt ziehe ich vorsichtig die Schiefertafel mit angeheftetem Tafellappen hervor. Auch auf ihr ist der Aufsatz über den Besuch Hindenbrugs in „unserer Vaterstadt" zu lesen. Am unteren Rand der Rückseite noch einige Rechenaufgaben.

Die Tafel lag in einer schwarzen Mappe und war nochmals in Zeitungspapier eingeschlagen. Es stammte aus irgendeiner Kirchenzeitung vom 11. Sonntag nach Pfingsten. Ich lese hier etwas über die „Notwendigkeit eines katholischen Konversationslexikons". Auch erfahre ich, daß man im „Goldenen Hahn" gut und billig essen kann. Für das Angebot preiswerter Gemeinschaftsfahrten nach Lourdes interessiere ich mich ebenfalls. Denn unter den erhaltenen Fotos der Eltern war eines, das meine Patentante in Lourdes zeigte. Sie war damals schon länger an multipler Sklerose erkrankt, saß in einem etwas ungefügen Rollstuhl und hielt einen ebenso ungefügen, topfförmigen Hut in der Hand. Hinter ihr standen in sonntäglicher, leicht staubiger Kleidung mein Großvater und ihr Patenonkel. Beide hatten eine Hand auf den Bügel des Rollstuhls gelegt und lächelten nicht. Auch meine Patentante konnte zu einem Lächeln sich offenbar nicht entschließen. Sonst war auf dem Foto noch ein staubiger, graubrauner Weg zu sehen, der in der Ferne sich zwischen staubigen, graubraunen Bäumen verlor.

Gelegentlich fanden sich Zeitschriften bei uns, die wir nicht bezogen, aber von irgendwem zu lesen bekommen hatten. Darunter auch einige frühe Nummern des „SPIEGEL" sowie länger schon zugelassene Blätter aus der Zeit bald nach dem Krieg. Was mir an solchen Zeitschriften im Gegensatz zu den Tageszeitungen, die mich meist enttäuschten und verwirrten, gefiel, war, daß der Reihe nach immer nur Eines zusammenhängend entwickelt, durchdacht oder im Umriß entworfen wurde. Auch der Umkreis der Sache, die Geschichte ihrer Beurteilungen geriet in den Blick. Und so lernte ich daraus und sah mit der Zeit etwas weiter. In den Tageszeitungen verlief durch die Masse der Informationen kein Weg. Auch schien kaum etwas an ein Urteil, eine Ansicht geknüpft zu sein. Man vermied es ganz offensichtlich. Das sei früher, so meinte der Vater sich zu erinnern, in den „großen Berliner Zeitungen der Systemzeit", wohl anders gewesen. Er selbst war ein intensiver Zeitungsleser, aber gestand auch, dadurch wahrhaftig nicht „weiser" geworden zu sein, eben nur informierter, was immer das heiße. Allenfalls Konkretes, Erlasse, Beschlüsse, Nächtsbedürftiges, Praktisches habe er aus- und aufgehoben. Ich selbst tat nicht einmal das, sondern mied die Zeitung überhaupt, sah nur, wie Bekannte oder Freunde sie überall aufschlugen, gefaltet unter dem Arm trugen, später manchmal auch mehrere.

Ich bezog das Tägliche eher aus unserem Volksempfänger und war fast zufrieden damit, da er mein Zuhören irgendwie bildete, aber gerade deshalb vielleicht auch mein Schweigen. Die Zeitungsleser unter uns redeten jedenfalls mehr, geläufiger, waren rascher entschlossen dazu.

Viel von dem, was berichtet, beredet wurde, trieb ohnehin lange nur halb verstanden und unklar in meinen Gedanken umher, gerade auch dann, wenn ich entschlossen war, sie zu ordnen, ein eigenes Urteil aus ihnen zu bilden. Ich fand, daß die Beiträge in Zeitschriften, auf die ich mich dabei bezog, sich entweder zu speziell aufs Gegenwärtige einschränkten, wobei mir mancherlei fehlte, entgangen war, oder sich weitläufig ins Vergangene zurückzogen, in einen Dunst der Namen und Ideen, von denen ich wenig wußte und das meiste beim malenden Vermesser unten nachschlagen mußte. Damit hing auch zusammen, was in den verschiedenen Meinungen derzeit ,Anfang' und ,Ende' bedeutete, nämlich nicht einfach das, was man darunter vorstellte, sondern stets nur ein Umschlag des Einen ins Andere, so daß der Anfang ein Ende, das Ende ein Anfang sei oder werden müsse. Ähnlich war von Vergangenheit, Gegenwart, Zukunft die Rede, von Besinnung, Bestandsaufnahme oder Utopie. Stets lag mir alles in widersprüchlichen Entwürfen, Ideen vor Augen, wobei ich zunächst zwar noch resignierte, mit der Zeit aber eine gewisse Ausdauer und die Haltung abwartender Neugier annahm. Ich begann auch damit, auszuwählen, mancherlei auf- oder gar endgültig beiseitezuschieben.

Meist mit dem Vater, und auch hier nur in Bruchstücken, besprach ich, was jetzt so erörtert wurde: Fragen der Kollektivschuld, der noch umstrittenen Wirtschaftsform, des Ost-West-Konflikts, der neuen politischen Bildung. Die Verbrechen des NS-Staats selber, wie sie seit den Nürnberger Prozessen für mich immer schärfer zutage traten, nahmen wir in der Familie eher schweigend zur Kenntnis. Ich hatte hierbei oft den Eindruck, als zögen die Eltern beim Radiohören sich hinter mich zurück, der ich ganz in der Nähe des Geräts vorne alleine saß, mich auch nicht umwandte nach ihnen.

Über die Wirtschaftsform urteilte der Vater, wenn ich ihn richtig verstand, „aus Erfahrung liberal" und begrüßte auch die politische Bildung, wenn man denn genauer und einmütiger wisse, wozu. Ich selber stellte sie vorerst eher zurück, weil ich an Freunden und Schulkameraden, wenn sie dergleichen zur Sprache brachten, sogleich immer sah, daß und wie es auf ein nicht enden wollendes Mißverständnis, schließlich auf ein bloßes Gerede hinauslief.

Insofern dachte ich dem Verhalten eines älteren Lehrers zwar mit Unbehagen, aber auch mit einer gewissen Zustimmung nach, der, als die Lehrer einmal vor der versammelten Schülerschaft der Mittelstufe über irgendwelche Einteilungen des Unterrichts keine Einigkeit fanden, gelassen vortrat, die Sache mit ein paar Worten für sich persönlich entschied und die dabei betroffenen Schüler an seine Seite berief, das Nähere zu bestimmen. Danach verließ er die Versammlung rasch und knapp grüßend. Die Kollegen standen verärgert und griffen ratlos in ihre Westentaschen. Die Besprechung wurde verschoben, aber nicht wiederholt.

Als der Tag der Währungsreform kam, schenkte mir der Vater seine Armbanduhr. Er kaufte sich selbst eine einfache Taschenuhr und später erst, als er etwas angespart hatte, eine Schweizer Certina. An den Freunden fielen neue Uhren bald auf, die auch anders aussahen und ein rundes Zifferblatt hatten. Hinzu kam der verbreitete Erwerb von Lederhosen, Schuhen und Kniestrümpfen. An den Sonntagen trug man öfter schon Anzug mit langer Hose, im Winter den Ulster mit ausladenden Schultern, dazu gelegentlich einen Hut mit breiter Krempe. Und neue Fahrräder gab es natürlich, obwohl sie, ganz nett lackiert und leicht, bei weitem nicht herankamen an mein Dürrkopp-Modell aus den dreißiger Jahren oder früher noch, das schwer und solide gefertigt war und einen sogenannten Gesundheitslenker hatte. Ich gab es erst her, als ich mich später in eine „Victoria", eine Art leichten Halbrenner mit gegabeltem Oberrohr und Viergangschaltung verliebte.

Es gab überhaupt wieder mehrfach, was wir lange hatten entbehren müssen, und jene vormals hochgeschätzte Biscuitsuppe, als das Beliebteste der verabreichten Schulspeisung, oder auch amerikanische Erdnüsse, waren nichts Einzigartiges mehr. Gab es doch „Speiseeis" im Café, im Kino und sogar auf dem Fußballplatz, wo jener eigensinnige, alles Diskutieren in den Wind schlagende Lehrer einmal eine Tüte mit Berliner Ballen kaufte, die er, hinter den Zuschauern umhergehend, verzehrte, weil sein sportliches Interesse – es spielte immerhin der 1. FC. Kaiserslautern mit Fritz Walter gegen eine Auswahlmannschaft – offensichtlich gering war. Am anderen Tag in der Schule äußerte er sich zwar anerkennend über die Qualität der Berliner Ballen, aber abschätzig über den Fußball. Jene brächten Profit und zeigten den Weg, mit wenig Weisheit reich zu werden, jener aber exemplarischen Unverstand, da 22 Menschen einem lächerlich aufgeblasenen Ding hinterherliefen und kaum Gescheites dabei zustande brächten.

Was ihn öfter bestimmte, schien überhaupt eine gewisse Resignation und nörgelnde Skepsis zu sein, die irgendwie dazu führten, daß er im Unterricht entweder ganz plötzlich und wie unsinnig eingriff, oder ihn völlig vertrödelte, den fälligen Mathematik- und Chemiestoff einfach fahren ließ, um sich stattdessen über Wirtschaftliches, die ortsansässige Industrie und die neu eröffneten Geschäfte in der Stadt auszulassen. Offenbar bedauerte er, der mit Auszeichnung promovierte Chemiker, wie man hörte, nicht Wirtschaftler geworden zu sein. Dabei wohnte er hübsch, großzügig und in guter Gegend. Manchmal berief er einige von uns, seinen parkartigen Garten zu pflegen, wobei seine Frau, die er mit abwesendem Blick zwischenher laufen ließ, immerfort und etwas zu laut Getränke anbot. Kinder hatte es wohl keine gegeben.

Am Ende solcher Gartenarbeiten lud er uns an einen runden Tisch in die Laube und gewährte zur Belohnung mit großer Liebenswürdigkeit eine Art Nachhilfe in Geometrie, wobei ich mich hier wie schon öfter mit der bescheidenen Fähigkeit etwas hervortat, „in den Raum sehen" zu können. Das erfreute ihn stets sehr, zumal die meisten es nicht so zustandebrachten oder durchaus komische Vermutungen dabei anstellten. Eine gewisse Anerkennung wurde mir in dieser Zeit auch darin zuteil, daß ich die endlich einmal korrigierten Klassenarbeitshefte während des Unterrichts bei ihm zu Hause abholen durfte, wobei ich sie denn auf einer Mauer alle durchsah und einige Ergebnisse später vorzeitig ausstreute. Auch in der Chemieprüfung am Ende des Tertials lobte er mich etwas, wie er mich denn überhaupt als erster auf eine gewisse Beobachtungsgabe, die ich haben mochte, aufmerksam machte.

Das Widersprüchliche und Kuriose an ihm wollte ich mit der Zeit nicht immer verurteilen oder lächerlich finden. Es kam mir vor, als deute alles auf einen ernst zu nehmenden Hintersinn oder Vorbehalt zurück, über den er nicht sprechen wollte und über dessen genauere Beschaffenheit ich mir nicht ganz im klaren war. Man redete jetzt viel und mit der Zeit immer dringlicher von Veränderungen des Schulwesens, von der demokratischen, politisch aufklärenden Neu- und Durchordnung ihrer Grundsätze. Von der Elternmitsprache und neuen Verbänden war in den Zeitungen immer wieder die Rede, aber wohl eben nicht im Sinne unseres Gartenfreunds, der dazu den Kopf schütteln mochte und auf die Zeit seiner Pensionierung hoffte.

Auch andere, ähnlich geartete Gestalten unter den meist älteren Lehrern der Nachkriegszeit waren wohl irritiert, dazu schrullig, vertrottelt, nicht mehr ganz gegenwärtig. Wir versagten ihnen zwar kaum unseren Respekt, nur waren sie, von den Gebrechen ihres Alters einmal abgesehen, tatsächlich oft lächerlich und bis zur Entstellung überfordert. Darauf deuteten ihre Floskeln, die sie je länger, je stumpfsinniger wiederholten, und es belegten dies ihre Vorurteile, die sie herausschrien, gelegentlich förmlich ausspien. Der eine im Blick auf die immer häßlicher und verächtlicher von „Bunken" und „Schreihälsen" bevölkerte Welt, der andere überhaupt voller Haß auf die überwiegende Zahl der erbärmlichen Lumpen und abscheulichen Schurken in ihr und auch unter uns, den Schülern: „Komm' heraus da, du Lump! Was lachst du!" Und es setzte Prügel.

Es gab den, dessen Phlegma es zuließ, daß wir ein Phantom, den imaginären Schüler Schirmanski, in sein Bewußtsein und Notenheft brachten, dessen ‚Leistungen' er auf Befragen auch angab, freilich zögernd und mit gerunzelter Stirn. Und es gab den Lateinlehrer, der, mit vorgewölbtem Bauch dicht vor seinen Schülern stehend, doch ahnungslos blieb, wenn die meisten mit der eingelegten Übersetzungshilfe im „Caesar" erfolgreich täuschten und auch sonst bedenkenlos weiterlogen, wenn der Betagte die Frage stellte, ob sie gelogen oder nicht gelogen hätten, um dann, nach längerer und murmelnder Versenkung in solche Fragen, auffahrend zu entscheiden, man *habe* gelogen und gehöre ins Klassenbuch. Nicht zuletzt gab es auch einen „fabelhaft" jung gebliebenen Turnlehrer mit immer noch etwas federnden Beinen, der zwar nicht vorturnte, das ließ sein Alter nun doch nicht mehr zu, aber am Platz vollendet gestikulierte, wie man den Körper zu drehen, zu dehnen und zu beschleunigen habe, mal „zuck, zuck" so, dann „hoch hinaus" und „auspendelnd wieder". Zuverlässig beim An- und Auskleiden der Turnkleidung, das manche mit ein wenig Pfeifen oder Singen besorgten, wurden wir mit Anstreichern verglichen, was mich mit der Zeit so langweilte wie die lauernde Schärfe des Lehrers mich erschreckte, wenn man nicht zu denen gehörte, die vom „sprunghohen Olympiareck" mit Flanke oder gar Hocke „abgehen" mochten.

Eine wahre Besonderheit aber in der Riege der Altpädagogen, noch etwas mehr von ihr abzusetzen als jener Chemielehrer, war der promovierte Naturkundler und Biologe, ein Mensch von geradezu rinnender Gelehrsamkeit, die sich sogleich ausbreitete um ihn und kaum einzudämmen war, wenn man ihn ansprach auf seine Dinge. Sonst redete er wenig, stand eher bescheiden lächelnd, die Hände auf dem Rücken verschränkt, den Kopf leicht geneigt. Auch beim Eintritt ins Klassenzimmer war der Kopf geneigt, die Miene freundlich, die Bewegung etwas ungeschickt, wenn er die Bildtafel (eine mit den Hauptarten der Käfer zum Beispiel) am herabgelassenen Galgen anbrachte, dann etwas hochzog, beiseite trat, die Arme auf dem Rücken verschränkte, sie aber kurz wieder löste, um, nach einem etwas steifen Wink auf die Tafel, zu beginnen: „Es gibt der Käfer viele". Und jetzt strömte sein Epos im rheinischen Tonfall dahin, und es endete nicht eher, bis der Lehrer beim vermuteten Läuten den Kopf wie lauschend zur Seite drehte, den Blick, sonst ins Weite gehend oder zu Boden, erstmals auf die Klasse richtete und fragte: „Hat's geläutet?" Man nickte, und er sprach endend: „Aah so".

Natürlich waren von den gut dreißig Schülern der Klasse die wenigsten aufmerksam. Nur laut werden durften sie nicht, denn dann konnte der Naturepiker böse werden, hampelte mit fuchtelnden Armen heran und schlug wild auf den Störenfried ein. Indes geschah dies nur selten, denn man sah sich vor und wußte um das verblüffende Gedächtnis des Lehrers, wenn er am Ende des Tertials sich die Noten zurechtlegte. Hierbei trat er zu gegebener Zeit nach vorne, rief mit dem Notenbüchlein in der Hand jeden auf und notierte nach kurzem Hinsehen das Ergebnis mit der Bemerkung: „Aah, das ist der". Dabei erhielten, die gestört hatten, ihre Quittung ebenso wie die zwei bis drei Aufmerksamen, und sogar ich bekam einmal eine leidliche Note, weil ich bei der Durchnahme der Schnecken mir etwas genauer hatte erklären lassen.

Dennoch priesen alle Schüler die fabelhaften Kenntnisse dieses Meisters mit Respekt, und wenn es sich traf, daß beim Wandertag ein Klassenlehrer ausfiel und verkündet wurde, der Biologielehrer übernehme die Führung der Verwaisten, gab es Zustimmung und bei den Jüngsten gar Jubel. Eine eigene Klasse hatte er wohl nie. Gleichwohl war er bei allen Veranstaltungen der Schule anhänglich zugegen.

Die jüngeren Lehrer, als sie aus der Gefangenschaft oder auch nach ihrer Denazifizierung in den Schuldienst zurückkehrten, waren ‚besser' nur in dem Punkt der bewahrten Disziplin und genaueren Überprüfung der Leistungen. Wenn sie überhaupt die meist immer sehr beachtete Grenze zwischen sich und uns einmal knapp überschritten, entstand auf beiden Seiten eine gewisse Verlegenheit und in späteren Jahren erst Aufgeschlossenheit, Zuhören, Verständigung. Wenige Lehrer nur trafen den richtigen Ton, die meisten standen steif oder vermummt unter uns. Dabei ging es nie oder ganz selten einmal wirklich um uns als so oder so Fragende, Interessierte, Veranlagte. Auch nicht in einem zweiten oder dritten Sinn um die Sache und ihre volle Gestalt, sondern meist nur um das, was wir in welchem Maße – nie: in welcher Weise – reproduzierten, ablieferten, intus hatten davon. Anderes, Weitergehendes störte, unterbrach, lenkte ab, also: „Zur Sache jetzt!". Der Text des römischen Geschichtsschreibers war zu übersetzen, grammatikalisch exakt zu erfassen. Nur, zu denken war er nicht. In Geographie entstanden Zahlengruppen, keine Zusammenhänge, und im Geschichtsunterricht, in dem weder die jüngste Vergangenheit noch Gegenwärtiges vorkamen, herrschte die tabellarische Übersicht. Ich hatte eine, weiß wer, woher, die ging bis 1910. Was aber half's? Der Deutschunterricht, wo er Sprachunterricht war, vernachlässigte die Sprache lange am meisten. Einzig der Mathematikunterricht konnte, weil er wohl mußte, so bleiben wie er war. In Physik dagegen fiel schon wieder viel auseinander. Die Definitionen waren mit den trockensten Beispielen verbandelt, die an nichts Wirkliches erinnerten. Überhaupt ein Wunder, daß da draußen vor dem Fenster alles so gehen sollte, wie es hier drinnen knöchern bestimmt war. Wie erstaunte ich, als einer der oft wechselnden Physiklehrer, die ich damals hatte, auf meinem Tisch ein mir vom Vater überlassenes Physikbuch aus dem Jahr 1900 entdeckte und die darin enthaltenen Definitionen der Mechanik ihrer Schärfe wegen hoch pries. Ich war augenblicklich interessiert und auf eine Erklärung gespannt. Es kam aber nichts weiter heraus dabei, und so blieb es bei den Definitionen, die wir – wie fast alles Wissenswerte um diese Zeit – der mangelnden Bücher wegen sorgfältig aufschrieben.

So war es wohl. Oder auch nicht. Denn ich hörte auch Rühmenswertes von Lehrern sagen, zumal in den oberen Klassen, wohin man die besten Kräfte offensichtlich zusammenzog und an jene fortgeschrittenen Schüler heranbrachte, die eigentlich schon keine mehr abgaben. Sie waren von der Vierlingsflak und aus kurzer Gefangenschaft noch einmal zurück in die Schule geholt worden und gerieten hier in einen Sonderlehrgang, nach dessen Abschluß sie ihr Abitur ablegten. Auf dem Schulhof standen sie separat in kleineren Gruppen, und ich belauschte sie manchmal, bewunderte und beneidete sie, weil sie sich anders besprachen, so schien es, aber auch einst unsere Fähnleinführer hätten gewesen sein können.

Wenn es sich so ergab, daß wir im Bus einmal mit ihnen zusammentrafen, auf der Fahrt ins Theater nach Köln oder in die Oper dort, so sah ich, wie der eine oder andere Lehrer das Gespräch mit ihnen so anders führte, als ich es gewohnt war, abwägender, nachdenklicher, leise. Kaum, daß in dem mir gewohnten Ton etwas zurückgestellt, zurückgewiesen wurde, oder einer der ältlichen Pädagogen Gelächter Heischendes vorbrachte: die „erstaunliche Schenkelpracht" einer gerüsteten Jean D'Arc zum Beispiel, als das Beste, das man von ihrer sonst kläglichen Gegenwart in einem ebenso kläglichen Stück „mit Fug" in Erinnerung behalten dürfe.

Während einer solchen Busreise fiel mir von den Sonderlehrgängern einer auf, den ich nachher noch öfter sah und beobachtete. Er war später zugestiegen und fand Platz neben meinem damaligen Deutschlehrer, der ihn zu kennen schien, zunächst leise mit ihm sprach, dann aber wie sein Nachbar bald wieder verstummte. Auch auf der Rückfahrt, als die Älteren sich miteinander besprachen, fand ich ihn stumm und für sich, mit gesenktem Kopf. Wenig später begegnete ich ihm mittags, zur Zeit der Schulspeisung noch. Und wieder war er allein, sah nach beendeter Mahlzeit mit erhobenem Kopf in den Saal und schien, unmerklich fast, über etwas zu lächeln. Ich beobachtete, wie er aufstand und wegging, langsam, breitschultrig, mit gesenkten Kopf. Auch bei den Veranstaltungen der Schule bemerkte ich ihn, sah, wie er aufstand am Ende, den Kopf gesenkt, ohne Beifall. Und später einmal, an einem Wintertag, sah ich ihn unsere Straße heraufkommen, vom Wald her, ohne Kopfbedeckung, nur am Hals durch einen sorgfältig eingelegten Shawl geschützt. Sonst trug er einen grauen Vor- oder Nachkriegsmantel. Ich sah ihn kommen, die Straße weiter hinaufgehen und am oberen Ende zur Stadt hin abbiegen.

Wieder einmal schenkte ich diesem, wie seinesgleichen auch sonst, mehr Beachtung als den Redseligen, alles rasch Wissenden, flinkweg Entscheidenden, die es fertig hatten sofort, immer nur abzogen, nichts fraglich entwickelten. „Aber du weißt doch überhaupt nichts von ihm", sagte Erhard Köpf, „hast ihn nie reden hören. Und vielleicht hat gerade er es am schnellsten ‚parat', wie du immer sagst und nicht leiden kannst, weil du es selber nicht hast!"

Ich fing an, mich entschieden an unseren Deutschlehrer zu halten, der zwar bei weitem nicht den Respekt wie andere Lehrer genoß, ja als überaus langweilig verschrieen war, aber doch mein Interesse fand.

Was sogleich ins Auge fiel, war seine breite, dazu hohe, gewölbte Stirn, die einen eigensinnigen, ja manchmal finster abweisenden Ausdruck annahm, wenn die klaren, grauen Augen, in denen das Denken wie in einem Tierblick unkenntlich lag, sich tief darunter zurückzogen. Er war kräftig, von mittlerer Größe, ging rasch, fast elastisch, und schien mit einer nervösen, vom Hals ausgehenden Bewegung das Athletische seines Körpers immer wieder einmal ins Lotrechte rücken zu müssen, so, als habe es sich verschoben oder sei gar erschlafft. Vor uns stehend, etwas eigensinnig und beleidigt, bevor noch irgendein Ärgernis ihn wirklich betroffen hätte, sprach er doch interessant, wie mir schien, überaus beschäftigt und in Anspruch genommen von seinen Gedanken, die er mit öfterem Zurechtrücken seiner athletischen Erscheinung förmlich durcharbeitete, aber dann auch preisgab, wenn er die wachsende Langweile der meisten, ihr Desinteresse bemerkte. Kam es dazu, und dazu kam es sehr oft, brach er ab, brachte allenfalls noch ein „Bitte?", ein verständnisloses „Was?" hervor und gab auf. Für den Rest der Stunde kramte er lustlos und geistesabwesend in weiteren Dingen des Unterrichts, die nun wirklich langweilten.

Was mich beschäftigte an seinem Unterricht, der Sprach-, Aufsatz- und Literaturlehre stets miteinander verband und schrittweise vertiefte, waren die jeweiligen Muster, der Plan seiner offenbar sehr ernsthaften Vorbereitungen. Ich suchte mir vorzustellen, wie und mit welcher Absicht er über allem gesessen, gebrütet habe und lernte unmerklich dabei. Daß er dann doch oft scheiterte, störte und beschäftigte mich kaum, stand auf einem anderen Blatt. Ich war auf jede Stunde gespannt und vom eigentümlichsten Aufbau der Sache fasziniert.

Glaubte ich überhaupt nur ein wenig erkennen zu können von der Art und Bemühung der Lehrer, lagen augenblicklich auch sonst die Sachen erfreulich, fand ich heraus, was herauszufinden war, fing ich an, selbständiger zu werden. Nur in einem haperte es. Zwar las ich, von der runden Handschrift des Lehrers angenehm unterbreitet, daß ich im „Vorstehenden", einem Aufsatz etwa, lebhaft, interessant und zuweilen auch treffend, aber leider nicht recht gegliedert und ohne rechten Schwerpunkt mich ausgelassen hätte. So rang ich denn künftig um Schwer-, ja Schwerstpunkte, die ich wohl mit Abgründen verwechselte, denn ich drang, statt ins Klare, ins verwickelt Tiefe, oft Dunkle und irrte natürlich erneut. Zwar einen durchaus gedankenreichen Aufsatz hätte ich geschrieben, so lautete das Urteil, doch leider auch den mit der fraglichsten Ordnung.

Schwerpunkte, Ordnungen, Gliederungen. „Aber gewiß und nichts anderes", meinte der Vater und ließ sich kopfschüttelnd erklären, was in meinem Aufsatz denn dies nun mit jenem und ein Drittes überhaupt hier zu tun und zu suchen habe. Meinen Erklärungen, merkte ich, lauschte er ungläubig. „Geh' weg", schloß er lächelnd, „geh mir weg. Erzähl mir nichts."

Aber es ging doch besser allmählich, nie ausgezeichnet, doch ganz ordentlich. Dazu hatte ich angefangen, mich mehr auf die mündlichen Beiträge zu konzentrieren. Von Haus aus gehalten, nicht eben viel, aber knapp, nach Möglichkeit auch „pünktlich" zu reden, ließ ich mich jetzt etwas öfter und länger heraus. Vor allem dann, wenn es nicht gleich und abstrakt um Allgemeines ging, sondern zunächst das beobachtete und erkannte Einzelne interessierte, mir wichtig und durchscheinend wurde.

„[...] der Würfel stand darinnen", lasen wir in Stifters „Hochwald", „aber siehe, er hatte kein Dach". Und rückblickend bemerkte ich, wie in der Erzählung ja längst schon, unkenntlich-kenntlich, viel ohne „Dach" war. Erschien nicht das ferne Vaterhaus, der „geliebte Würfel", als er von den im Krieg evakuierten Geschwistern zum ersten Mal aus der Ferne mit dem Glas gesucht und gefunden wurde, zwar „zum Staunen erkennbar", aber damals schon von „Träumen" und „Blitze(n)" im Prisma verstellt? War nicht überhaupt alles zweideutig in der Geschichte, von Anfang an? Zwar „wie gemalt" obenhin, „aber siehe", wie „wildfremd" auch, zum „Erschrecken klar".

So ähnlich buchstabierte und dichtete ich auch an den besprochenen Werken im Kunstunterricht. Zwar war ich im Ganzen der praktischen Malversuche selber wenig frei und im Kleinen, bei der Nachahmung von Astformen und Blattwerk etwa, auch nur genau, aber das Beschreiben vorliegender Bilder gelang mir gelegentlich besser. Zum genauen Beobachten und Nach-denken der Darstellung hielt der Lehrer an Beispielen immer wieder an, oder er versuchte es zumindest, denn die meisten waren nicht immer interessiert. Wie oft mußte er sich unterbrechen, wenn er, klein und vorgebeugt, am Bildrand einer größeren Reproduktion stand und mit der langen, fein gegliederten, selber wie bildend geführten Hand auf und nieder glitt, den Kopf senken, die Augen schließen, warten, bis endlich wieder mehr Ruhe war und er fortfahren konnte. Er unternahm nie etwas dagegen, allenfalls rächte er sich manchmal ironisch, wenn wir unsere freien Arbeiten vorlegten: „Schau an. Krug auf Sonnenuntergang, vermute ich. Stimmt's?" Merkwürdig einsilbig blieb er bei den Arbeiten derer, die nun „wirklich" malen konnten. Denn als Zeichenlehrer verstand er sich wohl nicht. Das „prinzipielle" Gestalten, der leitende Gedanke dabei, fanden sein Interesse. Der Deutschlehrer unterschied hier ja ähnlich, wenn er die von allen bewunderte Naturschilderung des einen nur „gewandt" und „gut abgesehen" nannte, die eines anderen dagegen „im Prinzip originell".

Wollte mir aber das geforderte Prinzipelle unseres Kunsterziehers nicht immer einleuchten und hätte ich doch gern auch ein wenig zeichnen gelernt, so bewunderte ich seine kommentierenden Anmerkungen zur Kunstgeschichte rückhaltlos. Ich folgte mit Interesse seiner nachgestaltend fingernden Hand an den reproduzierten Blättern großer Werke, und eines Tages sollten wir eine Arbeit Hans von Marées beschreiben, dessen Martinsbild aus dem Triptychon der „Drei Reiter" er mitgebracht hatte und aufstellte.

Für meine Verhältnisse meldete ich mich sehr rasch und wußte doch zunächst nicht, wo und wie anzufangen sei. Ich entschied mich endlich, angezogen von Raum und Farbgebung des Hintergrunds, hiermit zu beginnen, jedenfalls nicht mit dem leuchtenden Goldgelb des Helms im Mittelpunkt, das ich mir für später aufhob. So sprach ich also vom offenen Waldstück und verharschten Schneegrund, von dem aus den schweren Hufen und zottigen Gliedern aufgebauten Schritt des Pferdes, seinem wohlgenährten Rumpf, der warm dämmernden Satteldecke. Dann war der römische Reiter mit dem ausgebreiteten Mantel hervorzuheben, sein rundes, durchwärmtes Gesicht und die tief unter dem Stirnschirm des Helms verborgenen Augen. Danach endlich die dunkel und bräunlich schimmernden Glieder, die gefalteten Hände des schlanken und aufrecht in Lumpen heranschreitenden bärtigen Mannes, keines Geringen, bei genauerem Hinsehen, Christus selber vielleicht. Und jetzt erst sollte der funkelnde Helm des Römers als Letztes zur Sprache kommen, mit dem Widerschein eines hohen und fernen Lichts darauf, das auch auf dem Schneegrund noch etwas lag, wo Raben zu sehen waren, das Geschaute zu merken, dann überall zu verkünden.

Von Bildern, Gemälden, war aber in der Schule überhaupt jetzt die Rede. In der Aula dunkelte ein großes Langemarckbild an der Wand, darauf waren Soldaten beim Sturmangriff, auch Verwundete und Gefallene zu sehen. Es sollte weg und ersetzt werden, wenn auch nicht ohne Bedenken, nicht ohne Widerspruch, wie man hörte, den vor allem die älteren Ehemaligen vorbrachten. Doch es kam schließlich weg und wurde durch ein anderes ersetzt: Ensemble herbstbunter Bäume und Stauden bei noch reichlich vergönnter Sonne und lichtem Himmel, dazu der spiegelnde Wassergrund einer nahen Talsperre. Freundlich und hell. Eine Art Heimatbild also und willkommene Ablösung.

Indes war auch, wie einer der Deutschlehrer bei der Enthüllung besinnlich aufzeigte, das Bild einer *versunkenen* Heimat darin bedeutet. Und in der Tat: der aufgefundene Abituraufsatz aus der Planungszeit jener Sperre enthielt die bewegte Schilderung eines, der mit seiner Familie damals die Heimat verlassen mußte, Hof und Land der Väter seit langem. Nach einem letzten Blick ins Tal und auf die Stätte ihres bisherigen Lebens, so hieß es, seien sie alle mit Vieh und Wagen hinüber in eine benachbarte Gegend gezogen, wo zwar alles ebenso so gut wie vordem errichtet und die Arbeit frisch wieder aufgenommen worden, aber doch zunächst keine Heimat gewesen sei. – Der Schulchor sang abschließend: "Kein schöner Land", und danach gingen wir in unsere Klassen zurück.

Hier stand ich eine Weile bei Kameraden, darunter auch jener Entschlossene, die sich etwas gewundert hatten über den Aufsatz. Sie seien alle "aus dem Osten", wo sie zwar keinen Hof zurückgelassen hätten, wie viele der Schicksalsgenossen immer angäben, aber sonst wohl alles ersatzlos und die Heimat auch. Der Geschichtslehrer, der, die beringten Hände wie betend erhoben, stets alles ablas aus der tabellarischen Übersicht, schien hierauf nicht vorbereitet zu sein, versprach aber, in einer Sonderstunde darauf einzugehen. Die freilich ließ auf sich warten.

Einer war auch dabei, der sagte nichts, hatte zuerst seinen Vater, später seine Mutter, die eines Tages wegsollten, ersatzlos verloren und war nur deshalb nicht mit, wohin er damals nicht wußte, weil er rechtzeitig in ein Haus gebracht worden war, wo er sicher schien, aber bald auch wieder weg mußte, was dann mehrfach geschah. Er war nicht sehr groß, schrieb gute Arbeiten und zog beim Turnen nur Jacke, Hemd und Schuhe aus. Eines Tages war er weggezogen, und der Geschichtslehrer sah mit erhobenen Händen auf seine tabellarische Übersicht.

Es war nie viel die Rede vom jüngst Geschehenen. Auch an den Gruppenabenden nicht, dafür lange und ausführlich von "Der Wanderer zwischen beiden Welten". Die Eltern, hinten im Raum bei den Radiosendungen, schienen ebenfalls nicht mehr viel preisgeben zu wollen, führten nicht weiter aus, was wir früher schon einmal, in Andeutungen wenigstens, begonnen hatten. Die Mutter weinte hinter ihrer Faust, hielt ein Taschentuch darin, und der Vater sah im Halbdunkel ganz fahl aus, schwieg, wenn sie beide später ins kleinere Zimmer gingen und er mir die Hand auf den Kopf legte. Ich sah dann oft noch die kleine

Schar meiner paar Bücher durch, ohne zu lesen, und eigentümlicher mochte nichts sein, als ein aufgeschlagenes Blatt hier und da in der Dämmerung vor mir.

Es schien mir oft so, als habe ein jeder, was „gewesen" war, aber noch gar nicht vergangen schien, immer ganz anders in sich, wo es bewegungslos stockte, sich nicht verglich, nicht austauschte mit anderem. So blieb etwas aus, was hätte sein können, aber kaum einer nahm Anstoß daran.

Es schien mir unmöglich, den Vater und andere Denazifizierte ineins zu denken. Auch jene nicht, die man Unbelastete nannte. Es gab keine gemeinsame Sprache für das, was je und je zerstückt, immer anders war, aber stumm blieb. Niemand sprach, niemand hörte.

Selbst das in Nürnberg, nachdem es zu Ende gebracht worden war, schien kaum nachhaltiger mehr zu beschäftigen, nichts ins Bewußtsein zu dringen. Ein paar scharfe Stimmen nur hörte ich, die sich verwahrten dagegen. Die ja. Die meisten aber kommentierten es nicht, mußten immer noch weiter, dahin, dort-hin, rastlos im grämlich-alltäglichen Hin und Her von Ankommen und „Weg-machen", auch nach der Währungsreform noch. Die brachte zwar viel, wie man sah, aber sie machte mir auch manchmal den Anschein eines neuen, perfekten Bezugscheins, auf dem es auch etwas „gab", womit man jetzt hinter sich ab-schließen konnte. Vor allem aber, sagte der Vater, warte jetzt alles und dränge darauf, daß endlich „etwas getan" werde. Und er setzte mir ungefähr auseinan-der, was „Kriegsfolgen" seien.

Ich sah ihn jetzt wieder öfter über Zeitungen und klein gedruckten Vor-schriften, Regelungen, Vereinbarungen grübeln, hörte ihn von den Parteien und alten Konflikten reden, und daß es nun anders, aber erneut wieder losgehe. Es war ja bei weitem nicht so gekommen, wie er an jenem 8. Mai einst befürchtet hatte, als ich eben dabei war, das im Garten vergrabene Fahrtenmesser zu su-chen, das ich, in einem anderen Sinn, wohl immer noch suchte. Finden aber wür-de ich's nie. Denn eine an unseren Garten zunächst nur angrenzende Schutthal-de, die von den Amerikanern angelegt worden war, hatte sich ein Stück weit in ihn hineingeschoben und viel begraben.

In der Klasse war unter den Kameraden zwar hin und wieder von Politik und Politischem die Rede, aber auch hier nie in dem Sinn, der mir wichtig schien. Einer der Schüler, der auch an den Gruppenabenden teilnahm und nach der Währungsreform schon mehrfach mit seinen Eltern in Urlaub gefahren war, viel gesehen hatte, setzte mir auseinander, daß jetzt auch – und das mehr denn je – wir, die Jungen, politisch werden und denken müßten. Durchgreifend alles müs-se politisch, freiheitlich-demokratisch durchdacht und bis ins Kleinste rechtfer-tigt werden. „Und auch du", fügte er plötzlich hinzu und hob einen Zeigefinger, „du solltest es auch tun". Wir standen nebeneinander auf dem Schulklo. Ich sagte nichts, machte fertig und ging.

Natürlich sah und erkannte ich, wenn auch ohne große Bedenken und nicht besonders betroffen darüber, daß ich bei weitem nicht wisse, was mein Politiker da oder die anderen wußten. Nur, es kam immer so ärgerlich rasch, so geläufig und mit Zeitung daher, was sie wußten, wieso und nicht anders. Dazu gewisse Wortführer. Und was einer sagte, wenn es nicht traf, was sie sagten, war er Luft.

Nach dem Schulklo neulich war es aber dann doch noch versöhnlich zugegangen. Im Hinausgehen lächelnd, raunte der Eiferer ironisch: „Im eigentlichen Sinne des Wortes ist es nicht eine Heide, sondern weit von unserer Stadt ein traurig lieblicher Fleckchen Landes, das sie die Heide nennen ...". Ich sollte im Deutschunterricht neulich etwas über Stifter referieren und hatte auch zu zeigen versucht, wie seine Geschichten so anfangen.

Inzwischen war ich auf umständlichen Reisen und in immer noch überfüllten Zügen wieder ein paar mal bei meinen Verwandten gewesen. Sie wunderten sich zwar, wie ich „geschossen" sei, nahmen aber sonst wenig Anteil. Sie wohnten in anderen Häusern, durchlebten andere Tage, hatten andere Geschichten.

Ich ging abends spät noch manchmal umher, suchte allerlei Orte auf und lehnte mich in der Dunkelheit auch einmal in die hintere Hecke der Obstwiesen, sah und horchte auf den Feldweg hinaus, der draußen vorbeiführte. Aber alles war anders jetzt, fast wie nicht gewesen.

Auch der Bühnenkeller lag teilweise verschüttet, denn das Saalgebäude, inzwischen nur notdürftig verwahrt, war von Granaten getroffen worden. Hier sah ich auch Onkel Johann wieder, der sehr krank und abgemagert schien, und Tag für Tag im zerstörten Saalgebäude arbeitete, um zu retten, was noch irgend zu brauchen war. So vor allem das wertvolle Parkett. Ich half, die Bretter herauszulösen, sorgfältig zu säubern und anschließend trocken zu lagern.

Bei der Pflege jüdischer Gräber auf dem Friedhof, die man dem Onkel auferlegt hatte, half ich auch oder stand daneben, wenn er mit den Geistern derer, die hier ruhten, Zwiesprache hielt, so als seien sie wie einst beisammen, wenn sie eingekehrt waren bei ihm und sich austauschten. Er kannte viele von ihnen, Alte und Junge, und erzählte mir ihre Geschichten. Nur, wo und wie denn nun andere, die nicht hier lagen, aber wohl auch bei ihm eingekehrt sein mochten, weggekommen waren, beschwieg er. Ich mochte auch nicht sehr in ihn dringen, der mit eingefallenen Wangen da hockte, aus einer Pfeife getrocknete Minze rauchte, die er tief einsog. Einmal sagte er etwas Unverständliches, packte dann ein, und wir gingen.

Auch mein Taubenfreund hörte, daß ich gekommen sei und wechselte ein paar Worte mit mir. Er könne mich kaum noch sehen, sagte er, denn seine Augen würden schlechter von Tag zu Tag. Sonst gehe es aber gut und überhaupt alles anders jetzt, wie ich ja selbst wisse: „Sieh nur zu, daß du wirklich was lernst, und so, daß es auch anders bleibt oder nach Möglichkeit besser wird". Er stand hoch aufgerichtet, von ein paar Leuten umgeben, und sprach in die Richtung, in der er mich vermutete. Es waren nur wenige Schritte bis zu ihm hin, aber ich ging sie nicht, denn zunächst eine gewisse Enttäuschung darüber, daß er anders sprach als früher, dann aber eine Art Verlegenheit, die ich bisher so nicht kannte, hinderten mich daran. Er schien mir, ich weiß nicht wie, eine Lektion erteilen zu wollen, und was er sagte, kam mir vor wie ein Verweis. Wenig später hörte ich dann, daß der Taubenfreund sich damals als Kommunist unerkannt in der Gegend hier hatte aufhalten können, nach dem Einmarsch der Amerikaner gleich wieder aktiv geworden sei und seit längerem in dem Gutshof eines ehemaligen Nazis residiere. Sein finsterer Kostgeber von einst, der Sanitäter, sei kurz nach Kriegsende verstorben, und die Witwe dann endlich seine Frau geworden. Er lebe jetzt gut, habe Land gekauft und, wie man höre, auf dem Friedhof eine große Grabstätte für sich erworben.

Als ich später wieder einmal bei den Verwandten war, hörte ich von seinem Tod und besuchte die gewaltige Grabstätte, die einzige mit einer großen, alles bedeckenden Marmorplatte.

Auch Onkel Johanns schmales Grab lag in der Nähe. Er hatte, nach dem Tod seiner im Krieg verstorbenen Frau einsamer und einsamer lebend, doch noch einmal geheiratet, aber diese Ehe brachte kein Glück. Er erkrankte an allerlei und starb, immer noch mit Arbeiten an dem Wiederaufbau des Gesellschaftssaals beschäftigt, an Herzversagen. Ich erfuhr nun auch Genaueres über seine Lebensgeschichte. Die „Vier Jahreszeiten" gehörten nicht ihm, sondern seiner Frau, die, nachdem ihr Mann im Ersten Weltkrieg gefallen war, Onkel Johann geheiratet und damit ihrem kleinen Sohn einen Vater, dem Anwesen einen Verwalter gegeben hatte. Onkel Johann aber war auch kein Gastwirt, sondern zunächst Prokurist in einem der nahen Zechenbetriebe gewesen, den er freilich verlassen mußte, nachdem er bei jenem großen Streik, der auch den Vater so sehr in Verlegenheit gebracht hatte, die Partei der streikenden Bergleute auf berüchtigte Weise ergriffen hatte. Danach erst besorgte er Haus und Wirtschaft seiner Frau, suchte seinen Stiefsohn den eigenen Kindern, die, ein Junge und ein Mädchen, noch geboren wurden, in jeder Hinsicht vorzuziehen und hatte ein lebensgroßes Porträt seines Vorgängers im Schankraum der „Vier Jahreszeiten" anbringen lassen. Hier muß er wohl auch in Gesprächen für Hitler Partei ergriffen, aber doch niemals zugelassen haben, daß ein Bild des Führers im Gastraum angebracht werde. Auch das Saalgebäude stellte er für Veranstaltungen der NSDAP nicht zur Verfügung. Haus und Wirtschaft seien nicht sein Eigentum, gab er an, und eine politische Inanspruchnahme seiner Frau nicht zuzumuten. Tatsächlich hatte ich im Haus des Onkels auch nie eines der üblichen Hitlerbilder bemerkt. Wohl eine postkartengroße Photographie, die Adolf Hitler in Zivil zeigte, und hinter die Glasscheibe eines der Küchenschränke geklemmt war. Auch über seinen Auftritt in der Kirche eines Sonntags, sehr zum Kummer seiner Frau, klärte man mich auf. Er sei deshalb geschehen, weil statt der Predigt ein „politischer Hirtenbrief" der Bischöfe verlesen worden sei. Der Onkel habe daraufhin das Orgelpult und die Kirchentür hinter sich vernehmlich geschlossen und das Gotteshaus wohl nie mehr betreten.

Kurz vor seinem Tod sah ich ihn noch einmal, als er mit einer Nierengeschichte zu Bett lag, aber dennoch seine üblichen Scherze mit mir trieb. Ich hielt ihm lachend vor, wie sehr er mich doch immer an der Nase herumgeführt oder zu allerlei Streichen angestiftet habe, woran dann auch er sich mit Vergnügen erinnerte. Auch als Stimmennachahmer, überhaupt Schauspieler, zeigte er sich noch einmal und ließ einige berüchtigte Bewohner des Dorfs vor meinen Augen und Ohren Revue passieren. Darunter auch den finsteren Sanitäter im speziellen Fall seiner öffentlichen Einführungen in die Kunst der „Ersten Hilfe", wenn denn zu zeigen war, wie man das „dreiecketije" Tuch bei Armbrüchen anzulegen hatte. Nur mit Mühe war er davon abzuhalten, aufzustehn und mir einige Scherzlieder auf dem Harmonium vorzuspielen, die er in jungen Jahren gerne gesungen hatte („Ein Afrikaner schob zum Spaß / Ein Wägelchen, gefüllt mit Gras" usf.). Seine etwas knochige, meist verschlossene Frau war ohnehin schon ein paar mal in der Tür erschienen, um sich mehr Ruhe für sich und auch ihn auszubitten. Wenn sie erschien, erstarrte des Onkels Gesicht zu tiefem Ernst, um gleich danach, wenn sie verschwunden war, sich wieder lebhaft zu runzeln. Tante Therese, die nächstjüngere Schwester des Onkels und von hektischem Räusperzwang – ebenfalls ein Kabinettstück der Nachahmungskunst Onkel Johanns – oft heimgesucht, hat später behauptet, die zweite Frau habe dem Bruder nicht nur alle Freude, sondern – und hier räusperte sie sich heftig – auch förmlich das Leben genommen.

Das Merkwürdigste aber leistete der Onkel für mich, wenn er in meinem Beisein mit hundert Dingen sich immerfort murmelnd besprach, wenn er sie hervorholte aus ihren Behältern und Aufbewahrungsorten, sie begrüßte, lobte oder schalt. So sprach er auch jeden Morgen freundlich mit den Schwellern seines Harmoniums, das er feierlich öffnete, pries, dann endlich spielte, mit der leicht näselnden Stimme des Organisten begleitete: „Lacrimosa dies illa, / Qua resurget ex favilla / Judicandus homo reus". – Als das Grab seines Vaters einst einzuebnen war, soll er die Arbeiter dazu gebracht haben, nach dem Schädel zu graben, um ihn mitzunehmen nach Hause und auf dem denkbar üppig geratenen Gründerzeitsekretär zu stellen. Es muß tatsächlich etwas geworden sein daraus, denn die Mutter erinnerte sich an einen entsetzten Bericht ihrer Schwägerin, der diesen Vorgang betraf.

Bis auf ein paar Kusinen, sechs bis zehn Jahre älter als ich, und die beständige Freundlichkeit meiner Tante Therese, trat mir in der Verwandtschaft nicht viel Bemerkenswertes mehr entgegen. Ein Vetter vielleicht noch, der mir gelegentlich etwas Zeit widmete, und Onkel Hermann, o Gott, Tante Thereses Mann, der schon von Onkel Johann belachte und vorgeführte Inbegriff eines borniertem Menschen, der zu allem, was man sagte, verneinend den Kopf schüttelte oder ingrimmig wortlos umherging. Von seiner Frau ohnehin wie ein rechtes Kreuz empfunden und erlitten, schmerzte es sie doch am meisten, wenn an den Tag kam, daß er, wieder einmal angetrunken, und in einem solchen Zustand auch fidel, die Dorfkneipe singend verlassen hatte und dabei etwas aufgefallen war. Nach einem solchen Vorfall ging Tante Therese mit schamvoll gesenktem Haupt, gleichwohl hektisch sich räuspernd daher, trat kaum vor, wenn sie beim Kaufmann an der Reihe war und blickte „genau so wie die schmerzensreiche

Mutter auf den Sterbezetteln". So jedenfalls Onkel Johann, der es wieder einmal traf.

Sonst aber verdrehten mir jetzt die Mädchen den Kopf. Das hatten sie hier und da zwar schon einmal getan, aber flüchtiger doch, nicht so blitzschnell und blickweise verheerend. Zwar merkten sie kaum, was sie da anrichteten bei mir, denn ich verstellte mich sehr und galt deshalb als eingebildet. Tatsächlich war mir das offene Drängen und Balzen der anderen immer etwas unangenehm, wenn es nach der Messe galt, sich erlaubtermaßen an die Gruppe der Mädchen heranzumachen, die gleichgültig taten, aber doch darauf warteten und ihren Kreis bereitwillig öffneten, in dem man nun herrlich nah beieinander stand. Traf ich dagegen die eine oder andere der Anziehendsten allein, so wagte ich mehr, aber ohne greifbares Ergebnis. Gelang es wirklich einmal, daß ich an einem schwülen Sommertag mit einer hell oder dunkel Gebräunten den Weg zum stadtnahen Stauweiher alleine einschlug oder dort gar ein wenig hinausschwamm mit ihr, so gab es sehr bald auch andere, die mir die Freude versalzten. Dabei sah ich auch, wie viel mit Gewalt geschah: das unvermeidliche „Döppen" der Mädchen etwa, bei dem man sich sekundenlang abstützte auf ihren Körpern und sie so unter Wasser hielt. Oder im Winter die unausweichliche, oft sehr derb betriebene „Schneewäsche". „Sie wollen es so und nicht anders", sagte jemand im Vorbeigehen einmal, als wir ein Mädchen bemerkten, die nach einer solchen „Wäsche" damit beschäftigt war, sich vom Schnee zu befreien, der so dick auf und unter ihrer Kleidung pappte, daß sie ganz unförmig und kaum zu erkennen war.

Gewiß gewöhnte ich mich mit der Zeit an solche Allüren und machte widerstrebend auch schon mal mit. Dafür verhielt ich mich auf eine andere Weise vielleicht noch bedenklicher, indem ich mich abermals verstellte, aber diesmal in der Rolle des Burschikosen, angeberisch Routinierten auftrat. Unser Musiklehrer, der in der Volkshochschule mit jungen Leuten Lieder einübte, mochte seinen Augen nicht trauen, als er mich, verspätet eingetreten, an der Seite einer vielbegehrten und oft beredeten Schönen lässig Platz nehmen und zu ihrem und aller Staunen sehr vertraut mit ihr tun sah. Ich hatte Glück, daß sie mich lächelnd gewähren ließ und brachte mit der Zeit sogar meinen Arm um ihre Hüfte, wo ich ihn länger ließ, als ich bemerkte, wie sie nach anfänglichem Widerstreben sich leise schickte und etwas schmiegte in ihn. So saßen und sangen wir eifrig nebeneinander, sie, die ihrer erotischen Geläufigkeit wegen eine Art Ruf zu verteidigen hatte, ich, der seiner Schüchternheit und vermeintlichen Eingebildetheit wegen erst einen solchen zu gewinnen trachtete.

Nachher erst, als ich auf Weiteres drängte, wurde ich zurückgewiesen von ihr, aber zu einer privaten Abendunterhaltung in ein paar Tagen eingeladen, die ich gut zu ergänzen verspräche. Sie nannte einige mir bekannte Namen, mit denen ich mich kaum je in Verbindung gebracht hätte. Natürlich ging ich nicht hin und sie später auch weg aus der Stadt.

Hier bot jetzt ein gewisser Herr Dollenhurst Tanzkurse an. Sogar in der Schule hatte er auftreten und werben dürfen, so daß er regen Zulauf fand. Auch ich hatte mich angemeldet. Aber nur dies. Denn schon beim Eintrag in die Liste der Teilnehmer wußte ich, daß nichts daraus werde. Als mich Freunde abholten zur ersten Stunde, sagte ich ab, ging anschließend lange spazieren und auf Umwegen wieder nach Hause. Die Eltern äußerten sich nicht, und ich selber erklärte mir alles wohl so, daß in einem solchen Kursus zwar mancherlei Nähe und Berührung zur Teilnahme verlockten, aber doch bald auch mancherlei wieder heruntergebracht werde auf ein ängstlich beflissenes Schlurfen und Schieben im Takt, wobei ich selbst wohl als Erster zu den Ungeschickten gezählt werden würde. Genau das jedoch bestritt die Mutter, der ich in Andeutungen davon sprach, zu meinem Erstaunen energisch und erklärte mir überdies, daß alles, was ich mir vom Tanzen verspreche oder mir jedenfalls „auf zarte Weise" davon versprechen dürfe, eben nur durchs Tanzen selber, durchs „gute" Tanzen wie in Musik sich finde und harmoniere. Der Vater erklärte, kurz aufsehend, die Mutter sei eine gute, eine begehrte Tänzerin gewesen. Er selber: kein Tänzer, könne nicht tanzen. Punktum.

Wenn nun aber die Freunde mir öfter erzählten und erklärten, wie es beim Tanzen gewesen sei, und was man, so und so zum Beispiel, gelernt habe, bereute ich manchmal meinen Entschluß, zumal mir von dieser oder jener Teilnehmerin gemunkelt wurde, die mein Fernbleiben bedauert habe.

Aber es war nun nicht anders, und ich zog „mit mir selbst" (hatte ich in einer Briefauswahl Goethes aus den Beständen des malenden Vermessers gelesen) wieder in Wald und Heide umher, laut vor mich hin- oder nachgrübelnd, was mir die wieder einmal intensiver vorgenommenen Lektüren zu denken gaben.

Ich hatte kürzlich in den städtischen Lichtspielen bewundert, was als ein Meisterwerk galt: die Verfilmung von Shakespears „Hamlet". Wir pilgerten mit der Klasse geschlossen hin, und mir ging hier ungefähr auf, was das Theater, was die Sprache sein könne. Diese, wenn sie wie hier abwechselnd träumen machte oder schreckte, jenes, wenn es als Schein des Scheins in allerlei Wahnsinn und dunkel verschränkte Erkenntnisse führte. Dazu der allgegenwärtige Witz, teils tief und weise, teils jäh und metzelnd.

Ich hatte mir das Stück besorgt und las für mich laut darin. Der Vater horchte einmal an der Speichertür, die ich – „Wie? was? eine Ratte?" – plötzlich öffnete, wobei er sehr erschrak und sich dergleichen heftig verbat.

Zur genaueren Erläuterung des Ganzen sollte mir aber dann Herders Shakespeare-Aufsatz dienen, den ich im fünften Band (Nr. 25 meiner Bibliothek) der Schultzschen Ausgabe („Genie, Kunst, Dichtung") wußte und durch den Satz eröffnet fand: „Wenn bei einem Manne mir jenes ungeheure Bild einfällt: ‚hoch auf einem Felsengipfel sitzend, zu seinen Füssen Sturm, Ungewitter und Brausen des Meeres; aber sein Haupt in den Strahlen des Himmels', so ist's bei Shakespare!". Alles Weitere freilich wurde mir sauer. Zwar stückte ich mir eine Art Zusammenhang zurecht – „Geschichte", wie eben Shakespeare sie erfahren und verstanden habe, das aus Verschiedenem wachsende „Wunderganze" seiner Stücke, das innere Maß ihrer Zeit- und Raumverhältnisse –, aber es fehlte mir an allem anderen, und hinzu kam wohl auch, daß von meinen eigenen Eindrücken des Dramas kein rechter Weg zu den umfassenden Visionen des Aufsatzes führte.

Dafür aber war mir in diesem, dem einzigen Band der Ausgabe, den ich besaß, was über die Plastik darin ausgeführt wurde, das bisher wirklich Unerhörteste. Nicht nur begriff und folgte ich mit Eifer, ja Hingabe, in allen Einzelheiten einem Versuch, den ich so nie für möglich gehalten hätte, sondern fand vor allem Bilder und Wendungen darin – der „Begriff" als der „eigentliche subjektive Grenzstein", der „beide Künste" (Skulptur und Malerei), „ihre Eindrücke und Regeln auf die lindeste Weise scheidet" –, denen ich nachmittags bis unter meine Waldbüsche nachdachte. Zu lange vielleicht und „verwirrt", wie der Deutschlehrer mit Tadel anerkannte, weil ich das Ganze, eben Halt und Zusammenhang, darüber wieder einmal verliere. Dennoch und endlich: „[...] die Bildnerei ist Wahrheit, die Malerei Traum: jene ganz Darstellung, diese erzählender Zauber; welch ein Unterschied! und wie wenig stehen sie auf einem Grunde!"

Wie wenig aber stand ich selbst leider mit jenen „auf einem Grunde", die in der Tanzschule bald Mittelball feiern würden und sich händereibend freuten darauf. Zwar schob mir der wieder einmal beigezogene „Denker und Erzieher" die Sache etwas aus den Augen, insofern ich unter anderem las, daß den Personen von ernsterer Gemütsart dasjenige läppisch sei, was anderen, in gaukelnder Naivität befangen, gar reizend erscheine. Doch konnte ich mich aus der gleichen Quelle auch darüber belehren, daß mir Mangel des Vergnügens (in puncto Tanz etwa und weiblicher Geselligkeit derzeit) zum Mangel der Zufriedenheit ausschlagen werde. Diesen abzuschaffen, sei aber Pflicht, weil zur Sicherung der eigenen Glückseligkeit „(wenigstens indirekt)" notwendig. Vorschrift der Glückseligkeit also. Doch was hieß „Glückseligkeit"? Vorderhand nichts. Glückselig *werden* erst löste die Sache. So auch Philosophie: sie war vorderhand nirgends, sondern im Philosophieren erst und als Vernunfterkenntnis. Entweder die aus Begriffen, oder aus der Konstruktion der Begriffe (immer weiter nach Kant).

Bis in meine Träume, die es unsinnig entstellten, verirrte sich sein a priori, sein a posteriori. „Faß dich kurz oder hilf mir denken", rief ich dem Freund entgegen, der mir verschlagenen Blicks etwas stecken kam aus der Tanzschule, etwas *nach* aller Erfahrung.

Dann aber schob auch *mein* Stern sich langsam herauf, höher und höher, mochte das Jahr auch sich neigen dabei. Die Weihnachtszeit kam, und der Schulleitung die Idee eines Krippenspiels, das in der evangelischen Kirche aufgeführt werden sollte. Die Proben übernahm jener jugendlich alternde Sportlehrer, der, wie sich stets schon gezeigt hatte, vom Theater und Handwerk des Schauspielers etwas verstand und sich auch jetzt wieder dehnte, bog, die Arme „hoch hinaus" reckte, dem heiligen Stern über Bethlehem entgegen. Groß, schlank, mit immer noch vollem Haar, barhäuptig deshalb, den ledernen Offiziersmantel der Vorzeit in der ungeheizten Kirche lässig umgehängt, stand er und imponierte. Ich war des einen oder anderen bemühten Balladenvortrags im Deutschunterricht wegen hierhergeschickt worden, hatte als schlichter Josef nur ein paar Worte zu sagen, doch dafür eine Maria aus der Prima der benachbarten Mädchenschule ständig vor Augen. Sie war schlank, schmalgesichtig, blauäugig, blond und hatte eine so leise ziehende, dazu gut ausgebildete Sopranstimme, daß es mich sehr beschäftigte beim Zuhören. Sie stand und ging ein ganz klein wenig zu großartig, sprach oft etwas zu exaltiert und trat doch einmal so natürlich wie längst vertraut an mich heran, daß ich sie unwillkürlich beim Arm nahm, und sie mir leicht eine Hand auf die Schulter legte. Sie sprach leise, fast heimlich, und ich verstand so viel, daß ich sie als Josef auf diese Kanzel hier hinaufführen und dann etwas unter ihr auf der Treppe stehen bleiben solle. Sie wünsche nämlich, jetzt gleich, da oben zu stehen und von da aus zu singen. Wir machten es so wie sie vorgeschlagen hatte, nur daß ich doch etwas tiefer noch unter ihr stand, als sie begann. Da wir zur Zeit schon in unseren Kostümen probten, sie in Weiß und Hellblau, ich in grauem Filz, machte es einen gewissen Eindruck. Man trat etwas näher heran oder auch weiter zurück, und mit der Kirchenbeleuchtung geschah auch irgendwas. Als sie geendigt hatte, gab es Applaus, aber natürlich keinen Gedanken an die Möglichkeit einer Wiederholung des Auftritts bei der Aufführung selber. Die Gottesmutter hatte und behielt ihren Platz in der Hütte und ich den in einer gehörigen Entfernung von ihr. Dennoch suchte sie mich wohl mit den Augen und wußte dabei, hoffte ich, von den Wirkungen des Rampenlichts darin, die ich einmal beobachtet und ihr geschildert hatte.

Dann war Ende der Vorstellung. Es gab Zeugnisse, frohe Wünsche zum Fest, und ich brachte Maria zur Bahn, denn sie war Fahrschülerin. Es folgten gräßliche Weihnachten und die ödesten Ferien bis nach Dreikönige. Die Eltern waren in Verlegenheit. Ich schwieg mich aus, aber beide ahnten, warum. Der Vater führte mich an den Festtagen durch den winterlichen Wald spazieren. Ein Gespräch entstand nicht. Auch beim Wein später kaum, bei der Zigarre nicht, die man mir, dem Nichtraucher, aufnötigte. Geld lag ebenfalls bereit und sollte mich auf den Weihnachtsball locken, den ich nie besuchen würde, oder wenigstens ins Kino. Ich blieb stumm daheim, und es ging mir schlecht.

Als die Schule endlich wieder begann, und ich früh schon zum Bahnhof ging, meine Maria abzuholen, war sie nirgends zu sehen. Auf dem Weg zur Schule endlich erfuhr ich beiläufig von einer, die im gleichen Ort wohnte, daß Maria über Weihnachten groß Hochzeit gefeiert habe. Mit jemand Älterem, einem Arzt da und da, dem sie schon lange versprochen war. Nein, zur Schule gehe sie jetzt nicht mehr.

Jaso?

Als ich die Sache zu Hause durchblicken ließ, sprach der Vater von einem wahren Josefsschicksal und lächelte vorsichtig dabei.

Mein lieber Kant aber sprach davon, daß der Verstand die Sinnlichkeit immerfort dazu anhalten müsse, nur ja nicht auf die Dinge an sich selbst zu setzen, sondern nur auf Erscheinungen. Zwar denke er sich einen Gegenstand an sich selbst, aber nur – und ich beachtete das angemessen Abstoßende der Dentale dabei – als „transzendentales Objekt", das die Ursache der Erscheinung „(mithin selbst nicht Erscheinung)" sei und weder als „Größe, noch als Realität, noch als Substanz usw." gedacht werden könne.

Ich las dann auch weiter, was der Denker und Erzieher über die uns mögliche „Glückseligkeit oder Vollkommenheit" überhaupt sagte, wenn wir sie denn „frei von Instinkt, durch eigene Vernunft" uns verschafften, wobei ich mich sehr an das „uns verschafften" stieß und mit Bleistift „uns erwirkten" darüber schrieb.

Sehr viel aber, urteilte der Vater nach teilnehmender Lektüre, ermögliche die Vernunft derzeit wohl nicht in der Welt. An vernünftigen Veranstaltungen mangele es sehr, und sie wären es auch meist nur aus Sicht der Veranstalter. Immer noch nehme der Gang der „Naturabsicht" (sage man so?) einen recht trüben, unklaren Verlauf. Neue Hemmungen, die den auf Vollkommenheit zielenden „Kräften des Ganzen" entgegenstünden, kämen in aller Welt täglich hinzu und verschöben die Aufklärung nicht nur mit gelegentlich „unterlaufendem Wahne und Grillen", wie der Denker da beschwichtige. Jedenfalls sei kaum zu erkennen, was er als „Naturabsichtsbeförderung" etwas umständlich bezeichne. Im Blick auf die Weltgeschichte schiebe offenbar immer noch alles quängelnd im „Gängelwagen" umher.

In der Schule hatte während einer Vertretungsstunde ein anderer Geschichtslehrer neulich begeistert das „Unternehmen" der Versorgung Berlins „aus der Luft" mit uns erörtert. Und natürlich verglichen wir die „Bomber" von einst mit den ernährenden von jetzt, stellten Betrachtungen über dergleichen „Gegenbilder" an, wie sie wohl öfter „in der Geschichte" begegnen. Wir bedachten zudem die verborgenen Antriebe des politischen Handelns, also auch das der ernährenden Bomber vielleicht. Viel stand in Frage am Schluß. Kein Ablesen jedenfalls. Keine tabellarische Übersicht.

Mir selbst war ohnehin meist danach, bei allem einen Vorwand zu vermuten, der das längst anders Beschlossene und Bezweckte verdecke. Sagte man wohl, was man wirklich dachte? Und selbst, was man dachte und sagte, war es dann wirklich das, was man dann tat zuletzt?

Für „uns hier im Westen", hörte ich sagen, scheine gegenwärtig doch alles ganz ordentlich zu laufen. Unsere fortschreitende „politische Normalisierung" etwa. „Na"! Und auch sonst, die zweigeteilte politische Welt! Schaffe doch Klarheit und Übersicht im Grunde. Auch der Vater meinte, wenn auch etwas zweideutig, es werde jetzt „vorwärts" gehen für eine Weile: „Denn sie wissen und entscheiden wieder einmal, wohin sie gehören wollen, was paßt momentan".

Ich las in der Zeitung und strich es an, daß die Menschenrechte „verabschiedet" worden seien. Ferner las ich die Schlagzeile: „Apartheit in Südafrika".

Ich war aber eigentlich sehr gespalten, auch unbeholfen in all diesen Dingen. Doch der Vater gab sich viel Mühe. Eine nachhaltige etwa, mir die Parteien, ihre Aufgabe und Arbeit auseinanderzusetzen. Denn mir sei aufgefallen, hatte ich ihm mit einer Art schlechtem Gewissen gestanden, daß mich hervorragende Einzelne immer am meisten anzögen. Ich sei immer bereit, auf solche zu sehen, wenn ich denn nur den Eindruck hätte, daß sie in allem *eines* Sinnes seien, daß ich sie heute so antreffen werde wie gestern bereits und morgen wieder. Mit welchem Respekt sah ich derzeit auf Ghandi, als eine weiße, wie von allem Überflüssigen gereinigte Erscheinung des Einen, Notwendigen. Der Vater zögerte, rauchte, erklärte, unterschied. Es war schwierig.

Dazu ging alles ganz rasch und mühelos jetzt, war lauter Anfang, in dem das Ende und Enden von etwas rasch durchgeschluckt, ungeklärt weg war. Aber eben nicht, überhaupt nicht, sagten andere dagegen. Es geschehe alles und gerade eingedenk des Endes und seiner Geschichte. Damit es nie wieder so komme.

Nun beschäftigte mich all das auch nur in Abständen. Denn ich war im Grunde, wie man jetzt unterschied und oft abtat, „politisch" nicht (immer) „interessiert". Überhaupt und bei nichts offenbar hielt ich sehr lange durch, brannte rasch ab. Ließ alles sinken, aufruhen irgendwo, sich verschließen zuletzt.

„Kein Verlaß auf den Burschen", so der eine, „ein Windhund", der andere Lehrer, und: „Was denkst du dir eigentlich dabei?" fragte ein dritter, mein Deutschlehrer, beleidigt. Es beschäftigte mich aber nicht sehr, was sie denken mochten von mir. Ich nahm aus der Schule mit, was mich interessierte und leistete auch, was mich interessierte. Alles andere würde sich finden.

Abiturienten, zum Beispiel, die sich interessieren sollten und in der Aula verabschiedet wurden mit ein wenig Musik und Rezitation. Man erinnerte sich erneut meines einfühlsamen Balladenaufsagens, und ich sollte hier wieder mal vorsprechen. Aus Carossas „Kindheit und Jugend" diesmal. Das letzte Kapitel in Auszügen: „Turmbesteigung". Die vom Deutschlehrer und einem älteren Kollegen (sehr respektierter Geschichtslehrer) ausgewählten Stellen waren auswendig zu lernen und mit mir in einer vorbereitenden Sitzung besprochen worden.

„Jede Schule auf Erden", stand da im Text und erfuhren die Abiturienten, „vertritt eine höhere, die noch nicht ist". Zwar gebe es auch andere, hoch zu ehrende Schulen, die der „Werktüchtigen" zum Beispiel, „Heil!". Doch die „die Welt zum Tönen" brächten, seien noch anders Erzogene und Begabte. Eben nicht nur dem Stofflichen verschrieben, sondern der „Veredlung", mit der ein „Beflügelter" das Zeitalter segne. Wolle man die menschliche Gemeinschaft stets nur aus „Tageszweck und -emsigkeit" bestehen lassen, so werde man sicher bequemer leben, „leicht" und „traumlos". Den „uralt-schönen Tiefenglanz" des menschlichen Auges aber werde man verlieren dabei, und nichts Großes werde mehr entstehen. Auch der erhabene Dom nicht, dessen Turm in der Erzählung einige Abiturienten am frühen Morgen besteigen, nachdem ihr Schlußfest soeben „verrauscht" ist.

Es war alles das, was man wohl irgendwie kannte, obwohl nicht leicht zu sprechen. Für mich jedenfalls nicht, dem der Text überhaupt in allzu weiten Falten anlag. Was mich wirklich daran interessierte, wurde ausgelassen. So etwa die Schilderung einer „priesterliche(n) Reliefgestalt" im Dom: „das Gesicht [...] hatten Jahrhunderte [...] abgeschliffen [...] Nicht mehr ganz Antlitz und noch nicht ganz Totenkopf [...] erschien es ins Monumentale, unirdisch Sanfte vereinfacht,

als wäre der gute Geist eines Zeitalters in der Sekunde, da er ins Ewige zurücktreten sollte, für immer in die Sichtbarkeit gebannt geblieben".

Ich schlenderte bald wieder viel allein. Und ich trainierte. Das Schulsport-
fest stand bevor, und ich hatte mich zum 1500 m – Lauf angemeldet. Ohne Anweisung und rechte Ausrüstung lief ich täglich in schweren Gartenschuhen
durch schwierigstes Waldgelände, während die Konkurrenz auf dem Sportplatz
sich gewiß klüger vorbereitete. Für den Tag des Wettkampfs hatte ich mir Spikes
ausgeliehen und kostete kurz vor Beginn des Rennens in sparsamen Versuchen
diese köstliche Leichtigkeit und gleichzeitig Festigkeit an meinen Füßen. An den
Start gingen nur fünf Läufer. Außer Konkurrenz noch ein sechster, ein im Landkreis bekannter Athlet und Meister auf dieser Strecke, der seine bisherige Best-
zeit noch verbessern wollte.

Von Anfang an ging ich in Führung, weil es unglaublich leicht ging, nichts
mich hinderte, und der denkbar größte Vorsprung zu ereichen sei, dachte ich,
um später wenigstens einen Rest zu halten davon bis ins Ziel. Das ging auch
knapp zwei Runden lang gut, dann näherten sich und überholten mich der Reihe
nach Meister und Konkurrenz. Ich wurde nicht langsamer, nicht schwächer, aber
sie mit der Zeit schneller und stärker. Als ich als Letzter durchs Ziel ging, zeigte
die Stoppuhr 4.48.04. Der Meister war ganz knapp über vier Minuten gelaufen
und hatte damit einen neuen Kreisrekord aufgestellt. Es schien also, ich hatte
fürs erste so übel nicht abgeschnitten und nahm mir vor, die Sache jetzt systema-
tisch zu betreiben. Taktik, Einteilung mußten her. Und ohne Spurt ging wohl
gar nichts. Das sah ich auch an anderen, die oft sehr schön, mit langem Schritt
losliefen, führten, doch ohne Reserve am Schluß. Auf der Zielgraden spätestens
wurden sie überholt.

Originalton der Adenauer, Schumacher, Heuss im Funk. Beeindruckte
mich, den Radiohörer, mehr als in den Zeitungen das meiste über sie. Ich fand
auch, daß die Zeitungsleser durchaus nicht immer das waren, was die Lehrer ihnen mit Anerkennung so nachsagten, nämlich „kundige Thebaner", – wenn es
denn überhaupt dazu kam, daß man das Gespräch auf Zeitgenössisches brachte.
Meist schien es, als handele es sich hierbei um den Stoff der nächst höheren
Klassen. Nur, viele von uns waren älter und in der Regel fast schon so alt wie
sonst die Untersekundaner, und als wir die waren, schon um die Achtzehn.
Doch hielt man sich meist an den fälligen Stoff, dachte ihn kaum zurecht, erkannte, spürte nicht, wo es spannte oder nottat. Auch war wohl denkbar, darauf
brachte der Vater mich, daß die Lehrer es scheuten und weislich vermieden, zu
Gegenwärtigem Stellung zu nehmen.

Trotz oder wegen der raschen politischen Entwicklungen, Entscheidungen
um und über uns, lief neuerdings viel auf ein Abwarten und Geltenlassen hinaus.
Auch der Vater und die bei uns hier und da zu Besuch waren, äußerten sich im
Politischen zunehmend lakonisch. Das schien mir vor einiger Zeit noch sehr anders gewesen zu sein. Aber ich konnte mich täuschen. Dennoch suchte ich jetzt

doch etwas genauer in die Kommentare, Reportagen und Interviews des Rundfunks einzudringen und saß auch schon einmal nachts davor.

So hörte ich denn auch anderes und allerlei über Goethe, dessen 200. Geburtstag jetzt gefeiert und beredet wurde. 1932, in meinem Geburtsjahr, bemerkte der Vater, sei es aus Anlaß der 100. Wiederkehr des Todesjahres ähnlich gewesen. Und wieder zog mich der Deutschlehrer heran, bei der öffentlichen Goethe-Veranstaltung der Schule mitzuwirken und ein Gedicht des Gefeierten aufzusagen. Es nötigte mich, den eben Siebzehnjährigen dazu, sich in die Rolle eines alten, welt- und lebenserfahrenen, ,epilogierenden' Narren hineinzufinden. Hätte ich doch lieber den Schüler in Faust I oder auch dessen Wiederauftritt im zweiten Teil gespielt, was aber ein Primaner schon übernommen hatte. Etwas ungenau und verwaschen, wie ich dann sah, während der Sprecher des Mephisto mich geradezu faszinierte und dann auch vermuten ließ, wie man in meinem bescheideneren Fall den Narren zu spielen habe.

Was ich an den Vorstellungen des Deutschlehrers beim Einstudieren nicht ganz begriff, war seine Empfehlung, an manchen Stellen „verschmitzt" zu sprechen und im ganzen eher „schelmisch" zu bedeuten, daß an der Sache etwas und auch wieder nichts sei, eben das Närrische, nach Gewicht und Ungewicht. Einen solchen Narren aber, so protestierte ich, hätte ich nicht im Sinn. Den bloßen Spaßvogel und Witzling könne man gleich wieder wegschicken. „Oder bei Bedarf wieder hervorholen", insitierte der Lehrer. So eben sei es bestellt um die Narren, dazu seien sie da.

„Aber, aber", verwahrte sich der Deutschlehrer, als ich jetzt etwas ungeduldig wurde, „was sagst du, was meinst du denn jetzt schon wieder?" Ich sprach dann gelegentlich auch etwas „verschmitzt", was die alten und älteren Zuhörer, die gekommen waren, auch prompt honorierten.

Im Rundfunk hörte ich unter anderem erzählen, was Goethe im August 1779 still rückblickend notiert habe: über die schweifende Verworrenheit seiner Jugend. Wie er in dunklen Verhältnissen sich umgetan, alles nur halb angegriffen und bald wieder aufgegeben habe. Wie er ferner so kurzsichtig, so unzweckmäßig gewesen, und nun die Hälfte des Lebens vorbei und wenig getan sei. –

Aber, aber.

Ich machte mir ein paar Notizen. Jene Goethe-Ausgabe, die uns die Amerikaner ins Haus schleppten, warum hatte ich sie nicht einfach behalten? Der Mann mit Wägelchen damals, der mit ihr lächelnd davongezogen war: ob sie ihm wirklich gehörte? Zog er nicht ein Bein nach und verbarg sein scharfes Profil?

Auch Thomas Mann sprach im Rundfunk. Der Vater rauchte. Schon 1932 habe der ..., nickte er eifrig. Wir lauschten. Der Verfasser von „Tonio Kröger" also und mancherlei sonst, das ich nicht kannte. Was sagte er? Viel Persönliches zu Beginn. Das des Emigranten, der aber doch „dabei gewesen" sei, festgehalten habe an etwas, das man ihm bestreite, fälschlicherweise bestreite. Er stelle sich. Er stelle sich allem.

*Er* stelle sich? Ich verstand wenig, wußte ärgerlich wenig, runzelte die Stirn angestrengt. Auch über die Sprache, zu der ich nicht, oder *so* nicht fand. Obwohl. Es war schwierig. „Tonio Kröger" leichter, fand ich. Auch schwierig, aber genauer. Erst später kam in der Rede etwas vor, das mich nun wirklich fesselte, etwas vom „Schauen", vom „Blick": „alles reine Schauen", hieß es, sei „tragisch". Wer würde mir das bitte erklären? Wer würde mir noch einmal die beiden „Fäuste" ausleihen können, da der malende Vermessungsrat nicht mehr bei uns wohnte. Ich war ja bei der ersten Lektüre nur hin und her gesprungen in diesen Texten.

Draußen der sonnige Tag. Ich sah hinaus auf den ansteigenden Wald drüben. Hörte nicht. Dachte nur halb.

Aus dem Zeitvertreib der Gruppenabende in der katholischen Jugend erwuchs mir eines Tages die Aufgabe, meinerseits eine Gruppe, die der Zehnjährigen, zu leiten, sie einmal wöchentlich zu beschäftigen. Das geschah mit Bibellektüren und Erzähltexten aus kirchlichen Jugendblättern, oder im Freien bei Spiel und Sport. Was mich sehr überraschte dabei, war die unvermutete Zutraulichkeit und Aufgeschlossenheit der Kinder, so daß meine eigene Anteilnahme an ihnen ebenso unververmutet wuchs wie das Gefühl einer mir bisher völlig unbekannten Sorge. Mir ging allmählich auf, was wirklich daran lag, wenn man es ernsthaft durchdachte, ganz ausdachte, aber dann auch, welcher Abgrund an Mißbrauch und Irreführung sich öffnen könne dabei. Es schien mir, worauf die Kinder sich bei jedem Treffen wohl freuten, was sie erwarteten und vorstellten in dieser Zeit, so nachdenkenswert und reiflich zu unterscheiden von dem, was sie sonst zusammenführte, daß ich zunächst nicht wußte, wie das alles einigermaßen erfolgreich zu bewältigen sei. Denn kaum einmal traf genauer zu oder überzeugte mich, was in kirchlichen Jugendschriften, Programmen, Predigten oder Vorträgen auf Tagungen, in Altenberg etwa, an denen ich ein- zweimal teilnahm, erzählt und vorgeschlagen wurde. Viel zu oft, zu früh und unvermittelt war von Zielen und Horizonten die Rede, von der lebendigen Gegenwart aber immer nur als einer Vorbereitung darauf. Sie selber, als das augenblicklich Entgegenkommende, schien fast nichts als ein Durchgang zu sein, ein Tor und dahinter erst die wahre Bestimmung.

Ich verlegte mich, gewiß nicht sehr originell, aufs intensive Vorlesen, dann aufs Fragen und Erörtern, bei dem die Kinder selber das ihnen Wichtige erkannten, produzierten und dann auch miteinander oder gegeneinander begründeten. Im Freien war es natürlich viel einfacher. Hier übernahmen sie fast alleine die Führung, wobei ich nur selten einmal eingreifen mußte, weil trotz mancher Ausgelassenheit meist alles sich wieder gab und im Rahmen blieb. Wie sehr hatten sie dabei einmal mein Erschrecken bemerkt, als einer von ihnen beim Spiel unglücklich fiel und sich den Arm anbrach. Und wie sehr suchten sie mich zu beruhigen, indem sie bei allem Nötigen, das jetzt zu tun war, so genau und aufmerksam halfen und den Betroffenen zu zweit auf verschränkten Händen abwechselnd tragen lernten. Beim Arzt später saßen sie im Wartezimmer in einer

Reihe still, und bis zur Wohnung des endlich versorgten Patienten gingen sie ebenfalls mit, wo wir den erschrockenen Eltern alles in Ruhe erklärten und dann noch blieben, weil sie uns einluden dazu und allerlei auftrugen.

Um so enttäuschender aber dann das Zeltlager im nächsten Sommer. Alle jüngeren Mitglieder der männlichen Pfarrjugend, die Zehn- bis Dreizehnjährigen etwa, waren in waldiger Gegend versammelt, hausten in großen Zelten und verbrachten die Tage wie üblich mit Ordnung halten, Abkochen, Spielen, Ausflügen und Gesang bis „der Schluß gemacht" war und die Wachen sich niederließen am Feuer. Robert Heuser aber, ebenfalls Betreuer einer Gruppe, wenn auch schon älterer, teilweise berufstätiger Jungen, die sich „Junge Adler" nannten und nicht mit ins Lager gezogen waren, sann auf ein Abenteuer. Er habe, weihte er mich ein, seine Jungen zu einem nächtlichen Überfall hierher bestellt, bei dem alles mäßig, aber doch „zünftig" hergehen solle. Er erwarte, daß ich mit von der Partie sei und den anderen Gruppenbetreuern, auf deren Verhalten er mal gespannt sei, nichts verrate. Mir war nicht ganz wohl bei der Sache. Er aber freute sich, wie es seine Art war und schlug sich auf die Knie.

An dem für den Überfall vorgesehenen Abend rief ich meine Schützlinge vorsorglich etwas früher ins Zelt, hielt mich selber im Eingang auf und beobachtete die ahnungslos dösende Wache am Lagerfeuer. Etwa eine Stunde vor Mitternacht kamen sie. Ich bemerkte Geräusche auf den Wiesen unterhalb unseres hoch gelegenen Zeltplatzes, dann deutlich das Herangaloppieren eines Pferdes, das sie mit Pfiffen und Händeklatschen gegen das Lagerfeuer herauftrieben, wo es scheute, seitwärts auswich, dann wieder aufgehalten und erneut auf uns zugetrieben wurde. Ich erkannte den Braunen mit seiner Blesse, der tagsüber auf den tiefer gelegenen Wiesen ging und graste, sowie gelegentlich schemenhaft die Gesichter und Schultern der Treibenden, wenn sie für Augenblicke in den Lichtkreis des Lagerfeuers gerieten. Die Wache, zwei Jungen aus dem uns benachbarten Zelt, stand unruhig und ängstlich, und noch bevor sie Alarm gaben, war ich bei ihnen, um sie zu beruhigen und das Feuer zu schüren. Das Pferd kam nicht wieder, aber hinter uns, an den Zelten, von denen einige eben eingerissen wurden, entstand plötzlich Geschrei, das der Angreifer und der Zeltbewohner. Auch dahin lief ich sofort, um nun ernsthaft einzugreifen, wurde aber in der Dunkelheit von einem der Gruppenbetreuer, der sich eben aus seinem eingestürzten Zelt befreite, für einen Eindringling gehalten und mit dem Wimpelspeer angegriffen. Ich zog mich zwar rasch zurück, aber er verfolgte mich wütend, verstand zunächst nichts von dem, was ich ihm, immer weiter ins Dunkel hinein fortlaufend, zurief, und erkannte mich erst, als ich irgendwann einmal erschöpft angehalten hatte und erregt auf ihn einsprach. Wir liefen nun gemeinsam ins Lager zurück, aber der Überfall schien vorüber zu sein. Die Jungen standen in Gruppen herum oder zerrten an ihren Zeltplanen, und in meinem, das nicht eingerissen worden war, hockten sie kleinlaut beisammen. Ich erklärte ihnen den Vorfall, aber sie blieben mißtrauisch, glaubten mir nicht. Einige wollten nach Hause.

Auch am anderen Tag stellte kein rechtes Vertrauen sich ein. Ich beobachtete, wie sie sich heimlich besprachen, dann an mich herantraten, unverzüglich nach Hause gebracht werden wollten. Ich stand ratlos und wütend. Der Freund war verschwunden. Der Tag verstrich öde, und am Abend waren die von mir instruierten Betreuer entschlossen, der Sache ein Ende zu machen. Wir teilten das Nötige unter uns ein, wachten und warteten. Es blieb lange ruhig, aber gerade, als wir uns müde in die Zelte begeben wollten, entstand hinter unserem Lager zum angrenzenden Wald hin Lärm, dann eine Detonation mit deutlicher Stichflamme. Als wir den Ort erreichten und umhersuchten, bemerkte ich hinter den Büschen meinen Freund in benommenem Zustand. Die Seinigen waren über alle Berge davon, er selbst noch geblendet von der unvermutet starken Explosion eines selbst hergestellten Knallkörpers. Ich brachte ihn unbemerkt zu einem kleineren Zelt, in dem er alleine untergebracht war, und verschob die Aussprache auf den nächsten Morgen.

Zum Frühstück war diesmal auch der Kaplan der männlichen Pfarrjugend erschienen, entschied aber lächelnd die „zünftige" Fortsetzung des Lagers. Der Morgen war heiter, und der Freund nahm im Freien mit Frühstücksbrot und dampfendem Kaffee neben mir Platz. Wir stritten. Erst gemächlich, dann von meiner Seite aus schärfer, bis ich ihn mit etwas wohl so getroffen hatte, daß er mir den heißen Kaffee aus seinem Kochgeschirr über die bloßen Beine goß. Ich erstaunte. Zunächst über seinen Jähzorn, den ich so nicht kannte an ihm, dann über das Ausbleiben des meinen und schließlich, schon schwächer, über das mühelose, auch empfindungslose Abklären meiner Entscheidung, hier Schluß zu machen.

Ich überließ die Jungen, von denen tatsächlich einige nach Hause geholt wurden, dem Lagerleben und hielt mich weitgehend zurück. Mit dem Freund sprach ich nicht. Bald war auch das Lager zuende und für mich weitgehend die „Jugendarbeit". Nur einmal noch fuhr ich mit dem Fahrrad zu einer Tagung nach Altenberg, wo man besprach, was wichtig schien: die „neue Jugend" und ihre „neuen Aufgaben", das Leben „aus einem neuen Geist". Es gab neuerdings Abzeichen, silberne Kreuzchen zum Anstecken, neuerdings farbige Kerzen, dann fortgesetzt zünftige Jugendgottesdienste, auch während der Woche.

Die Gruppenabende fanden seltener statt. Der Betreuer, ein ehemaliger Jungzugführer, wie man mir erzählte, studierte und arbeitete auswärts, war nur an den Wochenenden noch in der Stadt, dann meist mit seiner Braut zusammen und schon wieder weg. Vor der Kirche stand er einmal sonntagmorgens und schien sehr verkatert zu sein. „Keine Liebe mehr unter den Menschen", sagte er, als ich hinzutrat. Ich wagte nicht, ihn zu befragen deshalb. Er hatte mich bei den Gruppentreffen früher nie sonderlich beachtet, meine Diskussionsbeiträge weit hinten eingeordnet, mochte mich wohl nicht. Dennoch imponierte er mir von Anfang an sehr. Nicht mit dem, was er meist etwas schwierig vorbrachte, sondern durch sein nie beirrtes Bemühen, seine durchgehende, verpflichtende Ge-

genwärtigkeit. Er schien Ernst zu machen, und ich sah niemanden, der es ihm gleichtat. Nun stand er da und benutzte diese Phrase.

Auch Robert Heuser stand da. Auch er schwieg. War nicht seine Stärke, über dergleichen zu reden. Es hatte sich inzwischen herumgesprochen, er werde Theologie studieren. Man habe es ja immer schon erwartet. Ich selbst zunächst keineswegs. Hatte ihn lange Zeit eher mit allerlei Erfindungen, Luftfahrt und Ähnlichem in Verbindung gebracht. Aber ich sah doch jetzt auch, wie entschieden ihm daran lag, den Zusammenhalt der Gruppe nicht einfach aufzugeben und bemerkte den Ernst, mit dem er viel tat, bündig zu regeln suchte. Kurze Sätze. Über Theologisches und was daran hängt in der Regel sprachen wir kaum. Auch mit den geistlichen Herren wohl nur selten einmal, die eher kirchen- und gemeindepraktisch argumentierten, sich meist beschränkten, das Offizielle gut abriefen. Mögliche ‚Weiterungen‘ waren nicht geschätzt. Über den Index einmal stieß ich sehr an im Religionsunterricht und wurde abgewiesen. Von Nietzsche war die Rede gewesen, also vom Teufel selbst in der verführendsten Sprachgestalt. Ich: sein „Opfer“. Und weiter ich, wenn ich dies gerade bestritt: ein anmaßender „Held“.

Auch von wenigen anderen Anwärtern für das Priesteramt hörte man. Das Nähere: ihr Geheimnis und das der Geistlichen vielleicht. Kleine, unbetretene Zone des Schweigens, der Achtung, auch der Verwunderung um sie herum. Nur mit einem sprach ich einmal. Sonst: Kirche alles. Instanz und Feier. Das „Buch der Bücher“, von dem einer der Missionsprediger, die beigezogen wurden während der Fastenzeit, stets ausging, doch eher ein Nachschlagewerk.

Ernst Krieger, mein Freund in der Nachbarschaft, Sportsfreund genauer, mit dem ich manchmal zwar immer noch wetteiferte, ging inzwischen andere Wege. Er hatte die Schule verlassen und war, von meinem Vater ein wenig beraten und empfohlen dorthin, bei einem Landmesser in der Lehre. Hier traf er auch auf meinen Privatlehrer und Himmelsdeuter in schlechter Zeit, der seiner politischen Vergangenheit wegen noch immer nicht in den öffentlichen Dienst zurückgekehrt war und mit dem Landmesser einen privaten Dienstvertrag abgeschlossen hatte. Was Eberhard von seinen Begegnungen mit dem so gelehrten wie zerstreuten Obervermessungsrat während der Außenarbeiten berichtete, übertraf alles, was ich selber von ihm wußte, so daß wir aus den weitläufigen Betrachtungen dieses Menschen kaum herauskamen, den Sport vernachlässigten, an den Abenden spät noch beisammen standen oder auf der Mauer des Vorgartens saßen und nun, ja, nun auch zu rauchen anfingen.

Hatte ich bis dahin allen Versuchungen, mich in der einen oder anderen Runde den Rauchern anzuschließen, widerstanden und auch jenen weihnachtlichen Liebeskummer in Rauch aufzulösen, nicht gewagt, so war ich doch jetzt, mit 18, der Sache verfallen, und auch alle Hoffnung, ein ordentlicher 1500-Meter-Läufer zu werden, dahin. Den Torwart hin und wieder zu spielen, mochte noch angehen, sonst aber stand ich da, wo die Raucher und Spötter sich drückten, in einer Gemeinde der Abhängigen, die ihre Rauchstängelchen auf dem

Schulklo kreisen ließen, am Ende gar auf eine Nadel steckten, um dem letzten, kurz vor dem Verglimmen stehenden, bräunlich verlutschten Rest noch etwas abzugewinnen. Denn Geld hatten nicht alle für dergleichen Räusche, so daß man schnorren oder anderes ersinnen mußte, um in den gelegentlichen Genuß einer Zigarette zu gelangen. Die paar Groschen für die Kriegsgräberfürsorge etwa, die in der Schule einmal jährlich eingesammelt wurden, erreichten zwar ihr korrektes Ziel. Aber sie konnten vielleicht auch noch ein weiteres mal zu Hause in Erinnerung gebracht und ‚einbehalten‘ werden, was die Mutter allerdings rasch bemerkte und aufs schärfste ahndete. Auch was ich für das eine oder andere Schulfest oder Geburtstagsfeiern ihr abluchste, wurde stets bald durchschaut und künftig überhaupt verweigert, so daß auch für wirklich notwendige Ausgaben, die mir entstanden, kein Geld ausgehändigt wurde. Und Taschengeld hatte ich ja nie bekommen.

Ungefähr um die Zeit aber, da man erzählte, ein gewisser Zigarettenmarken-„Old Joe" sei jämmerlich verstorben, nachdem er eine „Collie", Produkt der eher süßlich schmeckenden Konkurrenzmarke, geraucht habe, entstanden mir dringende Ausgaben. Denn ich hatte eine Freundin. Zwar war sie nicht ganz so schön und sinnlich wie jene Tänzerin neulich im Film „Der Tiger von Eschnapur", hieß auch nicht „Lajana", sondern Doris und hatte durchaus viele Reize. Nicht nur für mich, wie ich bald merkte. Natürlich geschah in Wirklichkeit nur andeutungsweise etwas von dem zwischen uns, was ich mir früher so gedacht, vielleicht sogar gefürchtet hatte. Auch in den Küssen, die ich, erfahrener bald, versuchte, war es nicht ganz.

Sie aber mochte es ohnehin vielleicht anders empfinden, wie ich manchmal unruhig vermutete, mochte es anders schon erfahren haben. Als wir ganz am Anfang und draußen im Land einmal eine Tanzerei verließen, dann im Dunkeln bei leichtem Regen in den geräumigen Eingang eines Gebäudes traten, dort rauchend aneinander lehnten, sagte ich, weil es damals das erste Mal war, und weil es jetzt wohl geschehen müsse, sagte ich also so etwas wie, daß wir uns nun wohl küssen müßten. Und als sie nickte, taten wir es, die Hand mit der Zigarette jeweils etwas nach hinten gestreckt. Dann gingen wir wieder hinein, und sie tanzte ein paar mal und lächelte herüber, denn ich konnte ja nicht. Nicht so gut jedenfalls.

Eben da oder nicht weit von da hatte es vorher überhaupt angefangen, bei einem Volkstanztreffen, zu dem ich mit anderen eingeladen war. Statt der betörenden, lähmenden Musik aus dem „Tiger von Eschnapur" sah ich mich hier den aufmunternden Klängen des Radetzkymarschs ausgesetzt, wobei die Mädchen zum Schluß bunte Tücher hervorzogen und in Reihe winkend nach vorn marschierten, vielmehr nett schritten und mit den Röcken leicht wippten. Hier war sie mir aufgefallen, mit dem Fähnchen winkend und schreitend. Und nachher, im Zug, saß ich neben ihr, nicht vermutend, daß sie etwas Besonderes dabei empfand. Das aber empfand sie durchaus, wie ich später erfuhr. Denn es gab in ihrem Kopf schon länger eine Vorgeschichte von mir, dessen Photo im Aushängekasten der Pfarrjugend sie ein paar mal sich angesehen hatte. Es zeigte mich zur Nacht und im Trainingsanzug, vom Schein des Lagerfeuers beleuchtet und im einzelnen gut zu erkennen. Ich hatte mich selber da noch gar nicht entdeckt und war überrascht. Im Trainingsanzug also und beleuchtet vom Lagerfeuer? Sie habe mich, erfuhr ich weiter, auch oft bei den Jungen gesehen, die nach der Messe herumstehen und sich endlich auch schon mal zu den Mädchen herübertrauen. Aber ich sei ja immer so schnell wieder weggegangen, so daß mich alle für eingebildet hielten.

Es war kalt im Abteil, und ich bemerkte, daß sie unter einem dünnen Regenmantel luftige Trachtenkleidung anhatte und in kurzen Söckchen da saß. So faßte ich mit einer Hand wie prüfend an ihr Fußgelenk, auch etwas höher, und sagte: „Dich friert ja". Und sie antwortete: „Ja, mich friert. Aber laß bitte jetzt los da". Wir redeten noch etwas, dann waren wir da und stiegen aus.

Dies meine Freundin: Sie war blond, hatte volle Lippen und dahinter gelegentlich ein Lispeln bei auslautendem S. Mein Vorname profitierte davon. Wir verabredeten uns für Mittwoch, den Abend des Buß- und Bettags, zum Kino und sahen in Begleitung eines anderen Paars, das sich angeschlossen hatte, „Der Postmeister". Die Verfilmung Puschkins interessierte mich zunächst sehr, der Hauptdarsteller auch, aber schon nach dem ersten Drittel glitten die Augen ab und verstohlen über meine Freundin, deren Gesicht sich im halben Licht eigentümlich verklärt hatte. Die Lippen, über die sie hin und wieder rasch mit der Zunge strich, wölbten sich glänzend, auch an den Augen glänzte es feucht. Sonst lag alles im Dunkeln. Ihre Hand, die ich berührte, ließ sie mir zwar, aber ohne Interesse, wie es schien, das ganz den Vorgängen da vorne galt.

Der Film nahm dann auch bald ein Ende, und ich griff in Verwirrung nach Mantel und Mütze. Die Lichter erreichten nur langsam ihren vollen Glanz, und wir schoben hinaus. Kein Wort über den Film. Nur ihre ergriffene Zufriedenheit, ihre Nachdenklichkeit, ihre Schulter, im Gehen leicht an die meine gelehnt. Und da ich sah, daß der andere Begleiter sein Mädchen am Arm führte, tat ich es auch. Sie aber schob, ganz anders, meinen Arm resolut über den ihren, winkelte ihn und faßte mich von unten am Handgelenk. So gingen wir im Dunkeln, und mir mißriet sehr gründlich, was ich mir vorgenommen hatte. Was hatte ich mir alles zurechtgelegt, und wie schob sie es lachend beiseite. Dann verabredeten wir uns für Sonntag zum Spaziergang.

Was sich abspielte in den nächsten Wochen, waren Spaziergänge, meist sonntags, und mittwochnachmittags die Kinogänge. An Festtagen fuhren wir manchmal zu geselligen Veranstaltungen der Nachbargemeinden aufs Land. Bei einer solchen Gelegenheit auch jener erste Kuß, dem verschiedene weitere folgten. Zwischenher meine Sorge, wo und wie bis zum nächsten mal das Geld herzunehmen sei. Denn geteilt wurde allenfalls das Fahrgeld, sonst aber zahlte „der Herr".

Beim Abholen oder Sehen von weitem pfiff ich den Anfang des Radetzkymarschs prestissimo. Denn an der Tür einfach zu läuten, gar einzutreten, kam nicht in Frage, oder zunächst jedenfalls nicht. So pfiff ich aus gehöriger Ferne oder wartete um eine verabredete Uhrzeit an oder hinter der nächsten Ecke. Auch die Freundin pfiff gelegentlich. Als der Schnee kam und unsere lang und steil abfallende Straße zum Schlittenfahren recht eingefahren war, hörte ich eines Abends nach dem Dunkelwerden unseren Erkennungspfiff und drückte mich mit einem Vorwand aus dem Haus. Draußen stand sie lächelnd, rasch atmend, Haar und Schulterm von etwas Schnee bedeckt. Ich mochte sie sehr in diesem Augenblick, war glücklich, erfuhr aber auch, daß sie soeben mit anderen schon mehrfach hinuntergefahren sei und daß man unten, beim plötzlichen Stoppen und Kippen, so allerlei erfahren könne.

In diese Richtung wies sie öfter, zog sich dann aber wieder hinter Floskeln zurück und wehrte den meisten meiner Annäherungen, von denen ich ohnedies wieder abließ, gewandtere und kundigere Vorgänger vermutend.

Der Orion oder was an Sternen dazu gehört, schimmerte strahlend über uns, die wir schweigsam nebeneinander gingen. Auf dem Heimweg allein, sah ich, den Kopf beim Weitergehen tief in den Nacken gelegt, zum Jakobstab lange hinauf und ernannte ihn, neben dem Morgenstern, zu einem weiteren Leitgebilde meines Aberglaubens, bis ich schwankte und mir schwindlig wurde.

Es blieb mit und bei der Freundin auf eine quälende Art schön und schwierig zugleich, weil ich um unverkennbare Zeichen ihrer Zuneigung ebenso zu wissen glaubte wie um die einer stummen Enttäuschung, der ich ratlos gegenüberstand. Manchmal allerdings schien es auch so, als ob sie mir gegenüber ratlos sei. Dann schob sie mich weg und rasch wieder vor sich, schien etwas angestrengt unterscheiden, ausdenken zu wollen.

So gingen die Tage ins Land, schwankende Gefährten, die ich frühmorgens und abends befragte, was sie wohl bringen würden, gebracht hatten. Es war jedesmal wenig und viel.

Im Spätsommer oder Herbst war ein neuer Deutschlehrer eingetroffen, der bald auch in unsere Klasse geriet und zweifellos in mancher Hinsicht das Gegenteil seines Vorgängers zu sein schien. So jedenfalls urteilten die meisten begeistert. Ich wartete ab. Was mich irritierte, war sein rundes, glattes, eher ausdruckloses Gesicht, mit Kindermund und häufig wässernden Augen, die, obwohl meist weit geöffnet, oft aufgerissen, nichts Inneres, keine Erregung wirklich verrieten, sondern wie alles in diesem Gesicht etwas Starres hatten. So starr irgendwie lachte er auch, entweder überlaut und übertrieben verächtlich oder kichernd ironisch. Er hatte viel Theatralisches, aber fand keinen Ausdruck. Dabei ging er rasch im Raum hin und her, stand immer nur kurz irgendwo still, schien stets neue Plätze und Standpunkte zu suchen im Klassenzimmer, das ohnehin damals und für längere Zeit der Physikraum mit ansteigenden Bankreihen war, wir darin das Publikum, vor dem der neue Deutschlehrer posierte, sich produzierte wie auf der Bühne. Seine Stimme war ziemlich kräftig, er artikulierte überaus deutlich, sprach ein vollendetes Bühnen-R und formulierte gut, vor allem geläufig. Zu Beginn trat er ein wie aus einer Kulisse kommend. Man sah nie, wie er die Tür schloß. Alles geschah wie im Fluge, und schon ging er weiter, ging es weiter, in Bewegung und Rede hin und her. Alles folgte, lauschte ihm. Undenkbar, daß jemand sich langweilte.

Sämtliche Verdrehungen und Entstellungen seines Namens, sagte er beim ersten Mal, seien schon ausprobiert, nichts gehe mehr, und er zählte sie auf. Im übrigen aber, sprach er leiser, wolle er uns, inzwischen schon ältere Untersekundaner, doch lieber siezen. Wir waren sehr einverstanden und beeindruckt dazu. Seine wässrigen Augen ausdruckslos. Den Kopf hielt er leicht zur Seite geneigt. Dann schritt er los, hierhin und dorthin: Hemingway wolle er lesen mit uns! – Stillstehen. Die Augen, wässrig, konnten weiter geöffnet nicht sein. Platzwechsel erneut. Hemingway also. Und Sprechen lernen. Auch Sprechen nachahmen. Aufsätze schließlich: Erlebnisaufsätze. Er schritt bis in die hinterste Ecke des Raums, wo die Tafel mit dem Verzeichnis der Elemente hing. Hier wendete er langsam, sah aufatmend zurück, hatte gewonnen.

Hemingway lesen:

„Er kam ins Zimmer, und ich fand, daß er krank aussah. Er fröstelte. ‚Was ist los, Schatz?‘

‚Ich hab Kopfschmerzen.‘

‚Dann geh lieber wieder ins Bett.‘

‚Nein, ich bin ganz in Ordnung.‘"

So ähnlich schrieben nun in der nächsten Zeit viele: „Ist alles in Ordnung?", fragte der Mann. Und die Frau sagte: „Ja". „Ist es wirklich in Ordnung?", sagte der Mann. „Ja", sagte die Frau und sah ihn an. Dann sagte sie: „Es ist in Ordnung. Es ist ganz in Ordnung". – Wir hörten nicht auf damit und sahen, wie großartig es ging, zumal wohl nicht viel zu erfinden, nur Alltägliches zu beschreiben sei. Mochte der Leser herausfinden, warum in diesem oder jenem eine „verdammt gute Geschichte" stecke. Vielleicht nicht ganz so gut wie die mit dem Eisverkäufer, die neulich einer verfaßt hatte, aber sicher doch fast so gut wie die mit dem Mann an der Bar, die ein anderer vorgelesen hatte. Denn wir waren alle „verdammt gut in Form" damals.

Obwohl er später doch immer etwas Hintersinniges nachschob, auf das sich der vermeintliche Realismus des Erzählens bezog, war es zunächst der Lehrer selber gewesen, der uns ausführlich auf den Leim gehen ließ, immer wieder das Faktische, den vermiedenen Gefühlsausdruck, das Unheldische hervorhob und vom „gefühlsseligen Quark" sonst unterschied. Und so hatte auch ich mich anfangs ähnlich versucht, alles mißverstanden, dann aber von neuem gelesen. Ich vermied es nach Möglichkeit überhaupt, auf den übersetzten Hemingway noch einzugehen, den es so vielleicht gar nicht gab. Denn was im Amerikanischen da stehe, vermutete ich, sei gewiß etwas anderes oder werde doch anders verstanden. Und so besorgte ich mir eine Ausgabe des „Merriam-Webster Pocket Dictionary" und drang damit umständlich, aber gründlich in die eine oder andere der Kurzgeschichten ein, die mir im Original vorlagen („No one has explained what the leopard was seeking at that altitude".) Im Englischunterricht selbst war von Hemingway nicht die Rede.

Was mir bei alledem aber irgendwie aufging, war mit der Zeit etwas Allgemeines. Jenes Mißverständnis, der vermeintliche Realismus, erfüllten bei vielen offenbar eine schon länger vorhandene Erwartung, die der verkürzten, „griffigen" Rede überhaupt, der übersichtlich angezogenen Fakten und Verhältnisse, des Interesses an der jetzt „fälligen" und konkreten, nicht lange hergeholten oder abstrakten Argumentation. Ich konnte mich irren und vereinfachte gewiß, aber ich beobachtete doch oft, wie bedenkenlos rasch und zack, zack jetzt das Reden daherkam, wie leicht es zu Phrasen gerann, um Phrasen kreiste, Plätze angewiesen, andere verweigert wurden. So und so. Das sei ausgemacht. Anderes: „Schwachsinn, oder dickes Buch".

Der neue Deutschlehrer, auch wenn er mich öfter einmal auflaufen ließ, ironisch vorführte, gewisse Wendungen in meinen Aufsätzen ausstellte, in seiner Art auslachte, fing doch an, zuzuhören, wenn ich mich äußerte und suchte auch in den Pausen oder am Rand der schulischen Veranstaltungen ein Gespräch. Er war hier viel leiser, eindringlicher, auch offener und vor allem skeptisch, was den Schulbetrieb, ja die Grundeinstellung einiger Lehrer betraf, die auf dem Hergebrachten beharrten, nichts wirklich ermöglichten, alles Wichtige vernachlässigten, ihre Ruhe suchten und möglichst behalten wollten. Ich war überrascht, blieb aber mißtrauisch, zumal aus der Umgebung des ehemaligen Deutschlehrers verlautete, man mache sich so seine Gedanken um diesen Neuen und seine „Effekthascherei".

Entscheidend sei gewesen, hörte ich nach einer Aufführung von Goethes „Iphigenie" durch Schauspieler des Landestheaters den ehemaligen Deutschlehrer urteilen, daß es diesen Künstlern wirklich „ein Bedürfnis" gewesen sei, *Goethes* Stück zu spielen und „Ernst zu machen" damit. Man komme nicht weiter mit der nur effektvollen Anpassung einer neuen und „zeitgemäßen" Inszenierung, wie ein Kollege in der Pause geäußert habe. Was zähle, sei die wieder erprobte Darstellung der alten und immer neuen Aufgaben und Lösungen im Stück.

Ich las die „Iphigenie" und kam, anders wohl als die Kontrahenten, nicht über die Wahrnehmung der Sprachgebung hinaus, die mich sofort, mit den ersten Versen bereits, umstrickte und in ein Labyrinth der Bedeutungen versetzte. Ich bewunderte die, die tatsächlich hier durchfanden und, wie in anderen Fällen auch, sogleich immer die großen Themen aufspürten, obwohl mir schien, daß die Masse des Einzelnen dabei unbegriffen blieb, viel entschieden, wenig erkannt werde. So verstummte ich meist, wenn ich sah und hörte, wie man es gleich parat hatte und geläufig wußte, im „Faust" gehe es um, und Thomas Mann habe gezeigt, und Sartres Standpunkt sei, und der Tod „bei" Hemingway bedeute.

Doch zunächst weiter Hemingway und herausfinden, wie viel bei ihm an den kleineren Szenen und Gesten liege, die man in jeder Kurzgeschichte fand und die wir von nun an auch nachspielen sollten. Hin und her gehend, mit leicht geneigtem Kopf lauschend, beobachtete der Deutschlehrer das Spiel, und so entstanden nicht nur vielerlei Lösungen der schauspielerischen Aufgabe, sondern auch mancherlei Auslegungen des Textes. Es wurde stets lange und eifrig probiert, diskutiert und geurteilt, bis der Lehrer, was er sich selten entgehen ließ, seine eigene Lösung vortrug. Sie schien ihn manchmal selbst zu überwältigen, wenn er, seine Bewegung verbergend, rasch wegschritt, den Kopf senkte, bescheiden stand. Danach wechselte er den Platz, sah dann wieder schreitend ins Weite und zog eine abschließende Lehre aus allem.

Es kam vor, daß ich gut abschnitt bei solchen Übungen und auch die Auslegung der Texte schriftlich und mündlich etwas voranbrachte. Deshalb überredete mich der Lehrer zur Mitarbeit an einer neu erscheinenden Schülerzeitung und später zur Einübung eines Krippenspiels, das am letzten Schultag vor den Weihnachtsferien in der evangelischen Kirche aufgeführt werden sollte.

Die Aufgaben und Ziele der Schülerzeitung wurden in einer Art Gründungsversammlung erörtert, wozu der Deutschlehrer vor allem auch Schüler der nächst höheren Klassen eingeladen hatte. Das Blatt sollte Probleme der Schule wie der Schüler aufgreifen und erörtern und Diskussionsanstöße geben. Kolumnen für Politik, Literatur, Film und Sport waren vorgesehen, auch ein Fortsetzungskrimi, an dem die Leser selbst weiterschreiben sollten. Die ‚Gründer' übernahmen die ersten Nummern, danach waren weitere Mitarbeiter zu interessieren.

Meine Mitarbeit an der Zeitschrift aber hielt sich in Grenzen. Nachdem ich zwei, drei Artikelchen beigetragen hatte, auch den ersten Teil des Kollektivkrimis, erlosch mein Interesse. Man mußte rasch liefern, was mir nicht lag. Ein journalistisch versierter Primaner, aktuell bewandert, der schon ein Jahr in den USA gewesen war, viel Politisches, überhaupt Geschichtliches mühelos aufgriff, lässig-polemisch pointierte, war als der haupttätige Redakteur des Blatts ein ziemlicher Treiber. Dem entzog ich mich etwas und fand auch anderen Grund dazu, denn die Proben zum Krippenspiel hatten begonnen.

Nun war es allerdings kein herkömmliches Krippenspiel wie das schon einmal durchliebte, sondern in Teilen ein angepaßt zeitgemäßes. Das bedeutete für mich, daß ich jetzt kein schlichter Depp namens Josef mehr war, der an der Peripherie der Heilsgeschehens mehr oder weniger ahnungslos herumstand und sich auf seinen Stecken stützte, sondern einer, weit entfernt von dergleichen, ein Ungläubiger eher und alles andere als einfältig, sondern durch krudes Erfahren in einer untergehenden Welt so enttäuscht wie bitter gewitzt. Es war der geläufige Typus des Heimkehrers, den ich darstellte, in Uniformlumpen daherkommend und im leidlich trockenen, windgeschützten Stall auf eine Unterkunft hoffend. Aber siehe, und das war die wunderbare Verwandlung oder Heimkehr, die sich an und mit mir vollzog, es erfaßte auch mich, den bitter Gewitzten, das allmählich ihm dämmernde, dann immer heller erstrahlende Bewußtsein der weihnachtlichen Vorgänge im Stall. Das jedenfalls brachte der gedrängte Text, den ich sprach, einigermaßen zum Ausdruck, wobei ich zunächst im Halbdunkel der hinteren Bühne sprach, dann weiter vorne, ins Helle tretend.

Nun war ich es freilich nicht allein, der aus Leid und Verbitterung ins Helle trat. Eine geschundene junge Frau auf der Flucht, verhärmt und in Lumpen wie ich, tat es ebenfalls. Und auch sie sprach Ähnliches aus.

Wir beide also verkörperten Zeitgemäßes im Stück, das zwar auch sonst noch auf allerlei Aktuelles anspielte, aber dies hier beeindruckte vor allem, war sein inzwischen schon klassisch gewordener Ausdruck.

Die Einrichtung und Regie sah vor, daß wir beide zunächst als eine Art undeutliches Gelump im Dunkel der hinteren Bühne uns aufhalten sollten, was wir auch angemessen befolgten. Da wir uns unserer Sache ziemlich sicher waren, und auch die Regie mit uns zufrieden schien, die sich bei den Proben hauptsächlich den Hauptdarstellern widmete, lungerten wir oft unbeschäftigt im Hintergrund und zogen der Kälte wie der Rolle wegen auch schon mal eine Decke über uns.

Ich hatte meine Rollengefährtin, etwas älter als ich und mit anderen vom Mädchengymnasium ausgeliehen, schon öfter in Stadt und Schule gesehen, wobei mir aufgefallen war, daß, sobald sie mich sah, ihr halb spöttischer Blick sich stets lächelnd senkte. Nun machte sie also hier mit und war, da sie allgemein gefiel, auch gleich umschwärmt. Ein wenig grob jedoch, wie ich gleich sah. Am Tag der ersten Probe lag Schnee, und beim Warten vor der Kirche warf man wie üblich damit herum und vollzog, unausbleiblich, an der dunkelhaarigen Schönen die fällige Wäsche. Sie nahm es zunächst gelassen, ging dann aber ihrerseits darauf ein, teilte aus und bewarf am Ende, als alle schon den Schnee abklopften, um hineinzugehen, ganz plötzlich und verspätet auch mich. Ich hatte bisher untätig gestanden und rührte mich auch jetzt nicht. „Warum machst du nicht mit?", fragte sie. „Bist du zimperlich?" Ich überhörte es, strich auf der Schwelle aber den Schnee von ihren Schultern und öffnete vorsorglich die Tür. Sie ging ironisch darauf ein, lächelte gnädig wie eine Hofdame und trat gemessen ein.

Warum sie immer gelächelt habe, fragte ich später. Ganz einfach. Sie hatte sich jedesmal gefragt, wer ich oder wie ich, der junge Sprecher des alten Narren bei der Feier des Goethe-Jubiläums, wohl wirklich sei. Dabei kamen wir nun rasch ins Gespräch und stießen mancherlei Türen auf, auch solche, die in der Regel verschlossen oder verhüllt scheinen. Wir waren ziemlich neugierig, aufs Fragen wie Antworten: „Dann sag' doch mal."

Einmal trat der Deutschlehrer in unser Halbdunkel und schäkerte, der Beichtstuhl oder Ähnliches dahinten, sei auch ein hübscher Ort zum Plaudern.

Nun hatte ich aber doch eine Freundin, der ich das Geplauder auch nicht verschwieg, ohne daß sie länger einging darauf. Die Sache blieb weitgehend unerörtert. Nur generell fragte sie einmal, was mir an *der* denn gefalle? Meine vorsichtige Antwort verwarf sie, weil ziemlich ungenau.

Aber eines Tages, als wir von einem Spaziergang zurückkamen, sahen wir meine Krippenspielpartnerin auf der anderen Straßenseite vorübergehen, und ich hielt etwas an. „Siehst du", sagte meine Freundin und nahm mich beim Arm, „siehst du denn nicht, wie schlecht sie sich hält? Der Gang, irgendwie etwas schlampig. Zu große Schritte. Und: sie zieht die Schultern hoch. Dann diese

Baskenmütze. Nein!" Nun, ich trug auch eine Baskenmütze. Sah auch noch einmal prüfend hinüber. Fand alles nett. Was mochte sie denken in diesem Augenblick? So verabschiedete ich mich von meiner Freundin, die verdutzt zurückblieb, und ging der Baskenmütze nach. Ich sah das dunkle Haar auf die Schultern herabfallen, sah auch, daß sie zwar überhaupt nicht schlampig, aber ziemlich ausschritt und sagte, als ich sie endlich eingeholt hatte, etwas albern: „So rasch gehst du aber!" Sie sah ohne Anhalten hoch und antwortete: „Bist du es?" Und wieder lächelte sie so wie früher, aber jetzt lag wohl nur Spott darin. Und so verabschiedete ich mich auch hier wieder rasch und suchte meine Freundin auf ihrem längeren Heimweg noch abzufangen. Sie war etwas kleiner als jene, trug lange, dunkelblaue Hosen, einen knappen Mantel, nahm ebenfalls keine kleinen Schritte, aber drehte sich etwas dabei. Sie hielt den Kopf mit dem blonden, kurz geschnittenen Haar gesenkt und stieß hin und wieder mit dem Fuß etwas zur Seite, das ihr im Weg lag. Als ich sie endlich erreicht hatte, blieb sie stehen und fragte sehr ruhig, sehr ernst: „Was fällt dir ein?" Dann ging sie mit gesenktem Kopf weiter und sagte mit einer abwehrenden Handbewegung: „Bis Sonntag um 8". Das war die Frühmesse, der Jugendgottesdienst. Also kein Kino mittwochs.

So nahm ich mir denn Nachmittage, Wälder und weite Wege bis lange nach Dunkelwerden zum Ziel. Trieb in Gedanken umher, bei denen mal dieses, mal jenes obenauf lag. Dazu Rascheln von meinen Schritten, die ich tief ins verwehte und teilweise schon leicht überfrorene Laub lenkte. Beim Scharren hier und da noch Buchecker, die mich an eine Kusine erinnerten, mit der ich, noch gar nicht so lange her, hier gesucht und gesammelt hatte. Sie war zu Besuch bei uns, lehrte mich in wenigen Stunden die wichtigsten Grundschritte beim Tanzen, und abends saßen wir, mit den Knien leicht aneinander stoßend, am Tisch gegenüber und entkernten die Buchecker. Sie fuhr leider schon bald wieder weg.

Von den Verwandten sonst nur noch wenig. Sie waren nicht neugierig, kannten sich ja auch aus hier und hatten eigene Sorgen. Söhne kamen aus der Gefangenschaft zurück und fanden kaum Arbeit. Töchter heirateten, meist nicht sehr günstig, einige mußten. Immer dasselbe. Viele Grüße.

„Wohin gehst du?" In den „Busch", wie man hier sagte. Berufswunsch seit längerem: Förster. „Forstwesen", sagte der Vater und kannte sich aus. Weitaus besser noch im „Bergwesen", das er mir pries. Auch ans Auswandern hatte ich schon ein paar mal gedacht. Kanada. Die Wälder dort, dazu Hirsche, Bären gar, Holzfäller. Alles auf den brillanten Fotos der Zeitschrift „Life" einmal zu sehen, die mir gelegentlich in die Hände fiel. Warum auswandern? Etwas zu Ende wandern, zu Ende gehen oder auslöschend wegwandern etwas. Tilgen, ausstreichen, auswandern alles.

Ich ging, wie täglich in jenen Tagen, über den Friedhof hoch, dann in den Wald und am Forsthaus vorbei, immer tiefer ins Lastende und Abgestorbene. Eindruck des niedergesunkenen Jahrs überall, sein weit gebreiteter Leichnam aus Mulden, kleineren Anhöhen, starr hochdeutenden Bäumen, an denen Dunst und Nebel hinablangten.

Mein Denken: immer auf dem Fleck. Immer schon ans Ende versetzt. Ich hörte hin und wieder von „Entwurzelung" reden. Was man darunter verstand, war mir wenig vertraut und die Masse der verlorenen „Wurzeln", die man aufzählte dabei, öfter unbekannt. Ich war ziemlich verwurzelt, fand ich. Wäre gern ein wenig entwurzelt worden. Aus meinem Endgefühl heraus. Wäre gern ein wenig leichter geworden. Obwohl niemand da war, der mir wirklich was auflud. In der Schule hatte man nur ‚etwas auf', auch manchmal ‚viel auf'. Meist aber zählte das, was ich mir zusätzlich auflud, nicht zu „unserer Aufgabe".

Sollte ich überhaupt weiter „lernen", dies und das „wissen", „werden wollen"?

Ich erinnerte mich an das am Berg gestürzte Pferd damals, mit den teuren Sachen der Frauenschaftlerinnen auf einem hoch beladenen Wagen. An die Fuhrleute, wie sie es stützten, Decken darunter zogen, abschirrten, beruhigten, beim Zügel nahmen und das Tier sich mit heftig nickendem Kopf plötzlich erhob, stand, schnaubte und ein paar mal nur scheute.

Ob ich nach Abschluß der Untersekunda wohl abgehen sollte, dachte ich. Regelrecht und ordentlich abgehen, weggehen, auswandern, ganz unbekannt werden oder von neuem irgendwo. Nur dort und da sein. Mit etwas. Für etwas. Ich brauchte nicht viel und nicht viele dabei. Mal sehen.

In Gedanken mit An- und Abspannen beschäftigt.

Ich erinnerte mich an das kleine Hammerwerk flußabwärts, wo ich dem Schulfreund, seinem Vater, einem Gehilfen, alle in ledernen Schürzen, beim Gießen zugesehen hatte, das Gesicht erhitzt, die Augen trocken vom Hinsehen auf die Glut, während die Sonne, tief stehend, ein unwirkliches Rot durch den Schuppen bis dicht an die vorbereitete Reihe der Formen rückte.

Dann dachte ich an alles, was die Kusine damals tat, schob, drehte, zog an mir bei diesem und jenem Tanzschritt, was sie sagte, wie sie lachte, wenn ich im Ungeschick anstieß.

Als der ehemalige Sportsfreund, jetzt Geometerfreund Ernst Krieger, der eben „krank feierte", mich einmal in den Wald begleitete und kopfschüttelnd teilnahm an meinen Strapazen, sprachen wir kreuz und quer über allerlei Kompliziertes. Zuletzt auch über eines jener Wörter, die ich „Tabernakelwörter" nannte, weil sie, feierlich hervorgeholt und hergezeigt, immer den Schluß einer Rede, eines Kommentars einer gründlichen Ausführung machten. Das „Abendland" zum Beispiel war ein solches, häufig hervorgeholtes Tabernakelwort, schien mir. Und wir sprachen darüber. Aber damit auch wieder mal über das, was wir alles nicht wußten und wie es ein endloser Weg zurück für uns war. Denn was man uns vorhielt derzeit und aufzeigte am „Abendland", war in aller Kürze sehr unklar. Es schied die Geister, die offenbar wußten, im Schlaf wußten, was es bedeute, von denen, die es nicht, nicht mehr oder noch nicht so genau wußten, und schon gar nicht im Schlaf. Es zog sich hierhin und dorthin damit, schlang immer ein Einst und ein Jetzt durcheinander, ein Davor oder Danach, ein Haben und Nichthaben ... „ein Bildungsziel eben", ergänzte der Geometerfreund und wurde hier lächerlich genau von einer Ladung tauenden Schnees getroffen, die aus dem Fichtendunst über uns sich plötzlich gelöst hatte. So kam aber noch ein weiteres Tabernakelwort zum Vorschein, von dem der Freund jüngst im CVJM und in schöner Verbindung mit den „fundamentalen Werten unseres Kulturkreises" hatte reden hören. Großer Vorrat im Tabernakel.

Aber eben nicht nur wissen um all das, nicht nur lernen, Quantum also, hatte der Geometer weiter vernommen, sei das erklärte Ziel, sondern Aneignung, und das wiederum heiße: „tätiges Wissen".

Wir gingen langsam durch Dunst und Abendnebel und teilten uns eine Zigarette. Fast gar nicht mehr kalt jetzt. Der Obervermessungsrat im Außendienst, erzählte der Freund, hatte wieder einmal doziert und dabei den rotweißen Stab ergriffen: Mit den schlagenden Verbindungen verhalte es sich ein für allemal so. Er selbst, zum Beispiel, wahrlich kein „Hungerländer" zu seiner Zeit, er selbst ... Wir fanden kein Ende.

Am Vorabend des dritten Advent las ich: „Noch einmal sage ich: Freuet euch [...] um nichts macht euch Sorgen".

Die Jugendmesse war gut besetzt, und ich hatte die, auf die ich mich auch freute, in der linken Kirchenhälfte vor mir. Ich wandte kein Auge von ihr und sie den Kopf langsam zu mir, so daß wir uns ansahen. Ich mußte nachher warten, weil sie im Kreis der Mädchen, der sich wie üblich gebildet hatte, noch länger herumstand. Dann aber kam sie, sehr langsam, vor sich hinsehend, mit dem Fuß etwas wegstoßend.

Wir gingen lange schweigend am Friedhof vorbei in den Wald. Es war wieder kälter geworden, der Boden hart überfroren, und ganz allmählich erst tauten ein paar Worte hervor, die es mir, die es uns wieder wärmer werden ließen. Wir blieben und hatten uns wundervoll lange im Wald, hörten von ferne zu Mittag läuten und später schon wieder zur Andacht. Dann erst gingen wir zurück in unsere Häuser, wo ich mich schweigend allen Vorwürfen entzog und Briefe zu schreiben anfing, Brief über Brief, an sie, für sie, die Entwürfe zum Weihnachtsbrief eingeschlossen.

Und Weihnachten war es ähnlich, nur weniger Zeit, weil sie viel zu tun hatte. Verwandte waren gekommen, würden bleiben. Bei mir daheim war es still, und der Tag trieb so leise dahin wie draußen der Schnee überall. Dann aber, am zweiten Tag, lärmten die Schlittenfahrer auf unserer Straße. Auch die Lächelnde aus dem Krippenspiel, das wir ordentlich absolviert hatten, war mit wilden Gespielen dabei, die einen Bob hatten, sie in die Mitte nahmen.

Am Abend des zweiten Weihnachtstags nahm mich der Geometerfreund, der Karten hatte, auf den Ball des Sportvereins mit. Wir bestellten eine halbe Flasche Wein für uns beide, rauchten und sahen, was die Tänzer so zustande brachten. Zu „Maria aus Bahia" und „Barbara", die auf „Afrika" reimte. Sie waren alle sehr bei der Sache und hatten mit ihren Einladungen durchweg eine gute Wahl getroffen. Man kannte sich ja von der Tanzstunde her und auch sonst schon von mancherlei Festen, so daß mir eine gewisse Vertraulichkeit auffiel, in die beiderseits an den benachbarten Tischen auch die anwesenden Eltern mit einbezogen waren.

Der Geometer und ich tippten auf bürgerliche Anbahnungen, vorausschauende Absichten. Sekt wurde aufgetragen, „Damenwahl" ausgerufen und mit erwartungsvollem Hallo quittiert. Natürlich verirrte sich keine zu uns herauf auf die Empore, wo an kleineren Tischen die Junggesellen und ältere Leute herumsaßen. Wir gingen dann auch bald nach Hause oder stapften vielmehr, denn frischer Schnee war gefallen.

An den folgenden Tagen geschah nun alles so reibungslos glatt und organisiert wie stets bei den Eltern, weil oft geübt: Vorbereitung und Durchführung des länger schon geplanten Umzugs in einen kleinen Ort auf dem Lande, wo der Vater beim Ausbau eines Katasteramts helfen sollte. Ich hatte mir das Unternehmen bisher überaus gründlich aus Kopf und Seele geschlagen, mußte aber nun endgültig mit und weg, und vor Silvester noch. Öde Dörflichkeit und mühselige Verbindung zur Stadt erwarteten mich. Dazu das immer schon fragliche Ansehen eines Fahrschülers.

Die Nacht auf den 1. Januar 1951 verlebte ich schon im Wohnzimmer der neuen Behausung bei lärmendem Glockengeläut der Kirche gleich gegenüber, einer Flasche Wein und erwünschtermaßen allein. Die Eltern verschliefen nach komplett vollzogener Einrichtung, auch die Bilder hingen bereits, müde den Jahreswechsel. Ich trank und schrieb an das, was mir lächelnd vor Augen schwebte und sah mich um von Zeit zu Zeit: die Sachen am neuen Platz jetzt, ein glänzender, noch etwas scharf riechender Schreibtisch, vom Vater aus einem größeren zurechtgeschreinert für mich. Daran saß ich jedoch nicht, sondern am Wohnzimmertisch, mit der silbernen Ehrenschale des Vaters darauf. An einer hinteren Wand die Liegecouch, mit orientalisch gemusterter Decke, mein Lager von jetzt ab, das ich im Dunkeln etwas umständlich bestieg. Draußen das gelegentliche Gröhlen eines Betrunkenen, der unten vor dem Haus stand und sich einmal hörbar erleichterte.

Im Einschlafen noch das immerfort kreisende Bedeuten von Ps. 97,1 im trunkenen Kopf : „Sein Name ist: Künder des großen Ratschlusses".

# 4.

## *Was endlich wurde, was nicht*

Am anderen Morgen. Alles grau. Nebelfeuchte. Dunstfront des Rathauses gegenüber. Daneben die grauwackene Kirche. Kahlbäume, deren Geäst wie ein Verhau um Turm und Giebel starrte. Zerstrittene Krähen. Ihr Stimmengehack. Dann Kirchengeläut, gellend, nicht enden wollend.

„Prosit Neujahr". – „Nun übertreib' mal nicht", erwiderte der Vater. Ich ließ ein Bad ein.

Wir frühstückten und warteten die Messe ab, bei der die paar Katholiken in der evangelischen Kirche drüben zu Gast waren. Holpriges Orgelspiel mit öfterem Vergreifen. Dünner Gesang der meist älteren Menschen. Keine Predigt. Neujahrswünsche und Fürbitten. Der Pfarrer, jünger noch, sehr gemächlich, ohne Eifer. Schließlich Segen und Auszug. Mir kommt das Fleißkärtchen über den Bonifatiusverein in den Sinn.

Draußen stand alles fröstelnd, vermummt und vermantelt. Wir waren als Gäste oder Zugezogene natürlich sofort aufgefallen. Der Vater lüftete ein paarmal höflich den Hut. Trug neuerdings einen Homburg. Die Mutter nickte freundlich. Dann kam auch schon der Pfarrer. Kündigte seinen Besuch an. Sehr umgänglich, Kölner Tonfall. Wollte wohl nicht viel, merkte ich, nur seine Ruhe. An seiner Seite die Küsterin, rundliche, ältere Frau in Schwarz.

„Nun übertreib' mal nicht", meinte auf dem Heimweg der Vater erneut.

Nachmittags in Dorf und Umgebung unterwegs. Paar Geschäfte. Einige sehr alte Häuser. Sonst die landesüblichen, mit Fachwerk, auch verschiefert. Post und Bahnhof. Zwei Hotels immerhin. Einige Kneipen, geschlossen oder leer um diese Zeit. Volksschule. Realschule. Der Sportplatz. Entdeckte mit zaghaften Erwartungen ein Freibad. Natürlich ganz trostlos jetzt. Mal rauschend, mal stiller und breiter, ein Fluß. Ging dann hügelan, Richtung Wald, der sich hoch und stetig hinzog, an Siefen ins Tal hinabstieg. Fichten, auch Mischwald mit freundlichen Ausblicken übers Tal auf die andere Seite und den üblichen Bismarckturm. An zwei, drei Stellen überraschender Fernblick. Unbekannte Höhen und Rücken. Schaute hier lange. Auf dem Heimweg, etwas außerhalb, eine größere Fabrik, hinter Bäumen versteckt. Festtäglich ruhig alles. – Weniger dunstig inzwischen. Um den Bismarckturm zaghaft dämmerndes Rot. Kälter. Ordnete daheim meinen Schreibtisch. Abendläuten.

Morgenläuten. Ich machte mich fein. Dunkelbrauner Anzug mit Nadelstreifen. Mantel mit Fischgrätenmuster. Umständlich breiter Shawl, den ich meist in der Tasche trug. Hut mit ziemlicher Krempe. Ich fuhr in die Stadt. Mit dem Bus, wie üblich von jetzt ab. Zu Doris, deren ältester Bruder Hochzeit feierte. Sie und ich sollten Trauzeugen sein.

Ich kannte die Familie bisher nur von ferne. Aber jetzt werde es, „wie es so wird", hatte der Geometerfreund gesagt, als er von der Einladung hörte und „Benimm dich" hinzugefügt.

In der Kirche stand ich neben Doris. Zum ersten Mal so, und es hatte fast etwas von unserer eigenen Trauung, als ich sie singen und beten hörte, nahe neben mir, mit feinem Lispeln beim auslautenden S. Viel Weihrauch schwelte. In den Bänken die Fest- und Wintertextilien. Die blassen Ovale entblößter Männerköpfe. Hutvariationen, Schleier und Pelze der Frauen. Räuspern, Scharren, unter Anstößen laut hallendes Kirchengestühl. Graues Taglicht. Bei uns vorne Kerzen. Die zu Vermählenden in der Mitte, am Bänkchen kniend. Das Orgelspiel dann auch hier nicht besonders. Mir war etwas flau.

Später unter freundlichen Leuten, aber allein. Doris den ganzen Tag in Küche und Keller beschäftigt. Einmal ein bißchen bei ihr, beim Tortenschneiden im Keller, von wo ich aber bald wieder weg- und nach oben geschickt wurde. Ich tat ihr leid. Ich tat mir auch leid. Schaffte es später noch einmal, sie für ein paar Minuten allein zu haben. Draußen, die nächste Straßenlaterne im Blick. Funzelte so trübe wie alles in mir. Wir standen, schwiegen, frösteln. Mir war wieder etwas flau. Es gehe nun mal nicht anders, sagte sie, umarmte mich und schuffelte ein bißchen dabei. Dann traten wir wieder ins Haus, und ich nahm Hut und Mantel, ließ mich verabschieden, ging. Nun weinte sie wirklich.

Der Bus fast leer. Mit trübster Innenbeleuchtung.

Wenig später auf einer anderen Sonderfahrt in die Stadt. Karnevalsfeier der katholischen Jugend. Gefeiert wurde etwas außerhalb, in einem ländlichen Lokal mit Tanzfläche und Empore, wo sich die weibliche und männliche Pfarrjugend zusammenfand und ich, entschlossen übermütig, von Zeit zu Zeit einen alles übertreibenden Tanznarren abgab. Freilich immer nur so lange, wie es Doris, einer guten und kritischen Tänzerin, gefiel. Hob sie die Brauen, brach ich sofort ab und machte, was ich so halb und halb konnte, also nicht viel.

Ich bemerkte aber auch neuerdings, daß ich „in Gesellschaft" gern feierte. Hinzu kam das wachsende Vergnügen, alles genau zu beobachten. Es entging mir weder, was rundum an heimlicher Wechsellust aufblitzte, noch was mit den Anzeichen eines aufkeimenden Zwists, Eifers oder Grolls sich finster zusammenzog. Ich prophezeite mir im stillen, was im Geflecht solcher Stunden sich begegnen, trennen, wieder vereinigen werde und las genau, was in Blick, Wink und Rede jedesmal darauf deutete. Da ich aber bei allem auch Doris nicht aus den Augen lassen durfte, den hier möglichen Anfängen einer Wechsellust zu wehren hatte, war ich ziemlich beschäftigt.

Auf dem Heimweg, durch eine für die Karnevalszeit ungewohnt laue Nacht, war ich auch kühn und nicht ohne Einfälle, auf die Doris anfänglich einging, aber doch zögernd, bis sie endlich stillstand, ganz plötzlich müde geworden und wieder so lächelnd, als sei alles nicht das Rechte und durchaus vergeblich. So begleitete ich sie denn tatenlos nach Hause, wo andere bereits auf uns warteten, um sich zu verabschieden. Danach ging sie hinein. Ich fand meinen alten Weg zurück ins ehemalige Wohnhaus, wo ich, wie verabredet, beim Hausmeister übernachtete.

Am anderen Morgen suchte ich hervor, was ich dem Hausmeister geben sollte, und bemerkte mit Erstaunen, daß von meiner eigenen Barschaft auch noch etwas vorhanden war. Selbstverdientes Geld diesmal. Ein entfernterer Amtskollege des Vaters hatte mir dazu verholfen. Zeilengeld. Die regionalen Beiträge, die mein Gönner für das landesübliche Blättchen bisher abzuliefern hatte, fingen an, ihn zu langweilen, weshalb er sie halbierte, die eben weniger attraktiven und lästigen mir überließ, die fetteren sich selber vorbehielt. Dennoch kam einiges zusammen für mich, da ich in den Dörfern und Kleinstädtchen umher von den zahlreichen Versammlungen, Aktivitäten und Festen der Vereine und Genossenschaften berichtete. Einmal sogar durfte ich bei der Sitzung des Gemeinderats zugegen sein, wenn auch nur bei einem einzigen Tagungsordnungspunkt.

Dabei war ich sehr überrascht, auch beeindruckt, als der Gemeindedirektor, anders als die oberflächlichen Vereinsvorsitzenden sonst, mich höflich begrüßte, namentlich vorstellte und über die Arbeit des Rats sehr väterlich belehrte. Auch die im Saal versammelten Ratsmitglieder nickten freundlich. Ich empfand Respekt, stand wirklich bescheiden und sah verlegen umher, an den Leuchtern, Holzvertäfelungen, Wappen und Gemälden entlang und endlich auch durch die hohen Fenster des Saals auf die benachbarte Kirche, vor der dasjenige sich reichlich breitete, von dem im Rat jetzt die Rede war.

Sie betraf den Tagesordnungspunkt „Ortsverschönerung an der Hauptstraße". Es sollten die grader, schlanker und dichter kaum anzutreffenden Buchen, die teils an einer Seite, teils an beiden Seiten die schmale Hauptstraße säumten und ganz in der Nähe der Kirche besonders schön standen, aufragten, zum Nebendom sich wölbten, fort, „geschlagen", entfernt werden. Und eben damit auch Schmutz und Belästigung, die der massenhafte Laubfall, die Überzahl der Krähenschwärme in Herbst und Winter verursachten. Man diskutierte ein wenig, verlas ein Gutachten, ließ eine Karte rundgehen, die bauliche Veränderungen und Maßnahmen an der Straße betraf und hielt schließlich an einer Minderheit von Bäumen fest, die auf dem Kirchengelände zuträglich verbleiben sollten. Alles wurde mit großer Mehrheit entschieden, beschlossen, die „Ortsverschönerung" konnte geschehen. Pause.

Ich bedankte mich bei dem Gemeindedirektor, der sich seinerseits für mein Interesse bedankte und war eben auf den Gang hinaus getreten, als ich den Vater bemerkte. Er kam vom Archiv im Kellergeschoß, hielt eine Akte in der einen, seine Zigarre in der anderen Hand und schien überrascht, dann etwas mißtrauisch zu sein, als er mich sah. Wegen der Zeitung also? Im Rat eine beschlossene „Ortsverschönerung"? Er hörte mich an, sorgte aber dann eigentümlich rasch dafür, daß ich das Amt wieder verließ. Draußen stand ich verdutzt.

Auch vor dem Rathaus ein paar Bäume. Dazu ein Brunnen.

Als Kind, kurz nach Beginn der Schulzeit, so erinnerte ich mich, hatte ich in Begleitung der Mutter den Vater einmal im Büro besucht. Die Mutter überreichte etwas, und wir gingen sogleich wieder hinaus, ohne daß wir Gelegenheit gefunden hätten, mit einigen Kollegen des Vaters, die sich zur Begrüßung freundlich erhoben hatten, ein paar Worte zu wechseln. Es war uns, es war dem Vater, wie ich damals unklar empfand, nicht ganz wohl bei der Begegnung, und vielleicht hatte es damit zu tun, daß sie im „Amt" geschah. Zwar sprachen die Mutter und er an den Sonntagen, wenn sie gefrühstückt hatten und rauchten, sehr oft und länger über das „Amt", die „Behörde", die „Verwaltung", den „Dienst". Aber als Behausung und Ort einer täglichen Arbeit des Vaters, waren sie mir unbekannt und auch nach dem Besuch keineswegs kenntlicher. Das blieb so. Selbst in den Jahren, als wir im Haus der Katasterbehörde bis vor kurzem noch selber gewohnt hatten, blieb mir alles fremd und verschlossen. Es gab eine Toilette dort am Gang, die wir mit benutzen durften, und an dem einen oder anderen Samstagnachmittag einen Blick in die geöffneten Büros, wenn dort geputzt wurde. Sonst nur die Stimmen der Angestellten auf der Treppe oder sie selber, wenn sie mit dem Rahmen hinuntergingen vors Haus, im Freien eine Lichtpause anzufertigen. Der Vater kam mittags wie aus einer anderen Welt zu uns herauf. Und grade eben, nachdem wir uns im Rathaus getroffen hatten, war es mir einen Augenblick lang so vorgekommen, als sei ich da, wo der Vater arbeite, so unerwünscht wie er selber streng separiert. Das Rathaus, obwohl fast traulich erleuchtet jetzt, bei einbrechender Dunkelheit, verhüllte sich mir auf eigentümliche Weise.

Schließlich sah ich den Vater in Hut und Mantel das Gebäude verlassen. Er stutzte etwas, als er bemerkte, daß ich noch immer davor stand.

Wir gingen schweigend heim, und erst, als wir das Haus betraten, fragte er mich, was ich nun anstellen werde mit dem Bericht. Wie ich es anstellen werde. Ich erklärte, die Sache zusammen mit anderen Neuigkeiten, die ich gelegentlich sammele und in einer kleinen Revue aufführe, nur kurz zu erwähnen. Es schien ihn zu beruhigen, und wir sprachen nicht weiter darüber.

Nach dem Abendbrot aber dachte ich wieder darüber nach, und vor dem Einschlafen später glitt mir mancherlei Ungereimtes durch den Kopf: die ersten Eindrücke von Kindergarten und Schule, der Beichtstuhl in der Josephskirche, Onkel Johanns Gesellschaftssaal, der Bühnenkeller, der Bunker, das Ortsgruppengebäude, das halb erleuchtete Zimmer des Lagerleiters, als ich mich verabschiedete, die Toilette am Gang des Katasteramts, in der Schule die Tür zum Lehrerzimmer, die manchmal offen stand.

Am anderen Tag fand ich das meiste sehr lächerlich und dachte auch an die Möglichkeit eines ausführlichen und kritischen Berichts über die „Ortsverschönerung", die, so wie geplant, ja überhaupt keine sei, da sie den immerhin eigentümlichen, vertrauten Ortskern bis zur Unkenntlichkeit entstellen werde. Aber ich schrieb einen solchen Bericht nicht. Dafür einen Brief an Heinrich Verviers.

Es war nicht das erste Mal nach dem Krieg, daß ich eine Verbindung zu ihm aufnahm. Ich hatte seine Adresse ausfindig gemacht, und wir schrieben uns ein paar mal. Nun suchte ich neuerdings den Kontakt und erzählte von unserem Umzug.

Auch beklagte ich mich über allerlei. Über den trüben Stumpfsinn an den Wochenenden hier auf dem Lande, die öde Zeitungsschreiberei, die mir eigentlich wenig Spaß mache, den geplanten Kahlschlag im Dorf. Auch von Schule und Freundin erzählte ich, wenn auch nur flüchtig, und, recht unvermittelt, über mancherlei Ratlosigkeit, Selbstzweifel, Weltzweifel.

Heinrich Verviers antwortete höflich und brachte meine Ausführungen vorsichtig spottend mit dem in Verbindung, was man wohl „Weltschmerz" nenne. Ich stutzte sehr über dieses Wort, das mir so wenig gefiel wie seinerzeit die Äußerung von Erhard Köpfs Kusine, ich sei ein Romantiker. Immerhin besuchte ich die Gemeindebücherei und informierte mich über den „Weltschmerz", wobei ich an mancherlei hängenblieb und beim nächsten Ausleihtermin mit Spenglers „Untergang des Abendlandes" nach Hause trottete. Der Vater, dem das Werk nicht unbekannt war, lächelte etwas, und ich machte mich über die beiden Bände her, in denen es von Anstreichungen, Anmerkungen und Ausrufen zahlreicher Leser am Seitenrand nur so wimmelte, so daß ich gleich mehrere Lektüren vor mir hatte, von der Hauptsache oft abkam und in die Labyrinthe der Randbemerkungen geriet, die sich nicht selten auch aufeinander bezogen. „Ein sehr gelesenes Werk eben", sagte der Vater und sah selber noch einmal hinein. Mir wurden die Hauptgedanken der Sache zwar irgendwie klar, aber sie bestimmten keineswegs mein Interesse. Das galt vielmehr der unerwarteten Masse des Materials in diesem Buch, das ich förmlich aufsog. Erst als mir wirr davon wurde im Kopf, Erschöpfung sich einstellte, brach ich ab und verschob die genauere Lektüre auf später. – Ich verschob überhaupt immer viel.

An Heinrich Verviers aber schrieb ich nicht mehr. Ich schämte mich fast, ihn belästigt, ihm etwas geschrieben zu haben von mir, so unklar und vorläufig. Aber auch an den Zeitungssachen schrieb ich nicht weiter. Ohnehin war mein bisheriger Gönner zurückgetreten, und ein junger, offensichtlich sehr ehrgeiziger, alles und jedes besser wissender Verwaltungsbeamter an seine Stelle getreten, der mir wenig abließ, immerfort herumnörgelte und kommandierte, wobei er unangenehm grade auf- und abschritt im Amtszimmer. Auch beim Tanzen während des Sportvereinballs, sah ich, hielt er sich kerzengrade und steif, würdigte mich keines Blicks und kam erst später mal kurz in meine Nähe, nörgelte wegschauend: „Montagfrüh abliefern".

Ich beschloß aber, überhaupt nichts mehr abzuliefern und ging hinüber an das, was eine Bar sein sollte, wo eine junge Frau Platz genommen hatte. Sie war eine hier in der Nähe aufgewachsene, jetzt in Köln Tanz studierende Blondine, die man für eine Stepnummer gewonnen hatte, wobei der reichlich triste Aufmarsch komisch sein wollender Turner des Sportvereins, die Lärm machten und Schweißgeruch verbreiteten, einigermaßen nett unterbrochen worden war. Freilich auch sie machte Lärm, da der Boden, auf dem sie sich bewegte, fürs Steppen nicht geeignet war und unter ihren Sprüngen und Schritten jämmerlich dröhnte und krachte. Ich brauchte etwas länger hinüber zu ihr und war zu allerlei entschlossen, als ich den Platz neben ihr doch schon besetzt fand, umdrehte und nach Hause ging. Ich hatte wieder einmal das Gefühl, bis zur Endstation durchfahren zu sollen, ziemlich weit weg. Nach Kanada vielleicht. Und über Köln.

Nach Köln fuhr ich öfter. Mit der Schule in Theater und Oper, mit den Eltern zu größeren Einkäufen. Immer noch Kriegsspuren dort. Vorläufiges und Provisorisches. Baustellen, Zäune, Verschalungen, aber auch durchgestaltete Plätze schon, manierliche Straßen, kleine Passagen, Schaufensterreihen, Restaurants. Menschengedränge, Stimmengewirr, Lachen, Musik. Ich ging lange da herum, trat irgendwo ein und wieder hinaus und nebenan ebenso, sah in viele Gesichter, horchte ins Mundartliche, vor allem der Mädchen, kam endlich in die Vorstellung, wo ich als letzter eingetroffen war und die anderen schon artig saßen. Über Köln also.

In der Oper, wir sahen den „Freischütz" einmal, erkannten wir alles prompt so, wie der Musiklehrer es durchgenommen und am Flügel begleitet hatte. Nur jenes „Leise, leise, fromme Weise" hatte ich so nicht vermutet. Es stieß allerlei auf in mir, was mich nun doch aufs Romantische brachte. Sonst war an der Oper nicht viel. Dachte ich.

Ähnlich verhalten trat ich im Theater aus Eliots „Cocktail Party" ins Freie, da auch hier viel Mysteriöses mit im Spiel war, das allenfalls zu Beginn, später kaum mehr erträglich war. Die eifrige Unterhaltung einiger Lehrer im Bus über die Sache entging mir weitgehend, weil ich zu weit hinten saß. Aber was ich aufschnappte, deutete in eine andere Richtung. Ich fand alles so abgehoben, betulich hintergründig und, bis in die Haltung der arg bemühten Schauspieler, verrenkt.

Als ich später allein in einen anderen Bus umgestiegen war, in einen dieser trüb beleuchteten, kaum besetzten Spätbusse, die ächzend und schaukelnd durch Regenschauer sich fortbrachten, immer hart, aber behaglich an der Unterwelt vorbei, die seitlich in Gräben, an schmierigen Böschungen und Baumriesen aufglänzte, dachte ich mir ein Stück aus, welches nur hier, in solchem Bus spielen sollte, mit Engeln und Teufeln als Hauptagenten. Es mochte auch aus dem „Freischütz" etwas vorkommen, wobei sich der Busfahrer einmischte, indem er die Endstation ausrief und mich aus dem Schlaf riß.

Das „Einjährige" stand bevor. Bescheidene Festivitäten deshalb, Vorbereitungen des Klassenballs mit „Unterhaltung". Weit über die Hälfte „gingen ab", darunter sehr gute Schüler und Freunde. Zwar kannte man den besser als jenen, aber keiner war, mit dem ich nicht einmal gut gesprochen oder auch nur Geduld erfahren hätte, wenn die Rückzahlung einer Schuld, die mir meine kostspielige Liebschaft und Kinobesuche nun einmal auferlegten, sich ungebührlich verzögerte. Ich hatte mich wohl gefühlt in dieser Klasse, wo alle allen gleich nah waren, keine Gruppen entstanden.

Mein Eindruck war, daß es in der Parallelklasse, wo die saßen, die im Schulort zu Hause waren, sich nicht ganz so verhalte. Sie waren anders, Kleinstädter, mit Industrie nahebei, oft Söhne von Juristen, Medizinern, einigen Bankleuten, Ingenieuren, dazu die von Kaufleuten und allerlei Angestellten. Ein bißchen dünkelhaft viele, ein bißchen spöttisch, ein bißchen spießig. Schon in der Kleidung ein gewisser Unterschied zu uns Fahrschülern. Auf dem Klassenfoto tragen fast alle lange, breit und markant geschnittene Mäntel mit locker eingelegtem Shawl. Man ist modisch und sorgfältig frisiert, posiert hier etwas kokett, da schon wie weiter herumgekommen, auch bieder-tüchtig einige, doch auch mürrisch nicht wenige, etwas verkniffen oder sonstwie nicht freundlich beschieden derzeit.

Nicht ganz so auf unserem Klassenfoto. Kaum eine Pose, ruhig erwartungsvolle Gesichter, wenig Verkniffenes. Keine Mäntel, keine Shawls. Dafür Windjacken, Lumber Jacks, Kniggerbogger und hier und da immer noch eine umgearbeitete Militärjacke. Alle aus ländlichen Gegenden, mit Vätern, da herum tätig, einige Lehrer- und Pfarrerssöhne. Unten, in der ersten Reihe ich, neben anderen hockend. Auf den Knieen einen kleinen Koffer haltend mit der Kreideaufschrift U II a. Links neben mir Erhard Köpf, Klassenbuchführer, das Dokument hochkant aufs Knie gestellt. Viele haben, was auf dem Bild der Parallelklasse seltener zu sehen ist, den Arm um die Schultern des Nachbarn gelegt oder suchen sonst einen freundschaftlichen Halt. Auch Erhard Köpf hat seinen rechten Arm um meine Schultern gelegt. Ich kann leider nichts legen, umarmen, weil Kofferträger.

An den Vorbereitungen des Klassenballs war ich mit einer Art Büttenrede beteiligt, die entliehen Witziges enthielt, mich wenig beschäftigte. Ich hatte solche Einlagen schon mehrfach für Karnevalsveranstaltungen gebastelt. Das Material entstammte den Witzblättern. Man mußte nur angemessen vortragen, auch eine Type dazu nachahmen oder erfinden. Das meiste hörte ich mir an den „bunten Samstagnachmittagen" im Funk zusammen.

Doris hatte sich zum ersten Mal ein Ballkleid schneidern lassen, und bei den Anproben war ich ein paar mal dabei. Ich fand das Kleid, aus grauem Taft, nicht so besonders, fast trist, wenn ich überhaupt darüber nachdachte. Ganz unverständlich waren mir Ernst und Eifer, mit denen man hier bei der Sache war, korrigierte, mäkelte, sich drehte und musterte im Spiegel und mit Verrenkungen prüfend an sich heruntersah, zupfte, zog. Endlich war es dann so weit, und wir stiegen in den Bus, der alle Teilnehmer zum Ballokal brachte, wo wir an weiß gedeckten kleineren und größeren Tischen Platz nahmen. „Weinzwang". Wir bestellten „Liebfrauenmilch". Nie gehört vorher. Natürlich wurde auch getanzt, aber den Hauptteil des Abends nahmen die Reden und kleineren Szenen ein, die man auch Sketch nannte. Als Doris einmal ihren Platz räumte und längere Zeit tanzte, setzte sich von den geladenen Lehrern der Deutschlehrer zu mir herüber, und ich erfuhr zum ersten Mal von seinem Plan, eine Spielschar zusammenzustellen und ein Theaterstück aufzuführen. Ich sollte mitmachen, und er habe auch schon eine Rolle für mich. Wir sprachen noch lange über Theater und Theaterspielen, und Doris tanzte, ach tanzte.

Endlich war Schluß, und wir fuhren wieder nach Hause, wobei mir neuerdings der eigentümliche Widerspruch in meinem Verhältnis zu Doris auffiel: sie schien enttäuscht und doch so nahe bei mir zu sein, in Momenten so wegschmelzend nahe, daß ich mich blöd und verwundert fragte, wie denn das möglich sein könne, da ich an eine solche Verliebtheit im Grunde nicht glaubte, mir vor allem nicht zutraute, sie überhaupt jemals wecken zu können. Wagte ich mich dann aber auch ein wenig weiter vor, entzog sie sich augenblicklich und setzte mir Grenzen. Das änderte sich allmählich erst in den Stunden eines sehr heiteren und warmen Maimonats, in denen wir zusammen waren. Jetzt eben seltener im Kino, sondern auf langen Spaziergängen und mit Annäherungen im Walde vollauf beschäftigt.

Um nun auch öfter und rascher einmal bei ihr zu sein, vernarrte ich mich in ein zweirädriges Ding namens „Victoria", jenen schon einmal erwähnten Halbrenner mit Gangschaltung, der nicht billig war, aber mir von den Eltern zum Geschenk gemacht wurde. Dafür verzichtete ich auf anderes, umging alles, was sonst noch Geld kostete, auch die Teilnahme an weiteren Klassenbällen und ähnlichen Veranstaltungen, die jetzt beliebt wurden und radelte nachmittags, wann immer ich konnte, durfte, das Wetter es zuließ, auf dem kürzesten Weg in die etwa 15 Kilometer entfernte Stadt.

Natürlich litt die Schule darunter. Aber unsere Spaziergänge gerieten in Fahrt, und es stand fast einmal so und so damit, als Doris sagte, sie solle weg. An den Rhein irgendwo, in eine Schule, von Nonnen geleitet, alles mögliche lernen, Haushalt, Allgemeines, das müsse jetzt sein.

Und dann war sie weg. Und ich schrieb Briefe, seitenlange. Aber nie schrieb sie einen zurück. Ich hörte nichts von ihr oder nur auf Umwegen. Einmal kam eine Postkarte, darauf stand: „Lieber Hans, mir geht es gut. Herzliche Grüße! Doris". Darunter: „Schreib nicht immer so lange Briefe. Man zählt hier schon die Seiten". Also las man sie auch wohl? Ich vertiefte mich in die paar Zeilen, immer wieder, hielt am Ausrufezeichen jedesmal sehnsüchtig ein und war endlich entschlossen, Doris mit dem Rad zu besuchen. Pfingsten. Den Eltern stellte ich für diese Zeit einen Treff mit der katholischen Jugendgruppe in Aussicht. Man würde ja sehen.

Und die Schule litt weiter. Denn inzwischen hatten auch die Proben der neuen Spielschar begonnen. Das Interesse am Unterricht jedoch stockte überhaupt irgendwie. Selbst das an dem des ehemaligen Deutschlehrers, der wieder zurückgekehrt war zu uns. Der einst „neue" Deutschlehrer, jetzt Leiter der Spielschar, unterrichtete uns dafür in Philosophie. Beide überzeugten mich kaum. Während des Deutschunterrichts passierte nichts, und auch der Philosophieunterricht, auffallend wenig lebendig, fesselte mich nicht sehr, da eigentlich kaum ,philosophiert' und nur über den einen oder anderen Begriff aus dem Philosophischen Lesebuch referiert wurde, was sehr langweilig war und kaum Fragen nach sich zog. Blieb die Hoffnung auf Schopenhauers Aphorismen, die später einmal „behandelt" werden sollten, aber jetzt schon auf meinen Schreibtisch kamen. Eine manchmal etwas ältliche, insgesamt aber interessante, zuweilen „ergötzliche", ja komische Lesekost, wenn der alles ernst und scharf prüfende Schreiber so tat, als schließe er dies gerade aus.

Unser „ehemaliger" und jetzt erneuerter Deutschlehrer dagegen wurde mit der Zeit immer nur beleidigter, weder scharf, noch ergötzlich, geschweige denn komisch. Als wir eines Tages vor Beginn der Deutschstunde einen riesigen Stein, den „Gral" vorstellend, ins Klassenzimmer geschleppt hatten, kam er grübelnd, stutzte, erbleichte, legte die Tasche auf den Tisch, die Hand hinter den Schlips, stand wie versteinert. Dann kamen das übliche „Was?" und „Bitte?" und erneut finsteres Schweigen. Endlich winkte er, die Sache wegzuschaffen, trat ans Fenster, sah verbittert hinaus.

Der Philosophielehrer und Leiter der Spielschar aber kam, sah, umstrich schnüffelnd den Stein, hob ein Bein, und die Vorstellung war zuende.

Die übrigen Lehrer am Tag des Grals sagten nichts, umgingen im Vortrag das Hindernis eifrig mal links mal rechts, als müsse es so sein. Nur der Mathematiklehrer ließ sichs erklären, respektierte die Sache als Unterrichtsmaterial und kam dann rasch auf das seine. Dabei natürlich auch auf mich, der ich wieder einmal nicht präpariert war.

Aber auch bei den Proben der Spielschar war ich es keineswegs so sehr, wie es den Anschein haben mochte. Ich spielte wieder einen alten Narren, den ich im Augenblick des Probierens mir immer selber zurechtlegte, bis man sagte, so sei er getroffen, so solle er bleiben. Freilich war er beim nächsten mal schon wieder ein anderer, was die Mitspieler irritierte, oft ärgerte. Ich schob es auf meine Rolle und respektierte nichts. Denn es war ein Hofnarr, den ich da produzierte. Ich bewegte mich also ohnehin frei an aller Etikette vorbei, manchmal auch quer hindurch, und jedes Ding auf der Bühne war mein Requisit, nie sicher vor mir, weder das geheime Dokument in der Hand einer Hofschranze, noch der Fächer oder gar anderes affektierter Hofdamen. Nur den König jedesmal sparte ich aus, obwohl mein Maulwerk ihn keineswegs verschonte.

So ging das also ganz gut. Aber schon, wenn ich im Bus saß oder auf meiner „Victoria", hatte ich alles bald wieder vergessen und wunderte mich oft über das, was man an mir herauszustreichen begann, da ich im Grunde nicht interessiert war, natürlich gern mitspielte, mitmachte, gewiß, aber sonst? Was meinten sie?

Interessanter war da schon der neuerliche Umgang mit der Leidensgefährtin aus dem Krippenspiel, die mit Baskenmütze und höher gezogenen Schultern. Sie spielte im Stück eine in Männerkleidern bei Hofe eindringende junge Schöne, weil sehr verliebt in den König und gewillt, als Diener unerkannt in seine Nähe zu kommen. Alles weitere würde sich finden. Während der ersten Probe wies sie von ferne mit dem Finger auf unseren Text und rief leise eine Seitenzahl auf. „Du gefällst mir" stand da, gleich oben. Ich tat es ähnlich mit einer anderen Seite: „... du bist noch grün und dumm" stand da, ziemlich unten. Und so ging es auch sonst hin und her zwischen uns, halb im Ernst, halb im Scherz, ein Spiel im Spiel von der Freundschaft zwischen der jungen Schönen und einem ‚alten' Narren. Mehr kam nicht zustande. Auch hatte sie wen, und ich ja auch.

Als die erste Aufführung vorbei war, zog gar die Presse an, photographierte, schwärmte. „Der Narr, bitte. Und grinsen Sie ja wie Sie grinsen, Mensch. Jetzt das Mädchen? Wo ist das Mädchen? Hierhin, bitte. Der König daneben. Sehr verliebt beide. Dahinter der Narr, etwas erhöht, auf sie herabgrinsend." Auch die Besprechung am anderen Tag in der Zeitung war ordentlich, hob meine Sachen namentlich hervor.

Die Mutter sah über ihre Lesebrille ein paarmal kritisch herüber zu mir, als sie es las. Schüttelte leise den Kopf. Sie hatte ja selbst zugesehen. „Zwar alles richtig betont", urteilte sie, „aber sonst – nicht immer ganz fein, etwas grob, etwas gehässig, viel Theater!" – „Aber, aber", rief der Vater aufblickend, „das sollte es doch wohl auch sein!"

„Großartig, Mann", schwärmte auf dem Gang der Direktor, schulterklopfend. Auch unser Englischlehrer, ein älterer Herr, sehr höflich und schon von weitem den Hut ziehend, wenn man ihm auf der Straße begegnete, nahm mich beiseite, sah mir tief in die Augen und sagte: „Sie waren eine Säule des Spiels!" Und noch einmal, die geballte Faust leise schüttelnd: „Eine Säule". Nur mein „ehemaliger" Deutschlehrer hielt sich zurück. Lächelte zwar, aber doch nicht sehr beifällig.

Die bei Hofe in Männerkleidern eingedrungen war und natürlich ihren König bekommen hatte am Schluß, kam auch noch einmal zu mir und lächelte, zum letzten mal aber. Sie zog mit ihrer Familie um in eine andere Stadt. Von da schrieb sie später, wie schön es gewesen sei, und daß ich ihr die Tür zu einer anderen Welt (einer „glitzernden", glaub ich) einen Spalt weit geöffnet habe. Freilich blinzelten wir einmal Wange an Wange durch einen kleinen Spalt im Vorhang, um zu sehen, wer so gekommen sei. Meinte sie das? Jedenfalls kamen die großen Ferien verläßlich, und ich fuhr mit meiner „Victoria" weit hinüber ins Linksrheinische zu den Verwandten.

Vorher aber, lange schon vorher, war ich mit ihr an den Rhein und zu Doris gefahren. Am Pfingstsamstag, sehr früh. Schönes Wetter, spärliche Barschaft. Auf dem Gepäckträger ein paar Sachen und Butterbrote. Da ich gut trainiert war, ging zunächst alles glänzend. Dann aber kam bei viel Sonne der Durst. Doch bis an den Rhein und vor Bonn hielt ich durch. Hier erst pausierte ich, aß ein wenig, trank noch weniger und erstand für fünf Pfennig beim widerstrebenden Eisverkäufer eine winzige Kugel „Vanille". Es war noch eine Strecke bis dahin, wo das angegebene Kloster lag, aber nachmittags stand ich endlich vor dem Tor und klingelte. Eine, dann zwei Nonnen kamen, verharrten mißtrauisch. Erst als sie zu Dritt waren und ich gehörig ausgefragt schien, durfte ich eintreten. „Eine halbe Stunde im Garten. Es ist an Werktagen sonst nicht üblich. Bitte, warten Sie. Dort ist eine Bank".

Ich wartete. Aber dann kam sie auch schon, ganz fein, in einem hellen Dirndl. Einen Kuß gab es nicht gleich. Man würde uns sicher beobachten. So gingen wir im grünen Baumschatten des Gartens zunächst ein wenig auf und ab, dann allmählich auf einen breiteren Ulmenstamm zu und gelassen hinter ihn, wo wir uns eng und heftig begrüßten. Danach schlenderten wir arglos wieder hervor. Das machten wir noch ein paar mal so und setzten uns anschließend auf die Bank. So verführerisch wie im grünen Baumschatten hatte ich ihre Augen selten gesehen und ihre Züge auch nicht so weich in Erinnerung, ihr fast goldfarbenes Haar nicht so voll. Auch was das Dirndl so anstellte mit ihr um den Busen, dann der Schmuck, der da hineinhing, fielen mir auf. Dazu geistliche Stille. Wir selber lispelten fast nur. „Und doch", sagte sie, „hören sie alles und werden wir genau beobachtet". Da stand ich denn trotzig wieder auf und zog sie sachte in Richtung Ulme, hinter der wir uns jetzt etwas länger umarmten, aber auch zum letzten mal. Doris wollte nicht länger, wurde ängstlich. So gingen wir also ganz freigebig irgendwohin, wo man uns sehen konnte von allen Seiten.

Ich erfuhr in der Kürze nicht viel von ihrem Leben hier. Aber morgen werde sie mir alles ausführlich erzählen, sagte Doris. Jetzt sollten wir Schluß machen. „Denn sieh nur, da kommen sie schon!" Die paar Nonnen aber gingen freundlich nickend vorbei, hatten anderes zu tun. Wir verabredeten uns also für Morgennachmittag, wenn sie Sonntagsurlaub habe, und ich suchte den Ausgang, in Bonn die Jugendherberge.

Es war unterm Dach noch eine Liege frei, der Preis aber immerhin noch so, daß er fast meine gesamte Barschaft verschlang. Ich aß von meinen Butterbroten, ging noch ein wenig im Haus umher und legte mich dann ziemlich müde zu Bett.

Morgens wieder sehr schönes Wetter. Das Geld reichte gerade noch für einen dünnen Kaffee, dann fuhr ich in Bonn umher, sah mir die Stadt an. Oder auch nicht. Es war eher ein zielloses Herumkurven. An den Dom, die Universität, den Rhein, unter Bäume und wieder zurück in die Stadt. Sonntäglich leer beides, sie und ich. Dann mächtiges Glockengeläut über Universität und Hofgarten hinweg, wo ich mich schließlich ins Gras legte und rauchte.

Ich sah, wer vereinzelt sonst noch hier döste und erinnerte mich an den Mann neulich in abgerissener Uniform, mit verschwitzter Mütze, auch nicht ganz sauber, ziemlich mager, faule Zähne und Gebißlücke vorn, die Augen klein und etwas entzündet. Suchte den Weg ins nächste Dorf und einen, der da wohnen sollte. An seinem Gürtel hing ein Brotbeutel, und in der Hand trug er eine in der Mitte ganz eingesackte, rissige Aktentasche. Es gab ja immer noch solche, die so unterwegs oder gerade erst heimgekehrt waren. Einen Text wie den aus dem Krippenspiel würden sie nicht sprechen. Darin kamen sie auch nicht vor. Nicht so.

In den Anfängen jetzt starrte ja immer noch etwas vom Ende, unbegriffen, nicht ganz anzugewöhnen, auch wo man darüber hinwegbaute oder rundherum aufräumte. Dennoch sei das meiste inzwischen doch wohl zum Freuen da, sagte man, Schritt für Schritt auf dem Weg zum Erfolg. Alles im Blick.

Den Vettern und Kusinen, hatte ich gehört, gehe es inzwischen auch besser, gut sogar. Sie führen öfter mal irgendwohin, gingen aus essen, dann ins Kino, danach zum Tanzen. Alle wieder tätig inzwischen, mit viel Überstunden, womöglich auch samstags fleißig, ja sonntags. Mancherlei werde angeschafft, aber auch gespart. „Warum nicht und wie anders? Was denn sonst? Was denn noch?"

Schwalben. Zwischen den Bäumen auf der fernen Straße ein paar Autos. Dahinter der Rhein, wußte ich. Strömte, wippte, tänzelte, spiegelte, plätscherte, als ich ganz nahe ans Ufer getreten war, geblendet, müde werdend, warm im Gesicht, mit geschlossenen Augen, langsam schwankend.

Die Eltern wußten mich also jetzt bei dem angeblichen Treffen der katholischen Jugend. Es war leider immer etwas zu verschweigen, zu läugnen, ärgerlich zu verstecken, weil eben sonst alles schwierig wurde oder unmöglich. Und ich mochte auch nicht streiten mit ihnen, nichts durchsetzen. Wenn der Vater rief, kam ich, was die Mutter sagte, tat ich meist. Aber ich tat und entschloß auch viel ohne sie. Kam es dann heraus eines Tages, ertrug ich, was sie sagten, urteilten, anordneten, blieb ruhig. So wagte ich und verzichtete ich, wie es sich traf. Viel aber wagte ich wohl auch nicht. Oder anders: ich wagte es allenfalls öfter, auf eine gewisse Weise mich abzuhängen und zu dauern da, wo ich dann blieb, nämlich wartend, worauf ich nicht eigentlich wußte. Dabei fiel ich natürlich wirklich zurück und heraus, kehrte mit schlechtem Gewissen auch wieder um, stellte mich. Dennoch bereute ich nichts, da es sich jedesmal lohnte im Wartestand und es dort auf rätselhafte Weise immer so war, daß ich alles hinnahm, hinnehmen konnte. Es war ja nicht anders. Aber auch ich war nicht anders.

Kinder waren herbeigelaufen, ein älterer Mann sehr langsam vorbeigeschlendert, zwei Frauen standen unweit, sprachen laut, unterbrachen sich, fanden kein Ende damit, und ich schob endlich weiter mit der „Victoria". Höher stehende Sonne inzwischen, zunehmende Schwüle. Es tat mir leid, daß die Eltern jetzt anderes denken mußten. Vor allem der Vater, der meist sehr blaß, wie ausgeloschen für einen Augenblick, den Kopf hob, wenn herauskam, daß alles ganz anders gewesen war. Manchmal stürzte er in jähem Zorn und mit erhobenen Armen auf mich zu. Doch es kam nie ernsthaft zu etwas. Um einiges größer als er, wich ich langsam aus und ging ruhig aus dem Zimmer, zumal die Mutter rasch um ihn war. Er tat mir leid, und einmal in einer solchen Lage suchte ich seine Hände zu fassen, um ihn zu beruhigen, wobei er so bebte und schwankte, daß die Mutter ihn kaum zu halten vermochte. Seitdem aber, schien es, hielt er sich äußerlich ruhig. Nur eben sein Blick blieb beunruhigend. Auch erkrankte er öfter und unklar, und diesen Sommer noch sollte er zur Kur nach Bad Wörrishofen. Sein Arzt empfahl den frühen Ruhestand, wenn er sechzig sei, und er selbst sah es ebenso, des täglichen Amts müde, aber immer noch mit reichlich viel Zeitung umgeben und eine regelmäßige Auswahl von Rundfunksendungen pünktlich abhörend. Wir sprachen zwar nicht mehr so oft wie früher darüber, trafen ja auch eine unterschiedliche Auswahl, aber wenn ich ihn fragte, ließ er entweder seine Lakonismen heraus oder erging sich in Erfahrungsberichten. Die prinzipielle Erörterung war nicht seine Sache. Neulich noch, fiel mir ein, sprach er nach den Abendnachrichten wie angeekelt davon, daß mancherorts manche wieder gut mitmischten, anstandslos zurück dürften in den „Dienst", reichlich zivil, ja leutselig täten und mit der Wimper nicht zuckten, wenn es sich großartig treffe, daß der verfolgte Volksfeind von einst auch der des Staates von heute heiße, somit neuerdings wieder weg, nicht zurück dürfe. „Obwohl", und er schränkte ein, zündete sich seine Zigarre an. Obwohl was? Nun, es sei nur bezeichnend, wolle er sagen. Sonst und über die „Linken" wisse ich ja, wie er denke. Und er kam dann in raschen Bögen auf sein Lieblingsthema derzeit: das „fragwürdige Theater" um die „sogenannte Mitbestimmung". Dabei griff er in langen Berichten auf seine „Industriezeit" während der zwanziger Jahre zurück. Daran hing er nun einmal ganz kompliziert, so daß ich ihn nicht immer verstand.

Auch daß wieder ein Krieg gekommen war und ausgerechnet damit ein Wirtschaftsaufschwung, weil eben Krieg sei, war nicht leicht zu begreifen und kam auch nicht vor im Geschichtsunterricht. Wo Korea lag, wußte man zur Not, und um den Kriegsgrund ebenso aus allerlei Nachrichten. Aber dann weiter? Dazu neuerdings Gerede und Meinen über Deutschlands Remilitarisierung, wobei mir der Vater fast denjenigen wieder ausredete, an den ich mich gerade etwas gewöhnt hatte, den Seinerzeitseparatisten Adenauer, den er giftig bezichtigte und schmähte. Hierüber hatten wir ebenso etwas gestritten wie über „Befragungen" und „Befragte", mit denen jetzt öfter hantiert und Eindruck gemacht wurde, was mir ein Greuel war. Wenn ich mich selber befragte, gab es verschwommene Teile einer Antwort in mir, die auf „Remilitarisierung" deutete, aber doch entschiedener wohl auf „Nichtanbindung", „Selbständigkeit", überhaupt „Neutralität". Aber was wußte ich schon? Was wollte ich jetzt eigentlich damit?

Der Vormittag reichte immer noch nicht ganz an die 12 heran, stand schwül und widerlich herum, und ich legte mich erneut ins Gras irgendwo.

Vielleicht dachten die Eltern jetzt auch gar nicht an mich, denn es wurde zu Pfingsten Besuch erwartet. Kusine und Vetter mit Anhang und auf der Durchreise. Der Vetter war erst vor gut einem Jahr aus russischer Kriegsgefangenschaft zurückgekehrt, krank, ohne Arbeit zunächst, und die er jetzt hatte, keine erlernte, bekam ihm schlecht. Er hatte uns kurz nach seiner Heimkehr schon einmal besucht. Wir spielten Schach oder radelten an eine der Talsperren, wo er mir viel erzählte. Als er kurz nach der Gefangennahme, mit dreiundzwanzig etwa, erstmals Genaueres über KZ und Judenvernichtung erfuhr, habe er es, so versicherte er mir, nicht glauben können und wollen und dem, der davon sprach, ins Gesicht geschlagen. Die Kriegsjahre hatte er bei der Marine im Norden verbracht, war vor Narvik gewesen und zuletzt bei einer Spezialeinheit auf der Donau in Rumänien, wo er in russische Gefangenschaft geriet und einen Elendsmarsch antrat, der in Odessa erst endete. Immer noch unfaßbar für ihn, daß er das überstanden hatte. Er sprach und erzählte in der Regel ruhig, aber manchmal auch so, daß ich unwillkürlich zurückwich vor ihm.

Auch von anderen solche Geschichten. Oder eben keine Geschichten. Denn was sich so anhörte, war nur ein Behelf. Ich unterschied, was sich wiederholte, austauschbar schien von dem, was ‚anders‘ war: Quälerei. Dabei meist nur die eine Seite. Wie auch sonst? Die andere anderer und wieder anderer fand kaum eine vernehmbare Sprache. Bilder zwar wurden wohl aufgeschlagen. Und wieder zugeschlagen. Nur wenige mochten sich versenken darin. Nichts darüber im Klassenzimmer. Keine, die vortraten morgens, vor Schulbeginn, um zu berichten. Kein Lehrer, der es ‚zusammenfaßte‘.

Endlich radelte ich los, Richtung Kloster. Immer noch zu früh. Gegen Drei erst war Ausgang. Ich umwanderte die Gebäudegruppe, Garten und Gitter ein paar mal. Abstecher ins Dorf, das mir nichts sagte. Endlich dann rührte sich was hinter dem Gitter. Helle Gewänder, Gedränge hinten am Haus. Eine kam ans Tor, winkte, erzählte rasch: kein Ausgang heute, dafür Anordnung für alle, eine Freilichtaufführung in der Nähe zu besuchen. Doris sei da hinten, lasse grüßen, möchte kein Aufsehen erregen. Ich solle nach Möglichkeit auch zur Freilichtaufführung kommen, wir könnten uns dann irgendwie treffen dort. Ein Bus fuhr vor und ich zur Seite, winkte, als Doris rasch einstieg. Dann hinterher. Im großen Gang. Mal näher, mal weiter dahinter. Am Rückfenster vor mir die Mädchen. Schaukelnd, lachend, drängend, winkend. Doris nicht dabei. Dann aber verlor ich den Bus oder er mich, und ich mußte mich durchfragen. Endlich das Freilichttheater. Der Bus leer, alles schon ausgestiegen und geschlossen eingelassen. Dort drüben, hinter einem Gitterzaun, das Freilichttheater. Büsche, Bäume, grüne Schatten. Überall Menschen. Am Tor Kartenverkauf. Kein Geld natürlich. Auch Doris konnte mir nichts leihen, da ihres „verwahrt“ werde. Sie stand auf der anderen Seite des Zauns, Hände um die Sprossen gelegt, traurig winkend, als ich dann wegfuhr. Was es denn eigentlich gebe, hatte ich noch gefragt. „Das Stück? Keine Ahnung.“ Also dann weg hier. Nach Bonn zurück. Schluß jetzt.

Wolkenaufzug in Massen. In Bonn schon alles bedeckt, Donnergrollen und Entschluß, durchzufahren nach Hause. An einer Kirmes Stop und das Klo gesucht. Höre im Sitzen und überlaut aus den Lautsprechern: „Nimm mich mit, Kapitän, auf die Reise, nimm mich mit in die weite, weite Welt“.

Bald hinter Bonn das Gewitter. Andrängende Windböen, dann Graupelschauer und lang anhaltender Regen. Stellte mich unter und nahm ein paar handvoll Graupeleis auf, das ich langsam verzehrte. Endlich gelöschter Durst und weiter im langsam nachlassenden Regen. Ankunft am frühen Abend, pünktlicher als erwartet und mit erfundenen Begründungen.

Die Verwandten noch da und ziemliche Enge in unserer Wohnung. Später, bei leicht fallendem Regen, mit ihnen zum Pfingstball in einem der Hotels, wo ich ein bißchen tanzte. Ich ging nachher lange noch in der Nacht umher. Rätselnd an all dem Nichtigwichtigen des vergangenen Tags. Der frühsommerliche Regenduft, anfangs noch süß und schmeichelnd, stand bald nur noch in Resten umher. Um die Beleuchtungen dampfte es. Was mir kam und einfiel, zerriß ich in Gedanken wie ein Papier, rauchte von den Zigaretten, die die Vettern mir zugesteckt hatten, sah, daß nichts und alles übrig blieb, mit gar nichts etwas getan war und so weiter. Schlich dann nach Hause und legte mich. In den Beinen so unruhig Malendes und Quälendes wie früher öfter, wenn man mir sagte: „Du wächst eben".

Am ersten Tag der großen Ferien fuhr ich nun erneut mit dem Rad über den Rhein zu meinen Verwandten, hatte aber hinter Köln einen so heftigen Gegenwind, daß ich bis Jülich nur langsam und ausgesucht fluchend vorankam. Danach erst ging es besser, wurde mir leichter ums Herz, vollends, als mich Tante Therese zum Empfang mit einem herrlichen Essen überraschte, Biersuppe zum Auftakt, die ich hier zum ersten Mal genoß.

Ich wurde auch weiterhin trefflich versorgt und von Tag zu Tag so verwöhnt, daß ich abends satt und müde vom vielen Radfahren wie ein Klotz da saß und behaglich den beständigen Mißmut und bornierten Eigensinn meines Onkels beobachtete, zerlegte, studierte, wobei ich dann oft derart ins Lachen geriet, daß meine Tante in komischen Ängsten stand, mit den Augen warnte. Aber siehe, eines Abends, als wir uns eben wieder einmal verstohlen amüsierten über ihn, drehte der Onkel sich blitzschnell um und lachte mit. Was war geschehen? Nun, er hatte ein wenig getrunken, wie sich bald zeigte, und jenen Punkt erreicht, da ihn bekanntermaßen Heiterkeit einnahm, gesprächig und versöhnlich machte. Zwar stimmte er nicht, wie sonst üblich in dieser Lage, besonders außer Hause, mit Fistelstimme Gesang an – „Glück auf, Glück auf, / Der Steiger kommt" – aber er blieb doch heiter, traf Vorbereitungen. Durch eine Glaswand, die die sogenannte Wohnküche vom eigentlichen Wohnzimmer trennte, sahen wir ihn sein Heiligtum, einen Biedermeierschrank mit Geheimfach, öffnen und lange vorgebeugt fast verschwinden darin. Nach längerem Suchen und Hantieren kam er endlich wieder hervor, in der Rechten einige Papiere, auf dem Kopf eine Melone. Er trat von seiner Seite aus vor die Glaswand, verbeugte sich mehrfach höchst lächerlich und sah mit übertriebenem Vergnügen der Tante hinterher, die inzwischen aufgestanden war und mit abgewandtem Gesicht den Raum verließ. Ihr war offenbar nicht ganz unbekannt, was jetzt durch die offene Wohnzimmertür quäkte, nämlich Gewagtes und Zweideutiges in Reim und Gesang, etwas muffig auch, aber insofern doch äußerst komisch, als der Onkel zum jeweiligen Inhalt des Vorgetragenen völlig mißverständlich, ja falsch grimassierte. So schnell wie er gekommen, verschwand der Spuk dann wieder. Der Onkel kramte alles sehr ernsthaft zusammen und ins Geheimfach zurück, das er umständlich verschloß. Den Schlüssel steckte er, schon ganz wieder der alte und übelst gelaunt, in die Tasche. Auch die Tante trat wieder ein, den Kopf gesenkt.

Morgens früh, gegen 5 Uhr etwa, sah ich den Onkel das Fahrrad besteigen und zur Zeche fahren, wo er nach einer Dreiviertelstunde wohl eintreffen mochte. Er wurde bald sechzig, war von Beruf Dreher, wenn auch, wie man stets unterschied oder einschränkte, aus einer guten Beamtenfamilie, mit akademisch ausgebildeten Brüdern.

Sein Sohn und Schwiegersohn, die mit ihren Familien im Haus wohnten, fuhren später ebenfalls auf getrennten Wegen zur Arbeit, dieser mit dem Fahrrad, jener mit einem kleinen Motorrad, das noch ganz neu war, aber schon öfter streikte. Den Schwiegersohn, der an den Wochenenden in einer Tanzkapelle Akkordeon spielte, begleitete ich frühmorgens einmal. Er trug ziemlich gute Sachen und einen hellen Mantel im Nieselregen, rauchte unablässig im Fahren und empfahl mir auf holprigen Feldwegen, die er der Abkürzung wegen ausfindig gemacht hatte, nur ja ordentlich zu lernen, und beruflich Einkömmliches anzustreben. Er selbst habe zwar Arbeit, schufte auch mehr als er müsse, um seiner Familie, seiner Frau etwas zu gönnen, ihr neben den anderen Verwandten und Nachbarn einen gewissen Stand zu verschaffen, denn Mißgunst und Neid, üble Nachrede und Angeberei seien an der Tagesordnung hier. Aber das alles sei doch ein Krampf, bedeute kein rechtes Fortkommen, und irgendwie selbständig zu werden, erfordere viel Zeit, Investitionen, Aufwand, Meisterprüfung und so: „Du kannst dir dann lange nichts leisten, und es ist auch wohl zu spät dazu jetzt." Also müsse weiter gewurstelt werden wie dieser „Jeck" da, sein Schwiegervater, als Dreher tagaus, tagein dasselbe und zusätzlich noch, was sich machen lasse. Aber eben immer dasselbe. Dazu dieses Nest, in dem man hier wohne. Tür an Tür mit dem Sohn hausen, der auch nur ein Schwadronör sei, als Zwölfender nichts gelernt habe und jetzt trotzdem groß tue, wer weiß was, sich brüste und herumstreite mit öfter beduseltem Kopf. Nein: alles „Strongs" und „Kappes" sei das. „Paß doch auf jetzt, Ferkel, du fährst ja mitten durch die Pfützen". Lieber heute als morgen wolle er weg. Allein schon der Streitereien wegen im Haus. Überhaupt wolle er weg. Das sei er sich schuldig. Sein Vater habe ein ordentliches Einkommen gehabt, immer alles da, auch für die Söhne, immer alles da. Schöne Jugend gehabt, bis auf den Krieg, in den er früh gemußt hätte. Dann kurze Gefangenschaft. Kaum frei allerdings, schon verheiratet, ein Kind. Sein Traum: mit der kleinen Tanzkapelle, die er an den Wochenenden ein bißchen leite, auch in der Woche herumzufahren, bekannt zu werden, auch in der Stadt, alles besser entwickeln, straffer, schmissiger, flotter machen, das sei sein Ding, das mache Spaß. „Auch das hinterher jedesmal", grinste er. Dann bog er ab, winkte, verschwand im Dunst Richtung Zecheneinfahrt.

Als ich zurückkam, schob, quängelte, schlurfte alles im Haus umher, Radio lief, abgerissenes Geschimpfe dazwischen, Kinderplärren. Das würde sich aber legen, wenn die Kinder satt wären, Kaffeedurst und Zigarettenhunger der anderen gestillt seien, und die Zeitung zur Hand liege, wußte ich. Die Tante erwartete mich in der sauber aufgeräumten Wohnküche, hatte nett gedeckt, alles bereitgestellt für mich, Kaffee eingeschenkt und setzte sich zu mir. „Na, was erzählt er?", seufzte sie.

Eines morgens betrat mein Onkel, der nicht zur Arbeit gefahren war, finster blickend und kreidebleich das Zimmer, setzte sich abseits irgendwohin und schlürfte aus einem großen Becher Kaffee. „Es hat einen Streit gegeben in der vergangenen Nacht", flüsterte die Tante mir zu. Nach einer Weile, während sie sich heftig geräuspert hatte, fuhr sie fort: „Sie hätten sich beinahe geschlagen, er und der oben. Hast du denn nichts gehört?"

Am anderen Tag war ich wieder sehr früh unterwegs, diesmal zu Fuß und alleine. Die Tante hatte mir den ungefähren Verlauf des Weges erklärt, den mein Großvater, Grubenschreiner, vom Dorf aus wochentags zur Arbeit gegangen sei. Zwei Stunden hin. Zwölf Stunden Arbeit. Zwei Stunden zurück. Ich fand den Weg zunächst so, wie er früher gewesen sein mochte: durch Felder, an Büschen vorbei ins Tal, dann wieder ähnlich hoch, wo die aufgehende Sonne ihn voll beschienen hatte, jetzt, im August. Dann aber wußte und konnte ich auch schon nicht mehr weiter. Straßen kreuzten. Jenseits kein Weg mehr. Felder. Sehr viel weiter hinten Halden. So ging ich auf der Straße weiter, las in der Karte, fragte, verlief mich, verfehlte die nächst angegebenen Ziele. Die Zeche, auf der der Großvater einst gearbeitet hatte, war natürlich längst stillgelegt, der Ort aber, wo man eingefahren sei, hörte ich, wohl ungefähr noch bekannt. Ich fand ihn jedoch nicht. Als ich nachmittags an der Bushalte stand, mich noch einmal mit jemandem darüber besprach, deutete er nur eine Richtung an. Noch im Bus drehte ich mehrfach den Kopf. Saß dann müde. Es war ein fernes, überwachsenes Gleis- und Weggelände, auf das der Mann an der Bushalte hingewiesen hatte. Ich stieg früher aus und schlenderte auf Umwegen weiter. Mein Großvater hieß Rudolf und war als uneheliches Kind von meinem Urgroßvater, der ihn überlebte, adoptiert worden. Soll sehr still, ergeben, freundlich und wie die Großmutter überaus gottesfürchtig gewesen sein. Die Tante erzählte, daß sie früher drei- bis viermal am Tag in der Familie auf den Knien liegend gebetet hätten. Vorne die Mutter, sonntags auch der Vater, der Urgroßvater in seinem Lehnstuhl daneben, dahinter die Kinder, die jeweils Jüngsten dicht hinter der Mutter, danach die anderen und zum Schluß zwei unverheiratete Geschwister der Mutter, die mit im Haus lebten.

Ich blieb an den nächsten Tagen oft länger fort, fuhr hinüber ins Holländische, billiger einkaufen, Zigaretten vor allem, war einmal auch in Aachen, wo ich das Münster, dann unseren Bunker aufsuchte. Es rollte alles wie in einer Kuhle zusammen, was ich so antraf und dachte, lag da, blieb da.

Einmal besuchte ich ein Fußballspiel in der Nachbarschaft und geriet, nachdem ich im Regen heimgekehrt und früher zu Bett gegangen war, an ein paar Groschenhefte, die hier herumlagen. Ich hatte sie schon früher bemerkt und weggeschoben, weil sie mich nicht interessierten. Es gab sie nicht bei uns. Hier aber gehörten sie offenbar zum Inventar. Ich griff eines der Hefte aus einem Stapel heraus, blätterte darin, las mal hier, mal da ein Stück und kam so auf Umwegen, in Bruchstücken, kombinierend und bastelnd, auf Handlung und Geschichte: – Ein nicht mehr ganz junger, aber hoch geschätzter, mit- und feinfühlender Arzt ist vermählt mit einer schönen, liebenswürdigen, leider unheilbar kranken Frau, gefeierte Pianistin einst, jetzt an den Rollstuhl gefesselt, kinderlos. In beider Leben tritt mit der Zeit eine junge, hübsche und lebensfrohe Gehilfin, die der Kranken als eine liebevolle und unermüdliche Stütze bald unentbehrlich, dem Mann als eine geschickte und umsichtige Hauswalterin sehr lieb wird. Monate gehen ins Land, während derer die junge Frau dem Paar immer vertrauter, verbundener wird, zugleich aber der Zustand der Kranken mehr und mehr sich verschlechtert und die traurigste Aussicht eröffnet. Es kommt dann auch alles so, wie es kommen muß, weil durch Wink und Vorausdeutung schon lange bestimmt. Die edle Entkräftete fördert, ja veranlaßt die wachsende Nähe, das öftere Miteinanderalleinsein von Freundin und Mann. Die so Begünstigten, in Versuchung Geführten aber stehen in Nöten und wehren sich standhaft. Nach unendlichen Szenen des Entsagens auf der einen, des flehentlichsten Verzichts bei wachsender Zuneigung auf der anderen Seite, schließt und öffnet der eintretende Tod der Kranken dann je ein erhaben durchlittenes und ein zukunftreich keimendes Lebenskapitel. Jene wird würdig bestattet und zart betrauert, die überleben aber, verlassen eines Tages das ärztliche Anwesen und schreiten durch den Park auf ein Wiesengelände hinaus, von dem gesagt wird, daß ein sommerliches „Flirren“ darüber hingehe, in dem das Paar sich den Blicken allmählich entziehe.

Es zog mich dann auch der andere Vetter und Sohn des Hauses ins Gespräch. Ich hatte ihn werktags einmal in Sonntagskleidern etwas angetrunken herankommen sehen. Als er vorbeischaukelte, sagte er nichts. Schien mich gar nicht zu erkennen. Doch abends dann kam er darauf zurück. Was ich mir gedacht hätte? – Ob ich aber auch wisse, was er ausstehe seit seiner Rückkehr aus Kriegsgefangenschaft? Wenn nicht stellungslos, so sei er doch immer nur Hilfsarbeiter jetzt und mit Leuten zusammen, die mehr als beschränkt seien, von deren „Welt- und Lebensanschauung“ ich mir überhaupt keinen Begriff machen könne. Es sei eine „Schandsorte“ von Menschen, die hier in der Gegend säßen, „bodenlos dumm“, „auf den Hund gekommen“, „korrupt und schamlos“. Was man „im Munde führe“, Männer wie Frauen, sei hundertfach das Unflätigste, Ekelerregendste, welches in der hiesigen Mundart noch monströser sich auseinanderziehe. – Er sah flackernden Blicks um sich, redete, schäumte.

Dazu sein Selbstjammer. Daß aus ihm nichts geworden sei. Alles abgebrochen immer. Bis er zur Marine gegangen und dort auch vorangekommen sei, weiter vorangekommen wäre, wenn der Krieg nicht allem ein Ende gemacht hätte. Schuld aber trage auch sein Vater. „Schau einmal deinen und vergleiche.“ Nie grüße dieser Mann oder finde mal ein verbindliches Wort, nie! Kein Lächeln, nie! Allenfalls, wenn er sich betrinke, den Narren abgebe. Im familiären Umgang immer nur der gleiche, angewiderte Blick, die ordinärste Anweisung, Prügel früher, wenn es nicht kam, wie er wollte. Und so sei es geblieben fast.

Endlich allein und im Bett. Kopf zur Wand. Der Onkel tappte spät noch herein. Bat sich mein Fahrrad aus. Zur Arbeit. Nur Morgen. Panne. Könne seines jetzt nicht mehr flicken. „Danke dir. Sehr freundlich, lieber Neffe.“ Mein Halbrenner morgens unter ihm schwankend. Sehe, daß mit der Gangschaltung etwas nicht klappt. Stehe in Nöten.

Als ich wieder nach Hause zurückradelte, hatte ich Rückenwind und kam diesmal schneller voran. Daheim die Mutter eher still. Der Vater schreibt aus Bad Wörrishofen. Sehr ausführlich. Über seine Arztbesuche, die Diagnosen, die Anwendungen, die bescheiden verbrachte Freizeit und für die Mutter etwas über Natur und Landschaft dort. Wir lächeln beide. Post scriptum: eine Aufzählung der Ausgaben bisher. Mehr als erwartet. „Obwohl er doch so spart, um noch etwas zurückzubringen", sagte die Mutter. Ich hatte nichts mehr zurückgebracht von meinem Besuch bei den Verwandten, aber noch Zigaretten, die meine Tante beim Abschied mir zugesteckt hatte. „Ob du mal wiederkommst?", fragte sie. – Sonst keine Post zu Hause. Nichts vom Rhein. Noch zwei Wochen bis Schulbeginn.

Es gab Schützen-, Heimat- und Buschfeste um diese Jahreszeit auf dem Land, und ich sah mich dort um, schlenderte zwei, drei Stunden umher und tanzte auch mal unter Bäumen zu dem, was man so spielte, trällerte, gezogen schleimte derzeit. Daß die Liebe „ja nur ein Märchen" sei, zum Beispiel. Viel Langsamer Walzer, Tango, Schieber dazwischen und etwas Samba. Die Mädchen, die man hier holte, waren meist eifrig und ernst bei der Sache, tanzten korrekt, doch ein bißchen steif und wie mit dem Bruder. Das konnte vielleicht auch an mir liegen: nicht von hier, hereingeschneit, etwas frech, keiner der Ihren. Aber dann gab es auch solche, die lächelten, wenn man sie aufforderte, so wie: „Na also" oder „Wußt' ich's doch". Sie erhoben sich eher spöttisch, mit einer gewissen trägen Drehung des Körpers und legten die Arme sehr langsam um mich. Auch nach dem Tanz, wenn sie denn keinen Begleiter hatten, kam es vor, daß die eine oder andere von ihnen noch lächelte, etwas tiefer im Busch freilich jetzt, Musik und Lärm der Schützen von weitem. Aber nichts geschah wirklich. Einmal führte ich eine, statt in ein Bett unter Linden, verheißungsvoll dahin, wo verborgen mein Fahrrad lehnte. Ich hatte es mir anders überlegt, sagte „Adieu", stieg auf und fuhr weg.

Die Schule hatte schon wieder angefangen, als wir uns Tennessee Williams' „Endstation Sehnsucht" im Kino ansahen. Ich war jedoch nicht ganz so perfekt hinüber davon, wie die Zeitungen prophezeit hatten. Die Figuren fast wie in jenem Arztroman zu Paaren getrieben, ähnlicher Dunstkreis der Motive und Symbole, gestrickte Seelenlage, ganz dicht, nur nichts leer und offen lassen. Aber die Schauspieler dann, was die so leibgerecht herausbrachten, heraussprachen aus ihrem Text, das war es, da begann es.

„Aber, aber", sagte der Deutschlehrer: es ist doch auch sonst ein bedeutendes Werk". Also gut. Ein bedeutendes Werk. Ich war nicht rechthaberisch. Meist auch leicht zu belehren. Kreidete mir's selber an, wenn ich nicht durchkam.

Im Frühherbst dann wieder ein Klassentag. Diesmal auch mit denjenigen, die nach Untersekunda abgegangen waren. Und siehe da, mein Nönnchen, schwarz und weiß vom Rhein, zeigte ebenfalls Interesse, kam angereist. Freilich krank. Angina. Trotzdem fuhren wir hin mit dem Zug. Aber es gab keine Kapelle, keinen Tanz, nur ein „gemütliches Zusammensein". Und das wurde es sehr.

Nach dem Essen und bei eintretender Dunkelheit leerte sich der Saal merklich. Man trat paarweise in die milde Nacht und zwischen reichliches Buschwerk, an das sich ein weitläufiger Park anschloß. Dort und hier verteilte man sich, verschwand lustwandelnd im Dunkeln, und auch wir beiden gingen herum. Sie, gut verhüllt wegen der zu erwartenden Kühle und mit ziemlichen Halsschmerzen, fiebrig gar. Ich, einigermaßen überrascht von dem, was hinter dem einen oder anderen Busch, den wir streiften, tatsächlich vorging. Der Mond, hinter aufgerissenem Gewölk hervorschauend hier und da, beleuchtete das Gelände zuweilen etwas, und wir sahen im Vorbeigehen ganz plötzlich einmal ein Paar, das, von unserer Annäherung überrascht, im Treiben nur innehielt, im Mondlicht herübersah. Wir gingen rasch weiter und ins Restaurant zurück. Beim Eintritt wies Doris stumm auf ein emailliertes Schildchen über der Theke, darauf stand: „Eis". Und sie erhielt es, kühlte ihren entzündeten Hals damit. Danach brachen wir auf, nahmen einen früheren Zug, und ich begleitete die merklich Fiebernde anschließend nach Hause. Am anderen Tag, nachdem wir im Bahnhof noch einen Kaffee getrunken hatten, fuhr sie in strömendem Regen zurück an den Rhein.

„Und sollt' ich im Leben ein Mädel einst frei'n, so muß es am Rheine geboren sein", hatte man beim gemütlichen Zusammensein gesungen. Auch: „meide den Kummer und meide den Schmerz", wobei ich mich wohl anfangs verhörte und „weide den Kummer und weide den Schmerz" daherträllerte, bis Doris mich unterbrach. Bei der Tombola hatte ich nichts als Nieten gezogen, erwartungsgemäß, da ich nie etwas gewann. Es war immer dasselbe.

Es regnete noch, als ich zu Hause ankam. Die Eltern machten einen Besuch. Stiller Nachmittag für mich. Duseln. Ich sah vor mir ein Bild an der Wand. Kopie eines Gemäldes in Berlin, wie ich wußte, und mir seit Kindertagen vertraut: Blühend aufstrebende Clivia in Topf und niedrigem Umtopf auf kleinem Tisch. Jüngeres und älteres Blattwerk. Schmales Stützholz, fast bis zur Blütenkrone. Viel gegenstandsrauhe Farben und Oberflächen. Nicht sehr räumlich und erzählend das Ganze, eher verschwiegenes Nebeneinander, doch (wunderbar) Eines, bis in die Winkel hinein. Neben der Pflanze, rechts, hängt ein blauer Vorhang lose und halb entfaltet ins Bild. Links daneben, dahinter, eine Art Nische, ohne Geheimnis, sehr genau, trübe gekälkt, nütze zu etwas, doch niemand wills wissen. Aus ihr hervorschauend, mit einem Bein, Stück eines eckigen Tischs, sehr einfach gezimmert, ohne Decke und leer. Den Hintergrund einnehmend, Teil einer Tür aus dunklem Holz mit der nur halb sichtbaren, nach oben und links begrenzten Einlassung von Glas. Trübes Licht dahinter und so ähnlich rauchig wie das an der Nischenwand und überall sonst. Das Licht kommt von vorne, treibt aus der Sicht des Betrachters langsam, alles formend, färbend, eigentümlich bestimmend ins Bild.

Wirf nie etwas weg, hatte Onkel Johann einmal gesagt und mit einer Hand in den von Dingen starrenden Inhalt einer großen hölzernen Kiste neben dem Werkzeugschrank gegriffen.

Von ähnlichem Blau wie das des Vorhangs im Bild, erinnerte ich mich, war einst das Blau jener Kerzen zur Zeit der ersten Kriegsweihnacht gewesen. Ich hatte es damals schon bemerkt und lange verglichen.

Mit einem jüngeren Mitschüler und Klassenkameraden aus dem Ort, Eduard Baldus, Sohn eines Lehrers, hatte ich schon vor unserem Umzug mancherlei ausgetauscht. Das setzte sich immer nachhaltiger fort jetzt, und wir waren frühmorgens in dem herbstlich finsteren, oft regenumschleierten und von mancherlei Mißmut geschwängerten Frühbus wohl meist die einzigen, die sich hier wohlfühlten. Auch sonst hielten wir den Tag über Kontakt, waren auf der Heimfahrt wieder ähnlich zusammen, und es kam mehr und mehr Gewicht in die Sache.

Nachdem wir uns bei der einen oder anderen der zweimal wöchentlich stattfindenden Filmaufführungen in der örtlichen Turnhalle auch nachmittags manchmal gesehen hatten, dehnten wir unsere Begegnungen überhaupt aus, waren auf Gängen über Land, dann in unseren Wohnungen und nicht zuletzt auch auf dem Sportplatz beisammen. Denn Eduard Baldus, eingetragenes Mitglied des Turn- und Sportvereins, spielte Tischtennis, später auch Fußball in der 1. Jugendmannschaft als gründlicher und aus jeder Lage klug passender Verteidiger. Ich, dem diese oder ähnliche Mitgliedschaften ja verwehrt waren, tat nur am Rande, doch vergnügt mit.

Was uns dann aber viel näher zusammenbrachte, war, daß wir allmählich lernten, in der uns täglich betreffenden Welt genauer und abgestimmter zu lesen, uns zu besprechen. Wahrnehmung – sie zuerst –, dann Reflexion, kamen mit der Zeit immer besser zur Sprache, dabei stets auch so, daß noch ein Rest des Eigenen, nicht völlig Ausgesprochenen blieb. Zwar stimmten wir oft engagiert überein, aber schwiegen auch, dachten jeder das Seine, das anders war, anders blieb. So verschliß, wiederholte sich nichts. Auch stritten wir kaum.

An einem sehr trüben Spätnachmittag im November fuhr ich einmal allein mit dem Bus nach Hause und war überrascht, als der Vater mich an der Haltestelle erwartete. Wir waren kaum ein paar Schritte im Dunkeln gegangen, als ich sah, wie er die Hände vors Gesicht schlug und dann etwas gebückter weiterging. Die Mutter sei im Krankenhaus, hörte ich. Er zitterte, und ich nahm seinen Arm. Ein Geschwür, von dem ich seit Tagen wußte, war schlimmer geworden, mußte operiert werden. Ich blieb ruhig, befürchtetet nichts, meinte aber im Verhalten des Vaters einen alten, mir dunkel vertrauten Zug des Kummers, der Angst zu bemerken, der dem Wesen der Eltern immer schon eigentümlich, auch unseren Behausungen beigegeben schien und in Zeiten einer Krankheit, des längeren Ausbleibens eines von uns, sich auf bedrückende Weise entdeckte. Wider willen geriet ich in den Sog solcher Empfindungen, wähnte unsere Wohnung, in der die Mutter noch morgens gewirkt hatte, entstellt, die Lampe schief, einen Sessel verrückt, den Tisch eigentümlich verschoben, während der Vater pausenlos rauchte und mit gesenktem Kopf grübelnd umherging. Wir fuhren noch am selben Abend mit dem Bus in das entfernter gelegene, kleine Landkrankenhaus, wo wir eintrafen, als die Schwestern einen mehrstimmigen Abendgesang eben schlossen und die Mutter operiert und ganz wohl antrafen. Sie hatte dem Gesang, mal Volkslied, mal Psalm, mit großer Freude zugehört, wiederholte, was der Arzt versichert habe und entließ uns in allem beruhigt. Wir nahmen nach Hause ein Taxi, wo der Vater sich gleich zu Bett begab und ich meine Lektüre vom Nachmittag wieder vornahm: Flauberts „November", das inzwischen 14. der rororo Taschenbücher, von denen ich Greenes „Am Abgrund des Lebens", Kiplings „Dschungelbuch", Hemingways „Fiesta" und Hamsuns „Mysterien" inzwischen gelesen oder nach einigen Proben noch aufgeschoben hatte. Auch Flauberts „November" las ich nicht ganz, stöberte in den Herbstwahrnehmungen, dann in den erotischen Vorgängen einiges durch und dachte erst dem gründlicher nach, was der Herausgeber nach Abbruch der Handschrift vom Helden wußte und mitteilte. Vom Ende her war mir's stets anfänglicher, genauer zumute. Und in „Fiesta" schien ohnehin alles und von vornherein Anfang vom Ende zu sein. Auch bei Hamsun war fast alles zuende, bevor es begann, aber dann so, als hebe sich Nagel, der Wiedergänger, einer mit Scheinankünften und Anfängen im Dasein, noch einmal für eine Zeit da heraus, stülpe es um, auf den Kopf, auch nach vorwärts und rückwärts, das ganze schmerzlich verseuchte Theater, bis wieder Schluß war.

Las ich überhaupt oder wälzte ich Gedanken darüber hin, spann weiter an Sätzen, die mich fortzogen? Allenfalls wenn Eduard Baldus hinzukam, las ich vor, also genau, nämlich aus und zuende.

Eines Tages, im unerschöpflichen Herbstregen, kam ein gewisser Heiner Hohne, ehemaliger Mitschüler in der Obertertia, vor dem Einjährigen noch abgegangen, und besuchte mich. Was auch er wollte, war Vorlesen. Mir, einen selbst geschriebenen Liebesroman. Heiner Hohne, der Älteste unter Älteren in der Schule, hatte vor ein paar Jahren schon gern Liebesromane geschrieben und in der Klasse gelegentlich daraus vorgelesen, wenn der Deutschlehrer es nicht mehr länger hindern konnte, sich anschließend aber dann rächte. So, wenn in Hohnes Roman ein von der Liebe bitter enttäuschter Bauer – Hohnes Romane waren meist auch Bauernromane – in Wehmut seinen nickenden Ackergäulen sich näherte, den Blick in ihre braunen, wie verstehend auf ihn gerichteten Augen versenkte und sprach: „Einzig ihr, ihr meine Getreuen, seid mir geblieben". Daraufhin, las Hohne weiter, hätten die Tiere geschnauft, mit den Hufen gescharrt und ihre Köpfe an den Schultern des Enttäuschten gerieben, was der Deutschlehrer entschieden bezweifelte, sich das Heft reichen ließ, den Satz der Reihe nach herunterputzte und wegschauend alles zurückreichte, nachdem er auch zuletzt noch entdeckt hatte, daß darin „seit mir geblieben" statt seid geschrieben stand.

Nun wurde mir am frühen Nachmittag eine ähnliche Lesung zuteil, und sie währte noch, als der Vater schon lange vom Amt zurück war, mit der Mutter zu Abend gegessen hatte, in der Küche sich höflich zurückhielt, Zeitung las, dann aber zu bedenklich vorgerückter Stunde grüßend eintrat und fragte: „Weiß man denn auch, wie spät es ist?" Der Gast brach zögernd ab, zog mich draußen noch in eine Kneipe, die er aber sogleich wieder verließ, als ich angab, kein Geld bei mir zu haben, was natürlich der Wahrheit entsprach.

Es gab der Hohne einige, die mich mit irgendetwas aufsuchten, sei es wie dieser mit literarischen Elaboraten oder andere, mit Liebes- und sonstigem Kummer. In allem wußte ich keinen Rat, ließ sie nur reden und reden und wunderte mich im stillen sehr.

Inzwischen gab es Ansätze und Anlässe einer sonntäglichen Tätigkeit als Hilfsorganist, die aber kaum ausbaufähig waren, da ich zu Hause und auch sonst keine Möglichkeit fand, zu üben. Weder in der evangelischen Kirche, wo wir gastierten, noch wenig später in der neu erbauten katholischen, wo vorerst nur ein Harmonium zur Verfügung stand, händigte man mir regelmäßig die Schlüssel aus. So griff ich gelegentlich auf eine bestimmte Kneipe zurück, in der ein Klavier auf dem unbeleuchteten Gang zur Kegelbahn dämmerte, unbeachtet, verstimmt und weit genug vom Schuß. Nun war mein Spiel jedoch ohnehin dilletantisch und umfaßte nur das, was ich von Onkel Johann gelernt oder mir selbst beigebracht hatte. Immerhin aber wäre bei regelmäßigem Üben ein bißchen zustande gekommen und hätte vertretungsweise gereicht.

Die Sonn- und Feiertage blieben langweilig auf dem Land, und da ich an ihnen nur selten einmal in die Stadt durfte, die Fahrradtouren in Herbst und Winter weniger wurden, Eduard Baldus öfter Verwandte besuchen oder empfangen mußte und sich auch mal ordentlich auf die Schule vorbereiten wollte, las ich meine Bücher allmählich zu Ende, hörte im Radio Musik, spät noch das Nachtprogramm und immer regelmäßiger jetzt die Sendungen mit und über Jazz.

Was mich daran faszinierte, waren zunächst nur gewisse Rhythmen, Melodien, Solisten und Arrangements, die mich unversehens und augenblicksweise in Bewegung setzten und irgendwie auf etwas Künftiges, spontan Mögliches denken ließen. Was daraus wurde, war mit der Zeit aber nur eine gewisse Kennerschaft, ein bewußteres Unterscheiden und Zuhören. Natürlich blieb auch die ursprüngliche Faszination nicht ganz aus, und ich stand nach wie vor bewundernd still, wenn etwa der Anfang von Lionel Hamptons „Jivin' with Jarvis" in Joe Abrachs Sendung oder wo sonst einmal erklang und mich fortriß für einen Moment. Einen Plattenspieler besaß ich leider nicht.

Kontakte und Treffen, ja selbständige Versuche oder Nachahmungen in Sachen Jazz gab es dann auch, und ich sah mir wieder mancherlei ab. Die Griffe bei Eduard Baldus' Gitarrenspiel, der es regelrecht lernte, aber nicht immer hörte, wann die Tonart wechselte und rasch umzugreifen sei. Wir spielten gelegentlich zu Dritt: Eduard Gitarre, der hinzukommende Rudi Schneider Bandonion, das er großartig beherrschte, und ich selber Schlagzeug, das ich mir irgendwo ausgeliehen hatte. Geübt wurde zunächst in unserem kleinen Keller, wo einer von uns wegen Platzmangels in der umfänglichen, halbgefüllten Kartoffelkiste Platz suchen mußte. Später erlaubte man uns, im evangelischen Gemeindehaus etwas einzuüben, was aber auf Dauer nicht recht gelingen wollte. Die Gruppe zerfiel, nicht aber mein Kontakt zu Rudi Schneider.

Er hatte nach einigen Jahren Realschule eine Ausbildung bei der Post angetreten und war, gut aussehend, mit Rad und Tasche unterwegs, derzeit als Briefträger im Dorf so bekannt wie vor allem beliebt. Die weiblichen Postempfänger zeigten sich entzückt, wenn er ironisch so grüßte wie die Herren von Welt im Film, und die männlichen hatten ihren Spaß am komischen Schnickschnack seiner Redensarten und Grimassen. Wo er war oder hinzutrat, gab es Gelächter, grimassierte, scherzte er, erzählte die neuesten Witze der Conférenciers aus den Unterhaltungssendungen des Rundfunks und parodierte.

Sein Bandonion spielte er so rhythmisch und swingend, daß es in den Füßen zuckte. Ohne einen Begriff vom Jazz zu haben (auf dieses gelehrte Feld war er nicht leicht zu locken), kannte er doch sonst alles, was an Schlagern und Tänzen Mode war. Im Gesellschaftsanzug, mit schwarzem Hemd und grellbunter, vornehmlich gelber Krawatte, besuchte er samstagabends ein Tanzlokal in der Nähe der Stadt, wo er eine traf, die er Atombusenmary nannte und bei jedem Boogie-Woogie, den er am Tisch schon lässig zu tanzen begann, aufs tollste drehen und sich abrackern ließ. Er selbst blieb fast am Platz, schien teilnahmslos, grinste gelegentlich ins Weite, zeigte die Zähne dabei. Man machte Platz, applaudierte, schwärmte. Bei anderen Tänzen erschien er nicht auf dem Tanzboden. Unmöglich, sich ihn bei einem langsamen Walzer vorzustellen. Außer Atombusenmary hatte er noch eine andere, zierliche Hübsche aus dem Dorf. Sie weilte zur Zeit in England, studierte Hotelfach dort und schrieb äußerst aufregende Briefe, von denen ich einige lesen durfte.

Wir standen dann lange und redeten darüber, wobei er mir ernsthaft und gründlich die Grundformen, Spielarten und Möglichkeiten seiner Liebesgewohnheiten auseinanderlegte und Ähnliches bei mir vermutete. Ich nickte und ließ ihn gewähren.

Waren beim Jazz die jungen Männer meist unter sich, so übten die Volkstänzer in Paaren, versteht sich, ältere und jüngere Teilnehmer gemischt. Man nahm, was kam, denn die Freude an dergleichen war kaum mehr verbreitet. In diesem Herbst, hatte ich gehört, sollten noch einmal mehrere Tanzkreise irgendwo auf dem Land zusammenkommen, sich zu üben, zu besprechen. Ich wußte einige Freundinnen von Doris darunter und radelte trotz Regen hin. Die Halle, in der ich sie antraf, war öde, zugig, kaum geheizt und schlecht beleuchtet. Angenehmer schon, daß ich freundlich begrüßt wurde. Von einer besonders, mit schönen Augen und rasch darin aufblitzendem Hintersinn. Kaum, daß sie sich ein bißchen gedreht und getummelt hatte, kam sie und zog mich später, als man zu anderen Rhythmen längst tanzte, mit hinaus auf die Fläche, auf der wir ausharrten, bis der Raum sich zu leeren begann, der Akkordeonspieler einpackte, die Lichter ausgingen, der letzte Bus aber weg war inzwischen. Die Nacht draußen ganz undurchdringlich. Wie das Mädchen nach Hause zu bringen sei, unerfindlich. Endlich hielt ich einen Motorradfahrer an, der in Richtung Stadt fuhr und konnte den Fahrer überreden, dem, was ich hinter ihn auf den Sozius hob, weiterzuhelfen. Ich selber fand im Regen und Finsteren nach Hause. Der Vater, als ich sehr spät anlangte dort, sprach scharf von „Herumtreiberei".

Aber es ging ähnlich weiter, den Winter hindurch bis zum Karneval. Auch sogenannte „Hausbälle" gab es und, obwohl alles ein Spiel schien, mancherlei Scherben. Es war keine gute Zeit jetzt, mir verhaßt im Grunde, kopflos. Ich fing an, eine Art Gedankenbuch anzufertigen, obwohl Schildereien und Bilder darin überwogen, die oft aus trüben Quellen sich herschrieben. Aus hohler Brust, dem Hunger auf was, mancherlei Ekel, aus der lange belauschten Nacht draußen, kurz vor dem Schlaf.

Einmal, spätabends, bei ausgeschaltetem Licht, als ich mich ausgestreckt hatte auf meinem Lager, Eichs „Träume" zu Häupten vorüber im Radio. Der erste vor allem, der mich daran erinnerte, wie der Zug an den Böschungen lärmte nachts, Schlafgesichter von Menschen und Ländern mit- und vorbeistoben. Das Ende vom Ende.

Mit Eduard Baldus erkundete ich, was an vorweihnachtlichen Stimmungen und Vorbereitungen hier draußen in unserem Nest sich so einstellte und an den Anstrengungen der paar Geschäftsleute und einer im Wind schaukelnden weihnachtlichen Straßenbeleuchtung sich zeigte. „Zum Fest das Allerbest" hatte jemand, der mit dem Farbtopf erfinderisch durchzog, an die Schaufenster zu pinseln sich angeboten. Am dunklen, von Schnee und Regen durchschauerten Festabend selber dämmerte und flackerte es an den Kirchenfenstern, und es erklang dahinter das unverwüstlich Bekannte gedämpft. Worauf wir uns schließlich zurückzogen um diese Zeit, hatte fast Heidnisches, hing am immer dunkler und älter werdenden Jahr, an Zeichen und Klängen und dem rasch verfliegenden Glanz der Sternschnuppen. Dazu nur wenige Sätze der „Botschaft". Wörter fast nur.

Es schien um diese Zeit und vorher schon so, als gelte es überhaupt, unser Sprechen mehr und mehr einzuschränken, daß nichts Überflüssiges austrete und alles wieder verschleiere. Es sollte das Unsere mit möglichst wenigen Sätzen, mit einem Wort gar ,gesagt' sein. Wir versuchten es, lernten zu schweigen dabei. Vor allem unter mehreren, wenn es immer rasch anders wurde. Natürlich übertrieben wir auch.

Morgens war der Bus oft so voll, daß wir eine Weile stehen mußten und mein müder Blick über die schlecht und grau beleuchteten Gesichter glitt, die in den Wagenfenstern sich trübe verzogen. Dabei bemerkte ich, daß unter den Mitfahrerinnen, die in der Stadt das Mädchengymnasium besuchten, eine saß, die hin und wieder herübersah, den Blick nicht abwandte, wenn ich zurücksah, nach einer Weile erst wieder langsam weg –, vor sich hinsah, unscheinbar einrückte in das Alltägliche ihrer Umgebung. Ihr Profil, sehr schwach nur erkennbar im Fensterglas. Ich fand schließlich Platz im Bus und sah nicht mehr hin oder nur später noch einmal beim Aussteigen. Eduard, der es bemerkt hatte, sagte: sie sei es doch, nach der ich im Sommer, als wir im Freibad einmal so herumgegangen und gegafft hätten, schon einmal gefragt habe. Und ich erinnerte mich. Es hatte sich damals, in der verwirrenden Leibermasse des überfüllten Bads eine gezeigt, etwas abseits, kaum gebräunt, die schlank und ruhig stand, Hände auf dem Rücken verschränkt, den Blick fast düster auf etwas im Treiben gerichtet. Sie stand lange so, nicht groß, doch größer irgendwie als sie war und bewegte sich erst, als jemand anders ins Bild lief und sie mit fort. Was ihr knapp anlag, sah ich noch, war zweiteilig und blau. Sie lief leicht, setzte die Füße grade, schlenkerte nicht. Wir waren dann weiter gegangen.

Nach Weihnachten, noch in den Ferien, Schneelicht im Zimmer, saß ich über der im Lesebuch für den Deutschunterricht getroffenen Auswahl von Texten. Und wieder bemerkte ich, wie ich, Satz für Satz, Seite für Seite, immer am Einzelnen hing. Das Ganze mochte so oder so enden, das Einzelne nie. Erweiterte „Existenz" in der allgemeinen „Nonexistenz" stand in einem der Texte. War das aber ein Ziel? Hatte ich überhaupt Ziele, „wornach" ich „sehnlich ausging" wie der Begeisterte in dem Text, den ich da las?

Sylvester hatten wir Gäste, so alt wie die Eltern etwa, wenige jünger. Und man tanzte tatsächlich ein wenig bei uns. Wie war das möglich? Selbst der Vater probierte mit bitterer Miene und verächtlich ins Glas sehend vom Wein. „Nun ja", meinte er. „Prosit Neujahr". Es gab reichlich Zigaretten für mich.

Nach Schulbeginn meldete sich die Volkshochschule bei mir: eine Spielschar fände bei jungen Leuten vielleicht Interesse. Ob ich die Leitung übernehmen wolle. Übungsräume stünden zur Verfügung, auch bescheidene Ausstattungsbeihilfen und nach der Aufführung ein kleines Honorar. Ich sagte zu und suchte mir eine Gruppe zusammen, Schüler und einige Lehrlinge. Auch Elsbeths Haus betrat ich dabei. So hieß aber das Mädchen, das mir in Freibad, Bus und seitdem öfter aufgefallen war. Noch am zweiten Weihnachtstag hatte ich sie bei der alljährlichen Feier des Sportvereins wieder gesehen und sogar einmal mit ihr getanzt. Sie war in Begleitung ihrer Patentante hier, wie ich erfuhr, trug ein helles Kleid und stand, nachdem ihre Tante mir den Tanz freundlich erlaubt hatte, so schnell und die Arme tanzbereit schon erhoben vor mir, daß ich etwas befangen war von so viel Gelöstheit, in die ich nur zögernd hineingriff. Aber dann waren wir rasch weg von der Stelle, mit wenigen Schritten am Rand der Tanzfläche, an fröhlichen und freundlich nickenden Menschen vorbei, und es schien, als ob ich in ihrem Tanzen wie unberührt mitgleite, so leicht tanzte sie. Die zwei Tänze, die man spielte, waren vorbei, kaum daß sie angefangen hatten. Die Tante saß lächelnd und rauchte, als wir zurückkamen und ich mich verbeugte. Auch Elsbeth bedankte sich und hatte Platz genommen, bevor ich ihren Stuhl noch berührte.

Das ging anders, dachte ich und fand zu meinem Tisch zurück, wo Eduard saß, meinen Stuhl zurechtrückte und meinte, es sei wirklich nicht schlecht gewesen. Ich sah noch mehrere Male zu ihr hinüber und beobachtete, wie freundlich und vertraut sie mit ihrer Tante sprach, dann auch zu mir ein paar mal lächelnd herüberblickte.

Es war mir nachher so, als sei ich zum ersten Mal auf einem Ball oder dergleichen gewesen und dann weiter so, als habe etwas anfangen, sei etwas eingetroffen. Spürbar plötzlich, so daß, als ich mit Eduard auf dem Heimweg war, sich alles unter mir fortbewegte, eine Art Schweben begann. Ich sah an den Häusern entlang und hoch in den sternenlosen Himmel, fand, daß es warm sei, fragte mich, was jetzt und dann komme und ob ich hier überhaupt schon einmal hergegangen sei.

Das aber verlor sich bald wieder und war auch schon weg, als ich Elsbeth fragte, ob sie beim Theaterspiel denn mit dabei sein wolle. Sie wollte, stand auf der Treppe vor mir im Haus und lächelte. Leider liege ihre Mutter zur Zeit etwas krank, sagte sie, sonst würde sie mich hereinbitten. Aber gern, sehr gern werde sie mitmachen.

Wenige Wochen später rief mich die Mutter nachmittags einmal ans Fenster. Die Glocken lärmten, und wir sahen unten in der Straße den Trauerzug. Wie üblich der von schwarz vermummten Pferden gezogene Leichenwagen vorweg. Mit einigem Abstand dahinter Elsbeth und ihr Vater. Dann die sich angeschlossen hatten, ein langer Zug. Februarnachmittag, grau, kalt, ohne Wind. Elsbeth am Arm ihres Vaters, der seit einem Jahr erst aus russischer Kriegsgefangenschaft wieder zurück war. Beide blaß und ausdruckslos. Die Verstorbene war neunundvierzig, hörte ich später, Elsbeth in diesem Jahr achtzehn.

Als wir ins Zimmer zurückgetreten waren, standen die Mutter und ich länger in Gedanken. Die Glocken verstummten. Ich tat nicht mehr viel. Als es dunkelte, kam Eduard, und wir lasen weiter in „Zarathustra": „Den Einsiedlern werde ich mein Lied singen und den Zweisiedlern; und wer noch Ohren hat für Unerhörtes, dem will ich sein Herz schwer machen mit meinem Glücke".

Auch zur Mitarbeit an einem Eichendorff-Abend, wie vorher schon einmal in der Stadt zu einem Begrüßungsabend für spät heimgekehrte Kriegsgefangene, wo ich Hölderlins „Die Heimath" vortrug, wurde ich eingeladen. Ich sollte etwas aufsagen und kam dabei mit dem Leiter der Veranstaltung, einem älteren Realschullehrer, ins Gespräch. Er ließ mich kurz probelesen, die bekanntesten Nacht- und Wanderlieder, sprach aber dann viel über Eichendorff und sich selber als junger Mann. Was Eichendorff ihm bedeutet und was er bei Eichendorff gefunden habe nach dem Ersten Weltkrieg und zur Zeit der jungen Republik, nicht zuletzt auch als „Lebenswanderer" von Jugend auf. Ich konnte ihm im einzelnen nicht folgen, erkannte aber in seiner Rede den Umriß dessen, was man wohl öfter eine „geistige Begegnung", nannte, die den Lehrer ganz offensichtlich geprägt und bestimmt hatte. Mir war nicht ganz wohl, als ich die Texte dann auswendig vortrug, weil nicht sicher, was und ob ich überhaupt etwas traf im Sinne des Lehrers.

Immerhin war eines der Eichendorff-Gedichte, die ich vortrug, auch mir schon vertraut, während die anderen tatsächlich manchmal nur dunkel zu „rauschen" schienen. Ich hatte das Gedicht „O du stille Zeit" früher einmal gehört, irgendwo mitgesungen zur Abend- oder Nachtzeit und mir gedacht, daß wohl eine Zeit spät im Jahr und im Leben, vielleicht die des Sterbens und Gestorbenseins selber gemeint sei. Der Lehrer aber sprach anders und ausgreifend von einer kommenden, künftigen „Weltzeit". Daß ich umständlicher danach fragte, was denn „Stille Zeit" selber bedeute, verstand er nicht. Auch nicht, daß die zweite Strophe ganz uninteressant sei.

Wieder aber standen jetzt die „politisch Interessierten" beisammen, diskutierten über die „Stalin Note" und das, was an „Leitsätzen" dazu gehörte. Es saß nicht sehr tief, erfaßte keinen größeren Kreis. Von vornherein Skepsis, weil plumpes Manöver der Russen. Besser das andere durchsetzen, den Deutschlandvertrag, die Europäische Verteidigungsgemeinschaft und unbeirrt weiter so. Auch ich traute der Note nicht, doch auch denen nicht ganz, die sie ablehnten. Ich war ja überhaupt kaum Partei und immer noch für einen Mittelweg. Im Geschichtsunterricht kam die Sache nur einmal zur Sprache. Nicht unser Stoff. Immer noch nicht. Manche nahmen sie überhaupt nicht zur Kenntnis. Und auch wohl nicht länger, was bei der vorher nie so gefilmten Explosion einer amerikanischen Atombombe neulich zu sehen war. Denksperren oft, weil immer anderes querlag, wichtiger schien, näher lag. Die Zeitungsleser, schien mir: immer weniger politisch. Die Zeitungen selber: trugen dem offenbar Rechnung, vertraten, kommentierten nichts mehr entscheidend. Ich konnte mich täuschen, aber immer weniger, das war mein Eindruck, bestand überhaupt die Neigung, etwas zu vertreten. Das Angebot in der Schule einmal, zu selbst gewählten Themen Eigenes auszuarbeiten und vor der Klasse darzulegen, wurde nur einmal genutzt. Keine Meldung mehr.

Auch Doris nutzte nichts mehr, kehrte zurück aus klösterlicher Fortbildung und machte Schluß. Ließ vielmehr Schluß machen durch ihre Mutter, die mir sagte: wir sollten es lassen. Sicher würde ich einmal studieren, Doris ja nie. Die andere Welt dann. Wir sollten es lassen. Ich fragte nur einmal zurück. Ja, auch Doris sehe das so.

Sonntags Regenwetter. Wir gingen wie sonst. Doris erklärte nicht viel. Sagte nur: nein. Wiederholte nur: nein. Kein Durch- und Weiterkommen. Ich widersprach, meinte entschieden, es nicht lassen zu sollen, es nicht lassen zu können, stellte mich an. Fuhr dann nach Hause.

Den kommenden Mittwoch noch einmal ein Kinobesuch. Kurzer Spaziergang vorweg. Jetzt auch ihre Vorwürfe. Was ich so „getrieben" hätte inzwischen, und sie zählte es auf. Und sie? Warum sie nie etwas geschrieben habe? Ob wohl einer mal keine Lust habe, zu schreiben, erwiderte sie heftig, überhaupt nicht gern schreibe, nicht viel schreibe? Während des Films Schweigen. Doris ganz Auge und Ohr. Jenes glänzte, fast ohne Wimpernschlag, dieses lag klein, genau, zierlich in einer blonden Locke, die sie einmal zurückstrich. Draußen: daß es jetzt endgültig sei. Ich sagte auf Wiedersehen. Sie umarmte und hielt mich noch etwas, als ich schon weg wollte.

Der letzte Bus wie üblich, von wenigen Heimfahrern besetzt. Stiegen da und dort aus. Ausgerufene Ortsnamen.

In den nächsten Tagen stellte ich mich wieder sehr an. Schrieb ihr etwas, das mir beim Einwerfen in den Kasten schon peinlich war. Etwas fürs Feuer. Sofort.

Einmal war auch sie im Schulgottesdienst für Katholiken. Ich ging nachher ein paar Schritte mit ihr. Sie erwiderte nichts, fragte nur später einmal, was es jetzt helfe? Und noch einmal: was es helfe? Ich ging wieder. Als ich das Klassenzimmer mit viel Verspätung betrat, fragte der Mathematiklehrer gütig: „Na, Meister? Woher des weiten Weges?" Ich nahm es sehr übel, und er das nun auch.

Überhaupt die Schule. Ich hatte Glück und wurde noch einmal versetzt. Ein Lateinlehrer, der vor der Zeugnisverleihung Aufsicht hatte, erblickte mich und fragte so laut wie ironisch, wieviel Dankmessen ich denn nun werde lesen lassen angesichts der Gnade, von der ich gleich erfahre.

Ich nahm die Versetzung aber wie einen Freibrief mit in die Ferien, der mir alles ermöglichen sollte: das Weiterabonnieren einer Zeitschrift, die Anschaffung des einen oder anderen Buchs, dazu die meiner ersten Pfeife. Das alles gab es, auch wenn der Vater noch einmal kostspielig kurte in Wörrishofen. Zwar war den Eltern nicht wohl bei dem Zeugnis, aber sie sahen mich andererseits sitzen und lesen bis in die Nacht, mit Eduard lange Gespräche führen und Gänge tun, kaum andere jetzt als in den Wald, über die Höhen und allenfalls sonnabends einmal nebenan in die Kneipe, wo wir uns etwas betranken, gelegentlich fernsahen.

Die großen Ferien später verbrachten Eduard und ich nicht zusammen. Er radelte in die Schweiz, und ich zog als Katastergehilfe mit den rotweißen Meßstäben über Land. Der Vater hatte mir diese Ferienarbeit verschafft und ich machte hierbei die Bekanntschaft eines älteren Gehilfen, die mir sehr angenehm war. Er hieß Wankel, war ein kluger, kenntnisreicher, jetzt freilich „verarmter" Mensch, wie er sagte, der einmal bessere Zeiten gesehen hatte, aber nun leider von einer wohlhabenden Frau, mit der er „frei" zusammengelebt habe, betrogen und davongejagt worden sei. Ich erfuhr weiter, was er alles gesehen und bereist hatte in der Welt, daß er länger Jura studiert, den Krieg als Offizier mitgemacht und nachher beim Katasteramt immer wieder einmal diese Hilfsarbeit angenommen habe, die ihn im Sommer in viel frischer Luft umherführe und im Winter eine warme Stube für ihn bereithalte. Nie sei viel zu tun, manchmal überhaupt nichts. Was die Inspektoren da machten, verstehe er selber oft besser, sage aber nichts oder allen nur Nettes und sorge dafür, daß es nicht anstrengend, sondern viel pausiert und geschwätzt werde zwischendurch. Was er brauche, habe und genieße er. Große Ansprüche stelle er nicht mehr, hoffe allenfalls, daß seine Ehemalige sich mit der Zeit wieder einmal auf ihn besinne. Weil eben keiner sie so halten, führen und pflegen könne wie er. Ein paar Briefe von ihr, in großen Abständen freilich, gebe es schon wieder: „Und wenn sie mich braucht, und sie wird mich sehr brauchen, vermute ich, gehe ich sofort zurück zu ihr, werde nichts nachtragen, werde nicht blöd sein, und dann lad' ich Sie ein zu jungen Nüssen, wie es sie jetzt gibt, und jungem Wein, und wir rauchen was Besseres als das hier". Dabei reichte er mir seinen Tabaksbeutel voll hellen Feinschnitts, mit dem ich vergnügt meine Pfeife stopfte.

Alles wurde zum Vergnügen in Begleitung dieses Gehilfen, und selbst der Vermessungsinspektor, wenn er morgens mürrisch oder verkatert erschien, ließ sich trösten und gängeln von ihm, dessen Maulwerk dabei so eifrig ging wie geschmiert. Er war sehr schlank, hatte ein schmales, gebräuntes Gesicht, schneeweißes, sorgfältig gekämmtes Haar, trug nachlässige Jacken, die ihn gut kleideten, und Knickerbocker.

Es geschah regelmäßig morgens, daß er die Laune des Inspektors sogleich prüfte, sicher erkannte, den Tag darauf „einstellte", das hieß: Strategien entwarf, wie er am besten zu nutzen und zu unseren Gunsten einzurichten sei. Er brachte es fertig, der offenbaren Lustlosigkeit des Inspektors eines schönen Tages diejenige Wendung zu geben, die uns binnen einer halben Stunde in die nächste dörfliche Kneipe führte, wo wir auf Kosten des Inspektors so lange zechten, bis Trunkenheit und Müdigkeit uns wieder hinaus an den Tag brachten, unter Bäumen den Rausch auszuschlafen. Nur der Gehilfe schlief nicht. Er rauchte, ging summend umher und suchte nach jungen Nüssen.

War eines Tages umgekehrt der Inspektor zu „scharf", wußte der Gehilfe es so einzurichten, daß unnvermeidbare Verzögerungen, ja Hindernisse entstanden und mit ihnen Pausen, in denen wir beide nur mit halber Kraft werkelten oder gar nur herumstanden. Immer lief es so oder so auf betrachtsamen Ruhestand oder eine Redelust hinaus, wobei wirklich zum Staunen war, was der Gehilfe alles wußte, gelesen hatte, geläufig referierte, behende erklärte.

Als der Inspektor bei einer ähnlichen Gelegenheit aber wirklich einmal böse wurde und uns unmißverständlich zur Eile und Sorgfalt antrieb, wußte Wankel einen Bauern, dessen Liegenschaften, Grenzsteine und allerlei sonst noch in Frage standen, durch unauffällige Einwürfe und beiseite geführte Zischelreden derart gegen uns aufzubringen, daß schließlich abgebrochen und eingepackt wurde. Am anderen Tag fehlte er freilich, und ich hantierte verwaist. Auch am zweiten und dritten Tag, bei unerträglicher Hitze, mangelte es an gutem Rat. Erst am vierten Tag, als der Regen kam, weilte er wieder unter uns und machte es sich bequem in allerlei Scheunen oder Ställen, weil nichts anzufangen war draußen.

Über Wankel, dachte ich, sollte ich einmal etwas aufschreiben, und fing, den Kopf voll mit seinen Erzählungen und Ansichten, auf den Wegen von und zur Arbeit auch damit an. Aber daheim vergaß ich ihn wieder, da anderes anlag, und so verlor sich die Absicht. An einem kühlen und nebligen Tag, dem letzten meiner Tätigkeit als Landmessergehilfe, nahm ich Abschied von ihm, wobei er seine Mütze abnahm und sich verbeugte. Er werde ebenfalls bald weggehen, meinte er, in die Stadt etwa. Ein neuer Brief der Ehemaligen sei eingetroffen und „die Zeit vielleicht reif jetzt". Ich wünschte Glück, auch dem Inspektor, und fuhr mit der „Victoria" langsam nach Hause. Unterwegs glücklich. Samstagmittag. Die Wege sauber, der Himmel hoch und grau, wie ich ihn mochte. Kein Wind. Gläsern, durchsichtig alles. Ich stieg ab, stand eine Weile. Wollte, begehrte nichts weiter.

Was aber „lag anderes an" zu Hause? Nietzsche wieder: „Die Geburt der Tragödie". Danach „Menschliches, Allzumenschliches". Schließlich die „Dionysos-Dithyramben". Reihe und Auswahl hatte ich mir einmal flüchtig notiert. An der „Geburt der Tragödie" zwar viel von Interesse, im ganzen aber nicht überzeugend. Die späteren Aphorismen waren da aus anderem Holz. Weil eben Aphorismen, keine Paragraphen. Was ich alles verschoben, gekippt fand darin! Und welch ein Glanz erst in meiner Hütte, als ich von den „langsamen Pfeilen" der Schönheit etwas las, vom Werden, nicht einfach Erscheinenden der Vollkommenheit, von der Urteilskraft der Künstler, nicht nur ihrer Inspiration, vom Fragment mehr als vom Ausgeführten, von dem vielfach erfaßten, nicht einfach erfundenen Gedanken.

Vom Schreibtisch aus die Straße hinaufschauend, bis zur Wendung am Fachwerkhaus. Immer andere „Einsamkeit", auf immer andere Weise sehr unbegriffen.

Im Spätsommer und Herbst alles durchgestöbert, geprüft, teilweise angeschafft, was die paar Zeitschriften der Gemeindebücherei zu denken gaben. Das Auffälligste besprach ich mit Eduard, noch nicht parteiisch, auf Position und Einstellung bedacht, alles sehr abklärend, unterscheidend. Danach und mit der Zeit erst kritisch, wenn von dem, was einen Grund gefunden hatte in uns und zu begleiten anfing, etwas allzu schroff abstach, wobei ich dann selber auch schon einmal mit abstach, unruhig querging, während Eduard unbeirrt weiterschritt.

Was uns jetzt öfter beschäftigte, waren die mal bissiger, mal jammernd oder salbadernd verabreichten Untersuchungen des gegenwärtig herrschenden „Substanzverlusts", der allgemeinen „Substanzflucht". Die „Substanz" (was immer das sein mochte im einzelnen), so hieß es, werde aufgeschoben oder mißachtet zugunsten unbedenklicher, meist materiell orientierter Einstellungen und Entscheidungen. Obwohl wir allmählich erkannten, daß der Begriff auch Veraltetes enthalte, überhaupt mißverständlich scheine, hielten wir ein bißchen an ihm fest, Eduard mehr denn ich, weil wir meinten, wenigstens vorläufig damit argumentieren zu können. Eine wirkliche Berufung aber ließ er kaum zu, gab er nicht her.

Ähnlich schwierig war der Umgang mit den vielen Verkündungen, Analysen und Anweisungen dessen, was „sittlich geboten" sei, da in so vielen Vorgängen und Entscheidungen heute leider ein Kern des „Antisittlichen" stecke. Im großen und ganzen ging ich hier mit, wenn auch in mancherlei Widersprüchen. Viel beredet auch der sogenannte „Wehrbeitrag" der Deutschen zur Europäischen Verteidigungsgemeinschaft, der mir immer wieder querlag. Zwar vermischte und verkannte ich gewiß eine Menge in dieser Sache, wußte auch mit dem „Primat der Außenpolitik" („mal wieder der Außenpolitik", wie der Vater anmerkte) nicht viel anzufangen, hielt aber an einer gewissen Empörung über das, was hier einfach durchregiert, nicht erfragt werde, im stillen fest. Andererseits und im Gespräch mit Eduard war ich mir wieder nicht ganz so sicher, wenn wir weniger prinzipiell, dafür etwas konkreter darüber nachdachten.

Daß ich mich rasch wieder umentscheiden konnte, umblätterte, gar zuklappte, machte mir mit der Zeit eine Art schlechtes Gewissen. Den heftigsten Stich aber versetzte mir's, wenn ich mich dabei ertappte, der Mehrheit mich kurzerhand anzuschließen. Damit ich zu mir, zur Ruhe, zu anderem wieder komme. Wozu wirklich genauer dabei, dachte ich nicht zu Ende.

Gewiß, ich griff gern und unermüdlich zu Büchern inzwischen. Aber wieviel verstand ich wirklich davon? War ich tatsächlich ein „Leser"? Oder nur auf Stellen, Pointen aus, der Zusammenhang aber, wo blieb er? Auch vieles nur einseitig, vom Ende her bedacht. Wenn alles gesagt und entwickelt schien, und ich mir's stückweise abbrach nach vorne hin.

Immer noch zog sich die „Flucht" als ein Hauptthema durch das Zeitdenken der Menschen. Wie sie alles begründe, aber auch wieder auflöse, ein Finden und Wiederverlieren bedeute. Und wie viele waren immer noch unterwegs, zogen durch, standen irgendwo in der Tür. Und wo sie blieben, halfen oder neu gründeten vielleicht, waren auch Ende und Verlieren mit dabei, war auch der „neue Anfang" schon nicht mehr ganz Anfang. Eine Verformung manchmal.

Dann auch das gehäufte Balancieren großer Denklasten in den Zeitschriften. Getürmtes über die „Menschenwürde" zum Beispiel. Unabsehbare Erörterung dessen, , was „unsere Zeit" sei oder sein könne. Mochte „Menschenwürde" noch hingehen, obwohl wir nicht gern darüber sprachen, weil es so voll war, sich drängte in diesem Begriff, so schien „unsere Zeit" doch ein Thema, eine Frage zu sein, die uns öfter beschäftigte aber manchmal auch abstieß. Denn es war „unsere Zeit" eine zwar massenhaft anzutreffende, doch meist eben ganz unerklärte Denksache. Völlig unklar, was „diese, unsere Zeit" denn eigentlich sei, wenn man sah, was da an ‚vorher' und ‚vorvorher', an ‚noch' und ‚jetzt' und ‚schon' überhauf in ihr steckte, umtrieb, überlebte, begann. Und ohne Beispiel gar, wie einige sagten. Obwohl: nicht gerade jetzt zu behandeln, wie wieder andere widersprachen. Da zunächst einmal alles nur „vorwärts" und „aufwärts" gehen müsse bei uns. Erst Ordnung, dann etwa auch „Zeitgeschichte". In der Schule ebenfalls keine. Also ordentlich „Kontinentalsperre" erst mal, dann „Zeitgeschichte" als Stoff der nächst höheren Klasse.

„Aber, aber", wehrte der eine Deutschlehrer stirnrunzelnd und verwies auf den höchst dürftigen Forschungsstand in dieser Sache. Der andere Deutschlehrer empfahl ironisch die „Illustrierten": der verläßlichste Ort von Zeitgeschichte derzeit. Viele lasen denn auch und paddelten regelmäßig darin.

Er war mir gram übrigens, der andere Deutschlehrer, später Philosophielehrer. Denn an der Fortsetzung meiner Mitarbeit in der Laienspielschar war ich „aus Zeitgründen" nicht in der Lage (und auch nicht mehr interessiert). Als er mich dann noch zur Stunde der Übung eines Nachmittags mit Weiblichem müßig trödeln sah, war es aus mit seiner Freundschaft. In Philosophie jedenfalls ließ er mich links liegen.

Also weiter in den Zeitschriften und hier zunehmend mit Literarischem, das ebenfalls überhauf lag in ihnen. Expressionisten, die Brüder Mann, Rilke und Kafka, Brecht, Arno Schmidt („Brand's Haide"!!) und die Stuttgarter Hölderlin-Ausgabe, Kurt Kluges „Kortüm", Emil Barth („ein reiner Dichter"), Brecht, Rudolf Borchardt, Gundolf, und wieder Expressionisten, neben Heym ein anderer,

„athletisch im Ruin": Georg Trakl. Jener von Kirchner einmal, dieser von Kubin illustriert. Und so weiter. Ich sah, daß man Gruppen formierte, aber löste sie wieder auf, nahm jeden einzeln, jeden mit seinem Aufbau- und Stollenwerk, seinem Satz und Gegensatz oder Mittel-Sinn. Stellte sie alphabetisch, dann nach vermeintlichem Rang, was sich oft änderte, dann chronologisch, endlich erneut alphabetisch. Bescheidene Bücherreihe und -stapel auf meinem Schreibtisch. Das meiste natürlich immer noch aus der Gemeindebücherei. Unverzichtbares wurde in der kleinen Buch- und Schreibwarenhandlung im Ort bestellt und auf dem Weg zu Eduard öfter abgeholt, wenn eifriges Fensterklopfen im Vorbeigehen mich anhielt. Das Gewünschte war eingetroffen. Gottfried Benn etwa: „Probleme der Lyrik". Limes. Drei Mark.

Um diese Zeit, als ich nach mehreren Seiten hin focht und stritt darüber, ob nun „Der alte Mann und das Meer" tatsächlich ein ,Klassiker' sei oder, wie ich dachte, hinter die anderen Sachen des Autors eher zurückfalle, traf auch unsere Theatergruppe erstmals zusammen. Elsbeth mit dabei. Rasch wurde ein geeignetes Allerweltsstück aus dem Angebot des Bärenreiterverlags ausgewählt, und bald begannen die Proben. Schauplatz der Sache: Serail in Persien. Handlung: harmloser Schelmenstreich. Happy ending: das alle versöhnende Urteil des weisen Sultans. Es machte uns Vergnügen, und wir schritten fort. Ich gab mir Mühe, aber auch nicht zu viel, fand das meiste erst während der Proben und jeder Spieler wohl ebenso. Daran hielten wir fest.

Die Schule hing wieder sehr. Im Deutschunterricht und in der Kunstgeschichte hielt ich mich sichtbar, sonst aber kaum. Vor allem in Mathematik nicht. „Völlig gleich Null", kommentierte der gütige Fachlehrer meine Arbeit oder das, was ich geschrieben hatte. Denn dies betraf zunächst nur den Text der Aufgabenstellungen, danach ließ ich einen Abstand und schloß mit „Schrift:", darunter „Urteil:", ab. „Völlig gleich Null". Ob ich denn nicht wenigstens einen Versuch machen wolle, fragte der Lehrer besorgt. Denn sonst, „lieber Meister", und er blickte nun auch verständnislos, sehe er schwarz. Aber es ging nicht. Und wie sollte es auch, wunderte ich mich über ihn, da ich der Mathematik, in Teilen auch der Physik, seit Untersekunda davongelaufen war. Nach der Anführung von „Schrift", dann „Urteil", griff ich für den Rest der Klassenarbeitszeit nach meiner Lektüre. „Was ist es denn?", fragte der Lehrer einmal ernst und leise, und ich wies ihm die „Römischen Elegien". Er wandte sich rasch ab, kam dann wieder und empfahl mir, doch besser draußen zu lesen. Er wisse nicht recht ... Ich bedankte mich höflich und tatsächlich mit Bedauern, beschämt für den Augenblick. Ich sah wohl, daß der Lehrer erheblichen Krach hätte schlagen, mich hernehmen, vorführen, alles in Bewegung setzen können. Aber er tat es nicht, empfahl mir nicht einmal eindringlicher Nachhilfe. Nur „völlig gleich Null", sagte er und blickte zu Boden. Aufzuholen war in diesem Schuljahr nichts mehr, dachte er wohl. Dachte auch ich.

Manche der Lehrer vermißten zwar häufig das Ihre bei mir und waren unnachsichtig deshalb, aber blieben doch – auf eine etwas ratlose Weise – sehr freundlich dabei. Offenbar ließen sie mich, wie der Deutschlehrer bei gewissen Sachverhalten sich ausdrückte, für eine Weile „dahingestellt sein". Es müsse sich zeigen, was daraus werde. Und so, wie ich um diese Zeit war oder „weste", ließ ich mich gerne „dahin gestellt sein" und half auch etwas nach dabei. Vor aufziehenden Gewittern, hatte ich immer den Eindruck, ließ es sich eigentümlich gut lesen und trachten nach allerlei, gerade weil unter Druck. Mein Endphlegma wollte es so, und eine gewisse Trauer, merkwürdig produktiv, stand Pate dabei.

Obenauf lag in „Deutsch" derzeit Thornton Wilders „Die Brücke von San Luis Rey", kurz „die Brücke" genannt, eine Dauereinrichtung Perus (wie des Unterrichts), die am 20. Juli 1714 um die Mittagszeit dennoch zerriß und fünf Menschen den Tod brachte: „Warum geschah das just diesen fünfen? [...] Entweder leben wir durch Zufall und sterben durch Zufall, oder wir leben nach einem Plan und sterben nach einem Plan". Wie verliefen also und wie lauteten die „geheime(n) Lebensgeschichte(n)" der fünf? Eine Frage wie aus Friedenszeiten, eine Art „Vorkriegsware", dachte ich damals zuerst. Bei all dem Brückeneinbruch und Menschensturz heute kaum mehr zu stellen. Oder nicht so jedenfalls. Doch ich freundete mich bald damit an, weil Erfindung, Gang, Bau der Geschichten an Grundeinsichten heranführten. Den Schluß eher ausgenommen.

Ausführlicher wurde mit der Zeit, was ich mir hierzu und sonst notierte, in ein grau marmoriertes Büchlein eintrug. Es begann mit einer längeren Ausführung über Philosophie als „Musendienst", dem denkbar höchsten überhaupt. So jedenfalls Sokrates in Platons „Phaidon". Dann folgte etwas über die „Reinigung der Denkkraft", ebenfalls nach Sokrates. Meine Bemerkungen hierzu aber sowie Gleichlautendes am Rande im Reclam-Bändchen waren nicht von Respekt geprägt. Doch einiges radierte ich am anderen Tag auch wieder aus. Was ich für mich bei alledem destillierte, übersetzte, lief, merkwürdig genug, auf den Begriff der „Besonnenheit" hinaus. Eine Art Ethos. Komplizierte Geschichte im Graumarmorierten, mit vielen Durchstreichungen und Neuansätzen.

Ferner dann Eintragungen und Kurzanmerkungen über das, was am Literarischen das „wirklich Bedeutende" sei. Nämlich das dargestellte Unwirkliche im Wirklichen (hatte ich wohl gelesen irgendwo), das Unvermutete, unerkannt Gebliebene bisher, „Rück- und Unterseite", formulierte ich weiter. „Fremdes" als das erkannte Bekannte auf einmal. Hier Abbruch im Graumarmorierten. Nur später noch einmal etwas dazu: es sei immer nur an gewissen Stellen so, hänge an bestimmten Wörtern und Sätzen. „Nur da", stand da, gebe es das. Nicht in der ersten, zweiten, dritten Strophe, sondern nur in der vierten: „noch einmal ein Vermuten, / wo längst Gewißheit wacht: / die Schwalben streifen die Fluten / und trinken Fahrt und Nacht".

„Ihre Bestellung ist da", hatte die Verkäuferin gesagt. Gottfried Benn also. Zwar wurde nicht alles ganz begriffen, nicht zutreffend kommentiert in meinem Büchlein. Dennoch merkte ich, was „Die Probleme der Lyrik" da eröffneten für mich. All die Töne, Tonarten darin, der offensive Gestus des Ganzen. Oft, wenn der Vater mich abermals über dem Text erblickte, hieß es im Vorbeigehen und mit sarkastischem Unterton: „Wiedervorlage Benn". Oder auch, in Anspielung auf einen derzeit bekannten Handaufleger: „Dr. Benn spricht, der Wunderdoktor". Einmal hatte die Mutter Habensteins „Lateinische Wortkunde" aufgeschlagen und über die „Probleme" gelegt. Erste Eintragung „agitare – heftig treiben, betreiben". Zweite Eintragung: „cogitare – (im Herzen bewegen,) denken, beabsichtigen". Dritte Eintragung: „consultare – befragen, beratschlagen, sorgen".

Zwar ,befragte' und ,beratschlagte' ich mancherlei mit den Eltern, wie das alles zu beschaffen, teils anzuschaffen sei, was der Wunderdoktor so aufzählte, was er empfahl, aber ich ,sorgte' mich in der Regel nicht. Nachts schon mal und der Eltern wegen, aber sonst nicht. Denn unaufhörlich schwappte und trieb das Gewässer der Lektüren mit mir dahin. Auch das traf ein in der Buchhandlung: Dritter Sonderdruck der „Schriftenreihe DAS LOT: Surrealismus 1924–1949", herausgegeben und eingeleitet von Alain Bosquet. Karl H. Henssel. Berlin. Achtmarkfünfzig. Dazu weitere Benns und das, was die Zeitschriften jetzt nannten, mal aus der Buchhandlung, mal aus der Gemeindebücherei, mal aus der Bibliothek des alten Eichendorff-Freundes, mal aus der väterlichen eines Bekannten in der Stadt, sehr up to date.

Zwischendurch viel draußen und über Land. Allein oder mit Eduard. Unterwegs durch freundliche Dörfer mit „Hellen-", „Wald-" und „Linden-" gebildet. Dann durch verstreute auf „-kamp", „-busch"- „-bruch" und „-ohl", alle versteckt, mal höher, mal tiefer genistet. Dann scharf über „Blei"- und „Silber"-Berge empor. Gemächlicher an „Faulmert" und langsam an dem in der Sonne funkelnden „Steinacker" vorbei. In Mittagsstille vor sich hin brütend die verschlossenen Gehöfte der „Monsau" oder später der „Bernsau", mit zudringlichen Hunden, glotzenden Rindern, fett suhlenden Säuen und einem unvordenklichen Rappen, ganz hinten am Berg. Endlich, zur Linken und Rechten gesellig, die sanften, grün schimmernden „Siefen", die uns schläfrig ins kühlere Tal hinablockten. Und abends, spät noch, gingen wir stumm durch „Angfurten".

Alles gab uns ein Stichwort. Es gab Plätze und Orte umher, die wir, oder auch jeder allein, häufiger aufsuchten. Einer besonders, seit dem vergangenen Frühjahr. Unter jungen Eichen gelegen, an der unter uns steil abfallenden Wand des verlassenen Steinbruchs, aus dem junges Grün aufstieg und Platz suchte zwischen den Grauwackeblöcken, helle Birken vor allem, mit flimmerndem Laub, wenn der Wind hier hereinfand. Im tieferen Grund unten Wasser, das schwarz und fast regungslos stand. Einmal trieb und starrte darin ein braun-weiß geflecktes Kalb, das abgestürzt schien und nach ein paar Tagen erst wegkam. Abends, wenn wir hinuntergestiegen waren, saßen wir lange am Ausgang des Bruchs auf Steinen und warteten die völlige Dunkelheit ab.

An einem der letzten Tage des Feriensommers hatten wir oben einmal lange gerastet und den Geräuschen nachgedöst, die von unten heraufstiegen. Dem Wind und Blätterrauschen vereinzelt, dem, was an Steinen sich plötzlich löste oder von Tieren verschoben wurde, einem klatschenden Flügelschlag und Vogelruf, den Halbsätzen von Kindern später, die leise am Wasser spielten. Dazu zwei-, dreimal der mundartlich eigentümlich verschärfte Zuruf der Mutter, die in der Nähe nach Pilzen suchte. Wie wahrscheinlich, dachte ich müde, wie wahrscheinlich jetzt das ‚Surreale‘, Unmögliche, Groteske, ganz lächerlich Aberwitzige. Denn ich erinnerte mich an eine Skizze von Kubin und stellte mir vor, wie der beleibte Dichter Adalbert Stifter, ganz unvermutet die Lichtung da unten betrete, den Hut in der Hand, heiter stehe und auf die erschrockenen Kinder herablächele. Und wieder erscholl der eigentümliche Warnruf der Mutter. Derartigen Unsinn behielt ich natürlich für mich. Eduards ‚Humor‘ oder was auch immer die Wahrnehmung hier bestimmen mochte, hatte mit Recht seine Grenzen.

Bis tief in den Spätherbst und immer ausgedehnter gelesen, wenn auch nur jedesmal bis zum Anschlag des Selberdenkens, das mit ein paar Worten hastig notiert wurde.

Die Frau des Arztes, der unten im Haus seine Praxis hatte, kam einmal herauf, wollte zur Mutter, die aber nicht da war. Ich stand ungeduldig, auf dem Sprung wieder zurück. Mochte sie auch nicht, weil etwas gezirkelt, geschminkte Matrone. „Aber Geduld, junger Mann“, rief sie, „Geduld! Was treiben wir denn Wichtiges, daß es so pressiert? Doch nicht etwa Schuuularbeiten“, dehnte sie. – Ich bat sie dann doch herein, und sie entdeckte meinen Bücherhaufen, kippte daran herum, las die Titel mit schräg gehaltenem Kopf, murmelte, lenkte das anschließende Gespräch auf Bildung, dann Tradition, bestand streng auf beidem, dozierte mit hoch- und scharf ausgezogenen Brauen. Ich widersprach nicht, stimmte aber auch nicht gleich zu. Im Gespräch auch wieder schwierig, undeutlich und etwas langsam wie immer. Sie schaute und hörte nicht sehr geduldig zu, verzog hier und da das Gesicht, korrigierte, präzisierte kopfschüttelnd. So wie man rede davon, brachte ich schließlich heraus, überzeuge mich's nicht. Natürlich fuhr sie mir gleich über den Mund, zupfte Gerede und Phrase bei mir selber hervor, aber ich wollte ja auch etwas ganz anderes sagen. Ich wollte wohl etwa sagen, daß all das Tradierte, Hergebrachte, Geschichte ... am Ende nur darauf warte, ganz anders gewesen zu sein.

Sie war freundlich zuletzt, habe auch eine „Büchersammlung“, bemerkte sie im Hinausgehen und bot mir an, sie mal durchzusehen.

Aber es kam nicht dazu. Ihrem Mann ging es nicht gut. Ihn mochte ich sehr. Er war in den Räumen seiner Praxis und auf der Treppe immer so freundlich, lächelnd, ruhig, vielleicht etwas abwesend manchmal. Nicht sehr groß, rundköpfig, mit lichtem Haar, sprach leise und langsam, tat alles langsam und stand, sah ich einmal, irgendwie gütig bereit in der Tür des Sprechzimmers, als man einen Arbeiter von der nächsten Baustelle hereinschaffte, der am Kopf übel zugerichtet war, die Arme wie hilflos von sich gestreckt hielt. „Was haben wir denn da?“, staunte der Arzt und lächelte rundum ins Wartezimmer, wo alles entsetzt starrte. Dann führte er den Verletzten mit freundlichen Seitenblicken auf die Wartenden ganz langsam zu sich hinein. Die Sprechzimmertür schloß sich. – Aber es ging ihm jetzt wirklich nicht gut, und er kam dann auch weg, blieb weg.

War vorher öfter schon einmal vertreten worden. Doch jetzt stand es wohl schlimm um ihn. „Morphium". Seit dem Krieg, als er als junger Arzt operierte, sich Tag und Nacht aufgerieben hatte. Auch er stöberte einmal, aber sehr freundlich, in meinen Büchern. Das war, als er nachts bei uns auf die Wirkung einer Spritze bei Vater wartete, der mit unerträglich gewordenen Schmerzen nebenan lag. Er las und blätterte lächelnd, sah mich und seine Uhr zuweilen an. Ging dann leise grüßend hinaus. Ich habe ihn nicht wiedergesehen.

„Consultare – befragen, ratschlagen, sorgen". Die Mutter ließ nicht locker, und sie befragte auf der Straße tatsächlich einen Mann, von dem es hieß, daß er ein stellenloser, aber vordem sehr renommierter Mathematiker und Physiker gewesen sei, der nach seiner Entlassung aus dem Internierungslager hierher gekommen war und sich ziemlich mittellos durchschlage. Ich kannte ihn von Ansehen recht gut, da er mit seinem mächtigen Graubart, großen Schlapphut und alten Pelzmantel, der ihn zottig umgab, unbedingt auffiel. Er werde mir jetzt Nachhilfe in Mathematik erteilen, hatte die Mutter erreicht, und er erteilte.

Mit Mathematikbuch, Stift und Rechenpapier gerüstet, suchte ich ihn in seiner kargen Einzimmerwohnung auf, trug aber später alles ungenutzt wieder nach Hause. Nachdem er, die Rechte im Bart verborgen, in der Linken die Pfeife, an der er etwas umständlich mehr lutschte als sog, meinen Sorgenbericht vernommen hatte, legte er die Pfeife aus der Hand und ergriff Bleistift und Papier wie ein Künstler, so schien es. Die Mathematik, begann er leicht schnaufend, glättete das Papier und führte den sauber gespitzten Bleistift ein paar mal wie prüfend in der Luft umher, die Mathematik und ihre „Ausdrucksmittel" würden, das sei hierzulande in besonderem Maße so, leider sehr unterschätzt, überhaupt die vorzüglichen Eignungen „mathematisierender Verfahren" nicht oder doch nur sehr zögernd erkannt. Tatsächlich kam er nach einer knappen Stunde auch auf meine derzeitigen Aufgabenstellungen zu sprechen, hielt sich zunächst länger und mißbilligend bei der jetzt üblichen Didaktik auf, begann dann endlich mit der zauberhaften An- und Aufführung der schönsten, säuberlichsten Zahlen, die ich je gesehen hatte. In rätselhafter Formation, kryptischen Ordnungen gehorchend, erschienen und verschwanden sie oder wechselten die Plätze, wobei nach und nach überhaupt alles abtrat, Reihen, Gruppen, Paarweises sich immer mehr trennten, lichteten, bis am Ende, in erhabener Kürze, die Gleichung oder Formel von etwas zutage trat, der Meister lächelnd aufsah und schwieg. Etwas erschöpft, denn er hatte viel, wenn auch nicht immer deutlich, oft abweichend geredet, wobei mir schien, er behandele auch andere, tiefer liegende Schwierigkeiten beiher, ähnliche „Probleme", wie er sagte. Am Ende schien er gar alles verwerfen und erneut ansetzen zu wollen, bis er bemerkte, daß ich vorsichtig, bescheiden dankend, die Hand hob. Eine winzige Standuhr hatte schon mehrfach zierlich geschlagen. Wir erhoben uns beide. Er senkte mit geschlossenen Augen den Kopf und stieß beim Sichwiederaufrichten mit seinem vorstehenden Bart an mein Gesicht, was mir außerordentlich peinlich war.

Kein Zweifel. Ich hatte einen großen Gelehrten vor mir, der zwar immer wieder mit Schwung auf seine Zählchen, Kurven, Parabeln, Winkel und sonstigen Sachen zurückkam, aber doch je länger je lieber abschweifte, den Bleistift gegen die Pfeife eintauschte, wobei seine etwas schnaufende Art zu reden und an der Pfeife zu saugen wohl damit zusammenhingen, daß er oben keine Vorderzähne mehr hatte. Seine Oberlippe, bei gewisser Lautbildung, flatterte leicht, war abers sonst vom Bart ganz verdeckt. Er gab mir oft ein paar Druckseiten zu lesen, die er im voraus kommentierte, vom Hauptpunkt her erläuterte, so daß ich schon angespitzt war, wenn ich sie durchlas. Und ich erfuhr, für meine Verhältnisse jedenfalls, durchaus Neues dabei: daß unsere Naturgesetze, zum Beispiel, nicht logisch notwendig seien, sondern durchaus auch anders lauten könnten, ohne doch unbegreiflich zu werden. Auch war vom Verlust der quantitativ faßbaren Merkmale die Rede, die aber dennoch zahlenmäßig beschreibbar blieben. Nachweislich gelte auch, daß etwas anschaulich sein könne, ohne mit dem, was man gemeinhin darunter vorstelle, zusammenzuhängen. Im physikalischen Weltbild derzeit stehe überhaupt fast alles im Widerspruch zu dem, was uns geläufig sei. Vor allem gelte es, zu begreifen, daß ,verstehen' in der neuen Physik ganz anderes bedeute als die herkömmlich unternommene Rückführung von Tatsachen auf Gesetze. Hinzu kamen längere Ausführungen über die physikalische Forschung in Deutschland und Amerika, über die Indienstnahme der Wissenschaft in beiden Ländern während des Krieges, und sehr Detailliertes über die Flugforschung zuletzt.

Meine Mutter begriff schmerzlich, daß aus allem nichts werde. Als der Gelehrte wieder einmal mit uns gemeinsam zu Abend aß, machte er zwei erregende Angaben. Zuerst meinte er, sich endlich doch einmal dafür entschuldigen zu müssen, daß er so langsam und umständlich fertig werde mit der im übrigen vorzüglichen Mahlzeit. Das liege eben leider daran, daß er vom Krieg her eine Art offenen Oberkiefer zurückbehalten habe. Wir saßen bestürzt. Zum anderen aber äußerte er auf die zaghaft vorgebrachte Frage der Mutter, wie er denn nun glaube, daß es um mich und meine Fortschritte bestellt sei, die Ansicht: es stehe gut damit. Wir saßen ähnlich betroffen. Ich erklärte dem Vater jedoch später beharrlich, was er sich schon im Ansatz verbat: daß hier offenbar der Verstehensbegriff der neuen Physik sich zeige, nämlich Tatsachen nicht allzu pünktlich auf irgendwelche Gesetze zurückzuführen.

Leider zog der Meister bald weg, war eines Tages verschwunden, und ich konnte ihn nicht mehr über die von den Amerikanern gezündete Wasserstoffbombe befragen. Auf die „Amis" und solche „goldenen Eier legenden Vögel", die zu „ihnen übergelaufen" seien, um schon bei der Kernforschung recht hilfreich zu sein, war er ohnehin nicht gut zu sprechen.

Der frühe Winter, wie üblich, nieselte, nebelte, näßte und plädderte alle Tage und Nächte. Der M.A.N.-Bus zur Schule stöhnte die Berge hoch, und was darin hockte, roch feucht, nikotinig und zwieblig. Ich schlief oder las, was man bei schwächstem Licht noch so eben entziffern konnte: „Das Erbe von Björndal". Darin alles prompt und zügig, wie es sich gehört. Eine altknarrende Massivgeschichte.

Als ich mal wieder mich fragte, woher nehmen, da die Schulbibliothek, Gemeindebücherei, das Bücherzimmer des Eichendorff-Freunds und ähnliche Quellen versiegten oder Fehlanzeige erstatteten, die Anschaffung aber bei weitem zu kostspielig war, sprach der Vater ein „ernstes Wort". Vor allem die „Schulschuld" sei jetzt dringend abzutragen, der erste Schritt endlich vor dem zweiten zu tun. „Schreite hier gründlich fort, und du tust es auch in dem anderen. Denk' auch mal an mich, was ich angestellt hätte an deiner Stelle, wär es möglich gewesen. Oder Mutter erst. Also bitte: eins nach dem anderen jetzt".

„Eins nach dem anderen?". Es ging immer noch eins vor dem anderen. Einhäusig vergraben. Saß bis in den späten Abend daheim, ging ein wenig, hörte dann das Nachtstudio, schlief ein, den Schein der beleuchteten Skala über mir, wenn Sendeschluß war. Morgens dann zeitig und regelmäßig Less Paul mit seiner Guitarre und dem mehrstimmigen „The world is waiting for the sunrise". Tagein, tagaus. Das Graumarmorierte war bereits voll.

Natürlich dann auch die Theaterabende, die allmählich heranreifende Gruppe, die alles so ziemlich intus hatte und nun an die Herstellung der Kulissen und Kostüme ging. Wir probten schon länger auf der Bühne in der Turnhalle, wo mittwochs und sonntags auch Filme gezeigt wurden oder das Landestheater gastierte. Beides nicht eben häufig besucht von mir. Gewiß hatte ich mir „Hihg noon" und „Don Camillo und Peppone" angesehen, vom Landestheater einen geknödelten „Don Carlos", alles schief und schlecht beleuchtet, mit steifen oder übertriebenen Auftritten. Sah die reglosen Silhouetten der paar Zuschauer und ging früh wieder hinaus.

Frau Klonsdorff-Günther, Notarswitwe, die mit im Haus wohnte, war auch unter den Zuschauern gewesen, in Begleitung ihres Sohnes, der viel in Zeitungen schrieb und nun sein „Muttchen", die er auch „alte Dame" nannte, für ein paar Tage besuchte. Sie war mächtig stolz auf ihn, stellte ihn der Mutter und mir umständlich vor, und er schien mir wieder einmal genau der Typ zu sein, der einst unser Fähnleinführer hätte gewesen sein können, dann Offizier wurde. Prompt hatte die Mutter, die ja nett und liebenswürdig bitten konnte, auch ihn auf mich angesetzt. Jedenfalls zog er mich einmal plaudernd in die Wohnung seiner „alten Dame", wo wir Platz nahmen und rauchten und er mich ein wenig ausfragte, den richtigen Ton suchend. „Sie lesen also!", sagte er. „Zu viel. Zu schön. Zweite Welt, was? Verstehe. Ging mir auch so. Dann das Kaff hier. Verstehe. Die Schule. Sagen Sie mir nichts! Kenne ich alles!" Dann aber schob er mit einer raschen Wendung den ganzen „Kram" und „Plunder da", mit dem ich mich zur Zeit und einigermaßen erfolglos beschäftige, wieder beiseite, empfahl mir dringend, der „ländlichen Bohéme", die ich hier „kultiviere", schleunigst adieu zu sagen und „handfester" zu werden. „Zunächst: Abitur! Muß sein. Dann natürlich Studium. Aber streuen! Verstehen Sie? Politik, Wirtschaft, Soziologie. Bißchen Sprachen. Viel reisen. Und Zeitungen, immer wieder Zeitungen, stets informiert sein.

Dann in gewisse Kreise und Verhältnisse hinein vorrobben und, wenn es sich rasch mal machen läßt, natürlich auch promovieren. Irgendwo. Irgendwas. Wird sich schon finden. Von Anfang an aber, unbedingt, von unten an, überall, unablässig: schreiben, für Zeitungen arbeiten. Sich journalistische Sporen verdienen. Nichts auslassen, nie absagen, sofort alles annehmen, immer unterwegssein, hinterhersein. Ihre Schreibe – Sie haben ja doch wohl eine? – pausenlos fit halten und ran jedesmal, scharf, pointiert, nicht lange fackeln! Entweder Säbeln oder ironisch Salutieren! Schadenfreude nutzen oder wecken! Stoßen, wenn einer fällt, immer nahe dran bleiben, nachsetzen. Betroffene oder Betreffendes sarkastisch vornehmen, sezieren. Wunden frei legen, auch schon mal vertiefen. Auf jeden Fall aber, wie man so sagt: Finger reinlegen! Das Verfahren ahnen Sie: zunächst keine Meinung haben, mehr so schweben, ein bißchen brillieren. Dann aber allmählich mehr und mehr eine zeigen, scharf rüberbringen, wenn es sich denn machen läßt, wenn es en vogue ist, wenn wer dahinter steht oder Sie ein Publikum wittern. Witterung überhaupt. Für das, was angesteckt, angestiftet werden soll. Wo alle mitgehen. Witterung! Verstehen Sie! Oder, unterbrach er sich plötzlich, nahm seine Brille ab, studierte mich, sei es tatsächlich doch das „Geisteswissenschaftliche" bei mir. „Nicht einmal Jura? Menschenskind! Sie werden doch wohl am Ende nicht Lehrer werden wollen?! Oder sonst was in der Richtung? Ist es so schlimm?"

Dann fiel er, nach kurzem Nachdenken, in einen anderen Ton, setzte grübelnd an, kam warnend daher. Ob ich eigentlich wisse, wen das „im allgemeinen" noch interessiere, was ich da so für mich läse und dächte? Ob ich überhaupt wisse, daß es solche Leute, die früher einmal sich interessiert hätten dafür oder doch zumindest jederzeit in der Lage gewesen wären, sich dafür zu interessieren, gar nicht mehr gebe? Daß sie längst ausgestorben seien, „intellektuell und soziologisch" verschwunden. Ja? Es gebe einfach solche nicht mehr, „zahlenmäßig nennenswert jedenfalls nicht", die sich für das, was mich interessiere, damals tatsächlich noch Zeit und Muße genommen hätten, obwohl selber längst oft auch anders schon unterwegs. Mit anderen Worten: „Kein Bürgertum mehr. Verstehen Sie?" Niemand mehr, der sich „Bildung" noch leisten könne, der ihr „qua Haus und Herkommen" noch „fröne, also leidenschaftlich diene", koste es, was es wolle. „Alles anders Lautende ist anachronistisch, verlogenes Geschwätz. Sie selber verkörpern ja auch so eine Art Anachronismus, mein Lieber, wähnen sich unabhängig, bewegungsfrei, während doch alles längst weg und abgefahren ist, ohne Sie. Danken Sie Ihren guten Eltern, daß es überhaupt noch geht. Nein, nein! Entschuldigen Sie! Wirklich! Es kommt nichts dabei heraus. Alles anachronistisch. Zwecklos. Was Sie wollen *sollten*, liegt ganz woanders. Und sehen Sie, mal Ernst jetzt, dem, was nicht an der Zeit ist, hinterherlaufen, *wollen* Sie ja wohl *nicht*. Oder? Und das andere, Ei oder Kolumbus einer neuen Philosophie und Weisheit sein – na? he? – das *können* Sie nicht. Wie also? Hören Sie! Menschenskind!" In diesem Augenblick öffnete Frau Klonsdorff-Günther zaghaft die Tür. „Muttchen", rief er, „komm nur rein! Komm rein! Bitte schön, komm'.

Und hol uns was Gutes! Hol uns was Gutes! Denn wir sind durstig nach all dem Gerede!"

Sie holte. Ein Likörchen. Und ich ging dann auch bald.

Meine Selbstbilder gelegentlich: Tagelöhner, also Wankel-Dasein. Selbstversicherer mit Bücherkiste und Radio. Sonst völlig anspruchslos.

Auch zornig wurde ich nicht mehr. Stattdessen irgendwie furchtlos.

Im Haus, ganz unten, der Friseur, neben dem Textilgeschäft mit schönen Herrenhemden, schnitt mir nuschelnd die Haare. „Recht kurz oben" neuerdings, „an der Seite etwas länger". Eine Art „Bebop"-Verschnitt. Es gab auch einen neuen Anorak, grau. Dazu einen Pullover, ebenfalls grau. Dunkle Hose und Skischuhe, als der Winter kam. Die kurze Pfeife wieder einmal.

Lektüren Klabunds: „Wer bist du? [...] Wo ist dein Wissen? Dein Gewissen? Deine Wissenschaft? Du weiß nichts [...] Du weißt nicht das Nichts und nicht das Etwas und nicht und nichts von dir." Eulenspiegeleien Brackes, mit Aldegrevers „Hochzeitstänzer" auf dem Titelblatt, diesem raschelnden, klirrenden, am Körper so festlich vermummten Vor-Tänzer und Anstifter, mit lockerem, etwas schleichendem Schritt, den munteren Hund zur Seite, in der Rechten den Tanzstab und Weiser, wohin man nicht weiß. Zurück aber, im Tanz nach hinten gewandt, der derbe Rundkopf, Rattenfängerkopf mit grob geöffnetem Mund, wie rufend, teils auch wie schnaufend vom Lauf. Und der Blick ohne Lächeln, nur finster prüfend, ob sie wohl kommen. Kommen. Alle wie sie da sind! Und was gespielt, dazu gedudelt wird, hört man auch.

Warum sich nicht mal das Neueste wünschen zum bevorstehenden Fest, meinte jemand, etwas aus der „Gruppe 47"? Darüber wußte ich nun sehr wenig, bis auf den „Ruf" ganz am Anfang, der, wie ich gelesen hatte, wohl zusammenhing damit. Ich verlangte auch nicht unbedingt nach dem „Neuesten", ging rasch darüber zurück. Eher Hamsuns „Der Wanderer", Benns „Frühe Prosa und Reden". Lag jedenfalls beides auf dem Tisch Heiligabend, nachdem die in Blau eingeschlagene Schulpost, die hier vorher gelegen hatte, nebst Zeugnis dann doch noch hinweggeschafft worden war.

Am Bescherungsnachmittag las ich vorher noch im Surrealismus-Band. Darin stand: Surrealismus sei eben das, „was man ,denkt', bevor man es aussagt, ohne es auszusagen", sei Verwertung der „unverantwortlichen Elemente des menschlichen Geistes", deute auf „Kräfte fern aller Vernunft", sei „die in Unordnung gebrachte und leidenschaftliche Anwendung des Rauschgiftes *Bild*!", sei „ein Instrument sowohl der Eroberung als auch der Verteidigung", keine „Metaphysik der Poesie", sondern entschlossen: „Revolution". Danach die Hölle der losgelassenen Glocken da drüben, die gellend zur Weihnacht riefen.

In den Funkansprachen an diesem Abend zwei Wunder: das friedvolle zu Bethlehem wiederholt. Und ein anderes zu bewunderndes Wunder: das der Deutschen jetzt. So jedenfalls urteile die Welt, oder doch ein großer Teil von ihr, mit Respekt „am heutigen Abend".

(Nachtrag zu oben: „Keine Zeit für Esoterik", hatte der Sohn von Frau Klonsdorff-Günther geschmettert. Aber ich empfände mich überhaupt nicht esoterisch, verteidigte ich mich, sondern eher sehr beteiligt. „Läuft auf das Gleiche hinaus", sagte er.)

An den Weihnachtstagen Beschluß, mich mehr abzukürzen. Obwohl ich, wie ich wohl sah, auch nicht sehr lang war bisher. Etwas zurückgeblieben vielleicht. Jetzt aber: Genauer warten, wenn es so etwas gab. Entschieden genauer warten.

Zu Beginn des neuen Jahres machten wir eine Klassenfahrt in den mittelgebirgigen Schnee. Vor Erreichen des Treffpunkts morgens viel Neuschnee. Kein Bus. Am Treffpunkt später die anderen schon weg und zunächst auch kein Zug. Im Wartesaal mit Eduard über etwas aus dem Graumarmorierten II. Dinggedicht über Bruchsachen. „Von was in Scherben liegt", sage ich, und Eduard schaut. Mit Unterbrechungen dann weiter zur Jugendherberge, die wir abends und nach längerem Fußweg im Dunkeln erreichten.

An den folgenden Tagen mal in Sonne, mal in Nebel auf Skiern unterwegs. Abends in die Kneipe an der Landstraße unten. Rasch etwas angetrunken. Fröhliche Entgrenzungen, fideles Debattieren, Anspielungen, Bekenntnisse, bißchen ausgelassen am Schluß. Zwei, die, wenn ihre Stunde gekommen war, regelmäßig gegeneinander antraten und rangen. Selbst der Deutschlehrer, unser Klassenlehrer zur Zeit, beim Bier, nicht beleidigt. Durch tiefen Schnee wieder zurück. Kurz vor dem Einschlafen noch einmal Zweikampf der beiden im Schnee. Neben mir lallt jemand von seiner Liebsten. Einer betritt erst sehr spät den Schlafraum, singt leise: „Because of you ...".

Nach einer Woche fuhren wir wieder heim. Im Bus, für ein paar Minuten neben dem Deutschlehrer sitzend, hörte ich, wie er vertraulich sagte: „Freuen sich auch auf zu Hause? Bitte? Geht mir auch so, ging mir immer so." Ich sagte nichts. Dann stieg er aus, winkte noch einmal. Sonniger Sonnabendnachmittag. Auch hier noch Schnee. Zu Hause hatte die Mutter vorsorglich zubereitet, wovon in der Jugendherberge nicht im entferntesten die Rede sein konnte. Der Herbergsvater war dann auch beim Durchschnüffeln der abgehenden Post an eine entsprechende Karte geraten. Darauf stand : „Wir sind hier prima untergebracht und werden sehr gut verpflegt. Ein Hund, der bei unserer Ankunft noch freundlich wedelte, ist seit kurzem verschwunden." Theater und Entschuldigungen später auf beiden Seiten. Verfasser der Postkarte: Bahr, genannt „Boogie". Hatte der schärfsten Skimützen eine. Weiß.

Eduards Schlußball beschloß seine Übungen auf diesem Gebiet, und am anderen Tag eine erfolgreiche Aufführung die Bemühungen meiner Spielschar. Auf jenem tanzte ich viel mit Elsbeth, mußte mir aber von irgendwem sagen lassen, daß sie kein Spielzeug sei, was den netten Abend um ein Haar hätte scheitern lassen. An dieser nahm ich zwar auch einigen Anteil, war aber meist um Elsbeth und wünschte, daß bald alles vorbei sei. Es hatte in der Nacht vorher noch ununterbrochen geschneit, und wir rechneten fast damit, daß kaum jemand kommen werde. Aber es waren schließlich doch einige da, und unsere Bemühungen wurden belohnt. Als alle gegangen waren, und auch die Mitspieler sich verabschiedet hatten, suchte ich Vorwände, Elsbeth noch auf der Bühne und in anderen Räumen zu beschäftigen, wobei wir uns ein paar mal sehr nahe kamen, aber nicht einhielten, weiter aufräumten, herumgingen, schwiegen. Ich brachte sie dann nach Hause und ging anschließend müde durchs Dorf. Wenige Lichter. Wieder Schneefall. Stille.

Dann zwei Begegnungen. Auf ihren Wunsch draußen, in einer Waldschlucht, hinter der ersten Anhöhe, die das Dorf im Süden begrenzte. Danach bei ihr zu Hause, wo sie allein war. In der Schlucht sollte es, wenn ich denn kommen werde, ein Zeichen für sie sein, daß wir Freundschaft schlössen. Bei ihr daheim aber stand überhaupt alles auf dem Spiel. Sie sprach leise, Ellbogen auf dem Tisch, den Kopf an die verschränkten Hände gelehnt und so herübersehend zu mir wie schon einmal. Ich verlor jetzt ganz rasch, spürte ich unklar, was meine paar Habseligkeiten gewesen sein mochten bisher. Zwar redete ich etwas, aber sie schwieg. Nur der Fluß, unten am Haus vorbei, rauschte.

Wieder bei mir zu Hause, hatte ich noch eine andere Begegnung. Die mit zweihundert Zentnern Koks. Sie waren vereinbarungsgemäß von mir in den Keller hinabzuschaufeln und brachten mir etwas Geld. Der Vorplatz lag im Licht einer trüben Lampe, und neben dem Kirchturm, zwischen Wolken, stand der volle Mond. Ich sah länger hinauf und wußte mein Teil. Und das Ganze.

Es sahen nun alle, daß wir zusammen waren. Die im Bus mitfuhren, in der Schule die anderen, Elsbeths Vater, der es wußte, meine Eltern, Eduard natürlich, der sich freute, einige auch, die mir mißtrauten. Vor allem und täglich aber sahen es die diversen Winterwäldchen, Buschstrecken und Hänge umher, die wir absuchten und um uns zogen, bis ins Frühjahr, bei jedem Wetter.

„Also dann doch", sagte der Vater und las den Brief von der Schule, in dem nicht viel, aber doch alles stand. Er wirkte etwas erschöpft. Ich selbst wußte es ja, hatte auf keinen weiteren Aufschub der Sache gehofft. War froh, daß es vorbei, offenkundig war. Zwar sprachen einige Lehrer noch etwas darüber, wie ich beiläufig hörte, aber nur so hinterher. Ich kam ihnen auch bald aus den Augen. Erschien nicht in der Schule, blieb weg. Grübelte und las wie erleichtert. Dazu mit Elsbeth der ausgebaute Anfang, Tag für Tag gewisser: „Out of this World". Die Eltern standen, sahen mich an, wenn ich eintrat, hinter mir her, wenn ich wegging. Doch jetzt erst einmal warten, abwarten. Ostern feiern mit Elsbeth, unser erstes, gemeinsam verlebtes Fest. Langsam hinauf in den Wald, auf die Höhe. Sehr schöne, aber kalte Ostern. Alles sehr klar, weithin still.

Nach Schulbeginn war ich morgens allein, las, schrieb etwas auf. Sah dann auch, daß es ganz anderes war und bedeutete, was geschah. Was ich tat oder nicht tat, war ja schon lange das, was ich tat oder nicht tat, weil es Gründe gab. Verkannte ich eine Freiheit, oder war sie schon gefunden? Wo standen die Schuldner? Wer waren die Gläubiger? Täglich im Graumarmorierten, das schon zwei Nachkommen hatte.

Und nachmittags war ohnehin Elsbethzeit, draußen, wo wir anfingen, eine neue Sprache zu lernen, sehr weit hinausgingen dabei, so daß etwa ein Läuten vom Ort her soeben verwehte und ein anderes, vom nächsten her, uns schon empfing. Was herüberscholl aus der Schulstadt, kam aus einer anderen Welt, war unter anderem Himmel entstanden. Wenn wir zurückgekehrt waren, blieben wir noch zusammen, lasen täglich gemeinsam, denn Elsbeths Haus stand uns offen. Der verwitwete Vater, selber oft aus, überließ es uns ganz.

Natürlich zu Hause auch das: Was tun? Was soll werden? Die „brotlose Kunst"? Der Vater kam und las, was ich aufgeschlagen hatte für ihn: daß, einen Beruf zu ergreifen, alles beenden heiße, auch sich selber. Wir stritten nicht. Nur, er verstand es nicht, von Grund auf nicht und so gründlich, daß ich verstummte. „Dann entscheide dich", sagte er eines Tages. Aber das hatte ich. Glaubte ich. Elsbeth sprach, wenn sie etwas anstieß bei mir, sich unvertraut fühlte, von „Deinen Dingen". Es gab also wohl immer noch ein paar davon. „Ungewisse Spur an dem Ort, wenn man hinkommt, wo welche gewesen sind". Stand im Graumarmorierten. War aber durchgestrichen. Ziemlich dick. Aber noch zu entziffern.

Unter den Träumen einer, der mit Weiden und schattigen Baumhallen einsetzte, wo in hellen Kleidern Menschen zwecklos standen und gingen. Auf niedrig ansetzendem und bereitwillig geöffnetem Astwerk Mädchen. Mit gekreuzten oder angezogenen Beinen schaukelnd. Was oben über den Wipfeln fast raste, was an den Rändern des Grüns sich drängte, irgendwie anschwoll, war eine andere Welt. Und ich geriet auch in sie. Durch eine Schlucht, aus der ein Rinnsal von Weg hinausführte bis dorthin, wo ein rötliches Pferd, mit langem, schneeweiß wehendem Schwanz, vor etwas scheute. Weithin verstreute Trümmer und scheckig gemusterte Steinbrocken. Zwei, drei Mulden mit Verletzten, Verwundeten, so schien es. Alle still, wie gemalt. Helfende, so schien es, wie Spielzeug in ihre Nähe gestellt. Der graue Zug – Fliehende? Gefangene? Wallende? – ganz hinten, die mit gesenkten Köpfen voranstrebten, an ihrem Platz aber verharrten.

Weiter geteilte Tage. Der Mensch vor und nach Mittag. Ich las, probte und übte für mich etwas ein, das auf Zukunft verpflichtet war. Auf eine „in Freiheit und Arbeit", stand da. Die Seele: ein „Nirgend-sein". Städte vor Augen, weiße und ruhige, „die sich an der Sonne wärmen wie Eidechsen". Abgetan andere, in denen man nicht erwartet wird, die sich hinter mir schließen wie „stille Wasser". – „Was ist das Gute?" –

Sartres „Fliegen" in der Tasche, wollte ich doch eines mal sehen. „Die Pest" von Camus auf den Knien, wollte ich doch eines noch prüfen. Ich fuhr mit dem Zug nach Düsseldorf, dann nach Köln, schließlich nach Bonn. An einem Tag alles. In Düsseldorf, wo die Schauspielschule ohnehin schon ab-, mit ihrem näselnden Vortänzer nach Hamburg umgezogen war, riet man gleich dawider, war niemand, der meine „Fliegen" hören wollte. Dann in Köln eine Baracke, wo ebenfalls alles im Umbruch lag, die „Pest" unerwünscht war und allenfalls Bonn empfohlen wurde. Dort schließlich ein Haus, eine Art Stadtvilla, marmorne Treppen hinauf und hinab, wo geträllert, einstudiert, offenbar tatsächlich theatert wurde, aber niemand zuständig war. Zuletzt im Hofgarten, auf einer Bank, wo ich rauchte, vor mich hin in den Staub spuckte, mir alles abschminkte. „An einem schönen Morgen des Monats Mai durchritt eine elegante Amazone auf einer wunderbaren Fuchsstute die blühenden Alleen des Bois de Boulogne".

Spät, am Bahnhof daheim, wartete Eduard. Ziemlich besorgt. „Es ist nichts", sagte ich. „Das lassen wir jetzt."

Den anderen Tag fuhr ich am späteren Vormittag noch zur Schule, unterbrach aber unterwegs, um den Gegenbus von der Stadt her abzuwarten, in dem ich Elsbeth wußte. Als er anhielt, entdeckte sie mich, öffnete rasch oben das Schiebefenster an ihrer Seite, und ich zog mich irgendwo zu ihr hinauf, rief, was zu rufen war und sprang wieder ab. Sie fiel auf ihren Sitz zurück, kam gleich wieder hoch, winkte mit beiden Armen, ich auch, dann setzte der Bus sich in Bewegung, und ich sah lange hinterher.

In der Schule eben Samstagschluß und entsprechend viel Trubel. Der Direktor stand groß in der Tür und sah mich kommen. Es ging glatt. Er fragte nur kurz, nickte, flickte gutmütig Spöttisches ein, nannte mir, nach einem kurzen Blick auf den Stundenplan, Zeit, neue Klasse und Klassenzimmer, schloß lächelnd mit irgendeiner Erwartungsfloskel, stand wieder groß in der Tür, als ich ging.

Ich holte nach und auf. Und es ging wohl auch leicht. Stadt, Schule und Klasse sonst fremd. Es war immer schon anderes und anders gewesen. Gedrittelte Tage also. Was der Schule, das Unsere, das Meine war. Der Frühsommer hob alle Zweige, trieb immer dichteres Laub, schien nicht aufzuhören damit. Dazu unsere Feste. Wirkliche, zwei drei, die wir besuchten, auf denen wir tanzten und tanzten. Dann die kleinen, täglich sich wiederholenden, wenn wir im Bus und auf unseren Wegen zusammen waren. Auch solche, die wir uns einfallen ließen und selber machten an besonderen Tagen. Schließlich Reisefesttage mit unseren Rädern, nicht weit, aber doch unter einen anderen Himmel, in ein anderes Gelände, zwischen andere Häuser.

So verstrich die Zeit. Die Regel des Liebesordens ausschließlich und streng. Ins Graumarmorierte immer nur alles auf Vorrat gesammelt, vielerlei Auszüge, nichts Eigenes gesagt. Dafür vom „Sein" selber jetzt „angesprochen", wenn auch „auf die Gefahr, daß er (der Mensch) unter diesem Anspruch wenig oder selten etwas zu sagen hat". Las ich.

Bleibender Druck immer noch. Viel mehrfach Verkapptes im Rückblick. Darunter auch das der Familie, Vaters und Mutters, des Ihren und hinzugekommenen Meinen. Was war es, sollte es sein?

Von den Träumen, die ich massenhaft träumte, notierte ich nichts. Einmal, wie verschlagen dahin, die Bemerkung: daß ich am Entwurf eines Totenzettels gerade bastele. Für wen, wußte ich nicht. Darauf sollte auch stehen: „Selig sind die Friedfertigen". Es beziehe sich dies, schrieb ich dazu, auf den Beginn ihrer zweiten Tragödie. Die erste hatten sie hinter sich.

Noch im Sommer, im letzten Licht allein auf den Hochsitzen. Die Nacht abgewartet. Im Pechdunkeln herabtastend, schreckte ich, schreckte mich am Fuß der Leiter einmal ein Tier. Äsendes Damwild vielleicht, das laut blökend davonjagte und noch länger zu hören war. Im Ausschnitt meiner Jacke vorn das weiße, fast leuchtende Hemd.

Am helleren Fachwerk des Gehöfts später Bewegtes. Es war jener behindert wankende, meist lallende, jetzt etwas wimmernde, längst schon erwachsene Junge, vom Vater gehalten und geleitet ins Haus, das durch die geöffnete Tür kurz hinausleuchtete, sich dann wieder schloß.

Dann endlich auf sicherem Fuß um Elsbeths Haus. „Seine liebe Frau zu grüßen/Naht ein Mohr dir braun und rauh". Sie schlief aber bereits, und am offenen Fenster bewegte sich nichts.

Der etwas härtere Winter ließ uns sehr fleißig sein. In den halbdunklen Zimmern Einübung der „abhängigen Begehrungssätze", solche mit orare, optare, postulare und so weiter, die im Konjunktiv stehen, durch ut eingeleitet werden, denen wir eifrig entsprachen.

Es gab noch einmal eine Einberufung ehemaliger Gruppenmitglieder bei Robert Heuser, wo sich der alte Kern zusammenfand, aber kaum mehr gründlicher gesprochen wurde. Nur noch ein wenig Gitarrespiel, Liedersingen, dazu Bier, Zigarren und später etwas „Politik" mit diesem oder jenem, als wir schon wieder aufbrachen. Ich hörte mir an, was man über den Waffenstillstand in Korea urteilte und nahm mir auch vor, alles nachzuholen, durchzugehen, was inzwischen über den Arbeiteraufstand in der DDR geschrieben worden war.

Eduard und ich waren im Sommer eines Nachmittags bei meinem ehemaligen Deutschlehrer zu Besuch gewesen, als das über den Aufstand im Radio durchkam, und auch der alte Vater des Lehrers ins Zimmer trat, um die Meldung mit anzuhören. Die beiden standen besorgt, und wir sahen sie an. Mir war klar, was war, aber auch nicht war. Alles stand wieder so, daß *wir* hier von Glück sagen konnten bei dem, was wir inzwischen ganz sicher hatten. Was denn sonst? „Was denn sonst?", fragte auch Elsbeth.

Im Frühherbst war ich dann zum ersten Mal zur Wahl gegangen. Mit dem Vater zusammen. Die Mutter ging schon gleich nach der Frühmesse hin. Wir hatten nicht über unsere Absichten gesprochen und sprachen später auch nicht über unsere Wahl. Warum? „Darum", schloß der Vater und verwies ganz offensichtlich auf das, was am Ende vieler Plakatinschriften die einzig mögliche Konsequenz bezeichnete. „Hast du nun eigentlich wirklich und richtig gewählt", fragte die Mutter, nachdem ich beim Essen mittags länger geschwiegen hatte. Ich schwieg auch jetzt, brachte aber den Vater später auf den Wiederauftritt Eisenhowers seit längerem. Den kannten ja alle. Den kannte auch ich, aber hing doch sehr schwankend an ihm.

Mal rascher, mal langsamer gingen die Tage. Immer öfter inspizierte ich meine drei ‚Akademien', Elsbeth, die Schule, das Graumarmorierte, und fand, daß ich wegsollte. Eduard fuhr nach dem Abitur schon mal vor ins erste Semester, und ich ging an diesem Tag mit Elsbeth besonders weit hinaus über Land, das noch immer zu uns sprach. Auch die späten Abende und Nächte taten es, wenn der Mond in den Knöpfen am Kleid Elsbeths sich spiegelte und in ihren Augen, wenn sie neben mir lag.

Die großen Ferien im Sommer verbrachte ich als Hilfarbeiter in einem Stahlwerk. Bauabteilung. Bestand aus fünf Arbeitern und einem Vorarbeiter, der Heinz Gemut hieß und sich sehr bald als „Marxist" zu erkennen gab. Unter den anderen zwei „Flüchtlinge" mit regelrechtem Hof im Osten. Obwohl öfter verspottet, waren sie unbeirrt anstellig, in allem gewissenhaft, sagten: „Geht's der Firma gut, geht's auch uns gut. Also tu' ich alles, was der Firma guttut". Beim Säubern der Holzverschalung ihre Erzählungen von damals und „drüben". Der eine von seinen Fahrten zum Viehmarkt in der Stadt mit anschließenden Ausschweifungen. Satte Tage. Dann wieder zurück. Ein andermal zeigte er Fotos von seinen Enkeln hier in der Nähe. „Für sie arbeite ich und lege alles zurück. Sie sind meine einzige Freude". Er war schon älter, aber einst wohl ein grader Kerl gewesen. Jetzt ging er langsam und man verstand ihn schlecht, weil er kaum mehr Zähne im Mund hatte. Aber alles, bemerkte ich, was er sparsam und überlegt anfaßte, saß. Einmal wusch er, weil alle Waschstellen besetzt waren, vor der Kaffeepause seine Hände unter der Wasserspülung einer Toilette, was den Vorarbeiter fürchterlich aufbrachte gegen ihn. „So ein Schwein", rief Heinz Gemut, „so ein heruntergekommenes Schwein! Schämst du dich nicht, Kerl?". Dann hielt er einen Vortrag über das, was in solch einem Kopf vorgehe. Überhaupt in allen Köpfen hier, wie ich wohl bemerkt hätte, mit denen nichts, aber auch gar nichts anzufangen sei. „Ein einziger Scheiß das!" Die anderen sagten nichts, grinsten ein wenig, kannten es. Dann kam der Ingenieur und sprach ein wenig mit Heinz Gemut. Als er weg war, das Schlimmste dann auch über ihn: eine „Krücke", „Gescheiterter", „Schöntuer", „Lump", wie die meisten hier. „Heruntergekommen".

Während der Mittagspause brachten einige Frauen das Essen. Die Frau des alten Ostpreußen, die leise sprechend mit ihm beiseite ging, und die eines anderen Kollegen, die sich schlingernd, zweideutig näherte, grundlos herausplatzte, überlaut lachte, während ihr Mann grußlos, mürrisch und angewidert das Mitgebrachte besah, beroch, auch prompt angeschrien wurde von ihr. Dann rasch wieder grundloses Lachen, Sichdrehen, Räkeln, etwas breitbeinig sitzen. Die anderen grinsten, kurz aufschauend, kannten auch das. Heinz Gemut hatte sich abgeregt, abgewandt, schaute und kaute kaltblütig. Wiederholte mir später alles so, wie ich es wohl gesehen hatte, zog mir alles noch einmal „durch's Maul", wie er sagte. „Alles richtig gesehen", schimpfte er, „alles falsch gesehen. Dich könnte ich auch in den Arsch treten, wenn ich dich sehe. Glaub mir." Und nach wenigen Schritten: „Ist ja so! Ist ja gut so. Hol die Spitzhacke jetzt und mach weiter. Und hau mir nicht nochmal in die Leitung da, wenn du willst, daß wir alle noch etwas weiterleben". Dann weiter, zu den anderen hinüberlachend: „Seht mal, unser Student, mit Spitzhacke! Gleich ruht er sich wieder aus, der Sack, macht Arbeiterdenkmal". Heinz Gemut mache mir das Leben nicht schwer, erklärte ich zu Hause. Überhaupt nicht.

Auch Elsbeth arbeitete in den Sommerferien am Fließband irgendwo, zusammen mit anderen Frauen.

Freitags und montags waren die Kollegen gesprächig, gingen alles haarklein durch, was sein werde und was gewesen war. Alles. Haarklein. Sonst aber waren sie meistens recht schweigsam, mürrisch und grüßten mich kaum. Immer wieder aber gab es auch Augenblicke – zu Beginn der Mahlzeiten, beim Anzünden der frischen Zigarette oder Pfeife, beim Aufstöpseln der Bierflasche, die sie aus kühlem Versteck hervorholten – in denen sie sich auf ein kurzes Gespräch einließen, Antworten gaben, Fragen stellten. Mit Schrecken merkte ich manchmal, wie sehr weit hinten sich einige von ihnen aufstellten dabei, sich herabmachten. Danach fielen sie wieder in ihre gewöhnliche Rolle zurück. Wollten ihre Ruhe haben.

Ich kam mit der Zeit viel herum im Betrieb. Im Magazin war einer, der mir fast an den Kragen wollte, als ich ihm mit Aufträgen kam. Man hatte mich reingelegt, absichtlich falsch geschickt und übel beraten. Als er es merkte, wurde er gleich sehr freundlich, entschuldigte sich. Leider brachte er kaum ein verständliches Wort heraus. Er war im Gesicht wie gelähmt, weil er vor Jahren, noch im Krieg, hieß es, viel habe schweißen müssen.

Verschiedene Arbeiten. Darunter auch einmal das Abreißen eines älteren Betriebsgebäudes. Ich wurde mit dem Abstemmen der Decken beauftragt, was mit dem Bosch-Hammer geschah. Wahrscheinlich gebe es Zulage dafür, meinte Heinz Gemut. Große Aufregung bei ihm und den anderen, als nichts daraus wurde.

Nach unendlichen Verschalungsarbeiten, Tag und Nacht, endlich das Betonieren. Maschinenfundament. Großes Ereignis. Mit der Schubkarre am Mischer Aufnehmen, gut dreißig Meter Schieben, mal etwas bergauf, mal bergab, dann Auskippen mit Heinz Gemuts Hilfe, der schimpfte und lachte zwischendurch. Wieder zurück und von vorn. In den Pausen immer ganz weg vor Müdigkeit. Bißchen Trinken und weiter. Die kleine Pfeife im Mund. Wenig Reden, aber doch gut Hand in Hand alle. Endlich Abwinken, weil voll, Schluß, fertig.

Danach mit großer Lust gerastet, geschwatzt, alles übertrieben, getrunken und geraucht, die Zulage berechnet. Die Frühschicht traf ein, und wir gingen nach Hause. Ich nahm mir viel Zeit dabei. Fuhr mit dem Zug später schlafend durch bis zur Endstation. Per Anhalter dann wieder umständlich zurück. Mit Elsbeth nur kurz. Dann schlaflos.

Ich hätte auch samstags und sonntags arbeiten können. Tat es mit schlechtem Gewissen nicht. Beim Abschiednehmen am Ende der Ferien waren mir alle so gut vertraut, daß es ein wirklicher Abschied wurde. Den Tag verlungerten wir mit kleineren Arbeiten. Ich hatte Bier besorgt und wir drückten uns mal hier, mal da herum. Auch Heinz Gemut machte mit, übertrieben wachsam zuweilen und etwas ungemütlich, dann wieder verträglich. Am Schluß standen sie alle in einer Reihe, schlimme Sprüche, krause Wünsche loslassend, drückten mir die Hand. Bis zum nächsten mal.

Beim Verlassen des Werkgeländes etwas steif und fremd in den Beinen und im Kopf ziemlich leer. Ich sah ein paar mal zurück, hörte es in der Schmiede dröhnen, bemerkte einen der Meinen, der mit dem Elektrokarren daherflitzte, winkte noch einmal und beschloß, den Zug fahren zu lassen, nach Hause zu wandern. Ende August. Bedeckt und schon etwas herbstlich. Ging dann aber langsamer und nahm lieber doch einen Zug.

Eine Woche vor Weihnachten fuhr ich, wie schon einmal im Sommer, für ein paar Tage in ein Kloster. Guter Ort immer. Ankunft spätabends bei Sturm. Der Wind dröhnte in Böen um die Abtei. Am nächsten Tag winkende Bäume von ferne und Trudeln hoher Wipfel. Gesang der Mönche. Ich schloß mich den Exerzitien nur für kurze Zeit an, las viel, auch aus der Bibel, weil mein Zimmergenosse darum gebeten hatte. Ins Gästebuch ein paar Zeilen. Bei der Rückkehr wieder Sturmlärm und Reißen an allem Gezweig. Die Eltern zu Hause waren erleichtert. Eduard kam. Spät noch zu Elsbeth, die große Bescherung machte. Sie hatte auch eine Lampe mit Schirm aus Bast angefertigt. Sauberer Lichtkreis mit ausreichendem Durchmesser.

Dann rasch und still durch alle Vorgänge des Abiturs mich bewegt. Mündliche Prüfungen. In Kunst über Chagalls „Ankunft der Träume". Stehe ja alles auf dem Kopf, sah der Aufsicht führende Chemielehrer schon schwarz: „Können Sie da etwas mit anfangen?" Ich schrieb mir ein paar Wörter auf. In Latein („O philosophia dux vitae") ging es ebenfalls glimpflich, und in Physik hatten sie schließlich alle ein Nachsehen mit mir.

Alles wie ein schwacher Punkt hinter dem, was lange schon aufgeschrieben, irgendwo zwischen lag, flüchtig verwahrt.

Ging jetzt erst einmal bis Semesterbeginn wieder zur Arbeit. Adressenschreiben in einer Elektrofabrik, wo irgendwo immer der Schlager „Sieben Tage lang" zu hören war, und ich zwischendurch von den Nöten und Ängsten des Titularrats Jakow Petrowitsch Goljadkin etwas erfuhr.

Am 2. Mai Abfahrt und bei der Ankunft Gewitter. Alles stand in der Halle zwischen Koffern herum, die hellen Sommermäntel über gewinkeltem Arm, manchmal auch über der Schulter. Reden, gedämpfter Lärm wie im Theater, kurz vor Beginn. Junge Leute alles, allein oder in Gruppen, wo man sich lebhaft begrüßt. Bewegung dann, Gelächter, Verabredungen noch rasch, denn der Regen läßt nach. Gleich links herum und den Berg hinauf sollte es sein. War es auch. Aber die Wirtin eben aus. Ein „Insasse" des Hauses, so nannte er sich, schon Examenssemester, wie sich ergab, half die Koffer abstellen und bot weitere Hilfe an. Aber ich trat wieder vors Haus, wollte nicht weiter stören, lieber draußen warten.

Es regnete wieder. Die Wirtin kam endlich, von weitem schon ungehalten, da keine genaue Ankunftszeit auf der Karte gestanden hatte. Sie empfange sonst pünktlich, und es gebe zur Begrüßung auch Tee, ein paar Worte. „Was? Schon wieder weg? Ohne auszupacken vorher?" Ich nahm die Schlüssel, grüßte und suchte den Weg in die Stadt hinunter. Diesmal anders: durch einen Park über die Bahn-, dann Flußbrücke und bald schon die alte Universität, wie Eduard sie beschrieben hat. Die Bewölkung jetzt aufgerissen. Tief stehende Sonne, feuchter Glanz an den Mauern hoch. Hin und her, alles durchkreuzend, die schreienden Mauersegler. Auch auf dem Boden ringsum ein paar. Irgendein Befall diesmal, eine Seuche, höre ich. Blick ins Tal, über den Fluß hinüber. Mal sehen. Da drüben also jetzt mein Gepäck.

Später, nach langen Gängen und Windungen durch die Stadt auf und ab, war ich sehr müde. Aber nicht lange, so hörte ich, sah ich schon, wohin ich mich durchgefragt hatte: „Papa Haydn", hoch über dem Fluß. Beim Eintritt der Fifty Second Street Blues (mit Tatum, von Band). Gut zu hören jetzt, auch wenn es sehr voll war. Aber irgendwer schob mir bald einen Schemel unter. Flasche Bier 80 Pfennig. Das Nächste: Dear Old Southland (Benny Goodman). Die würden hier was verdienen an mir. Als die späten Kinos Schluß hatten, noch voller. Schob sich alles noch näher zusammen, stand der Rauch dick. In den Musikpausen Gemurmel, Gelächter hier und da, leises Klirren der Flaschen, Schemelrücken. Mein „Insasse", Examenssemester von drüben, wo mein Gepäck stand, kam auch, nickte sehr freundlich. „So trifft man alte Bekannte", sagte er und bestellte „Band 5, klein": „Bach Goes To Town". Und als ich dann doch endlich gehen wollte, mich schon erhoben hatte, hörte ich prompt Lizzie Miles. Sang: „Make Me A Pallet On The Floor". Jemand zog mich wieder zurück, hatte keine Mühe damit.